제3판

기초 회계원리

고대영 · 안미강

신영사

머리말

그동안 회계입문서로 많은 교재들이 출간되었고 여러 해를 거치면서 이미 검증된 교재들도 다수 있다. 그럼에도 불구하고 본서를 집필하게 된 이유는 현재 재직하고 있는 대학에서 회계기초에 대한 전공수업과 교양수업만이라도 저자의 의도대로 쉽게 전달할 수 있는 교재가 필요하였기 때문이다.

기존에 출간된 다양한 회계원리 교재로 한 학기 동안 강의를 진행해 왔다. 회계를 시작하는 단계에서 가장 중요한 회계기초와 회계순환과정에 대해 충분한 설명과 학습이 이루어져야 함에도 불구하고 진도를 나가야 하는 경우가 빈번했다. 더군다나 회계를 처음 배우는 학생들에게 회계용어가 생소함에도 한 학기 동안 많은 내용을 전달하려다 보니 이미 배웠거나 배우려고 하는 학생들에게 '회계는 어렵다'라는 이미지를 심어주는 것 같아 아쉬웠다.

최근 몇 년간 회계기초와 회계순환과정을 한 학기에 중점적으로 강의하면서 기존교재 이외에 보충설명 자료와 유인물을 제공하여 수업시간에 학생이 직접 분개부터 재무제표까지 전 과정을 작성하고 피드백할 수 있도록 하였다. 그 결과 학생들의 수업에 대한 몰입도가 높아지고 직접 회계순환과정을 완성해 봄으로써 회계에 대한 흥미와 자신감을 주는 기회가 되었다. 본서는 회계기초와 회계순환과정에 대해 쉽게 그리고 상세하게 본문에서 설명하고 있으며, 본문 내용의 이해를 돕기 위해 확인학습을 통해 직접 풀어볼 수 있도록 하였다.

본서의 특징은 다음과 같다.

첫째, 회계를 처음 접하는 학생들의 기초적이고 반복적인 질문에 쉽게 설명하고자 하였다. 예를 들면, '왜 자산=부채+자본인지?' '왜 왼쪽을 차변, 오른쪽을 대변이라고 하는지?' '왜 T계정을 사용하는지?' 한 학기가 지나갈 즈음에 당연하게 받아들여지지만 이러한 의문은 시작단계에서부터 '회계는 어렵다'라는 첫인상을 심어준다. 제1장 제2절의 '사례로 미리보는 회계'는 이러한 의문을 해소하는 데 도움을 주고자 저자 나름대로 사례를 들어 설명하였으니 꼭 읽고 지나가기를 추천한다.

둘째, 각 장 또는 절마다 해당본문 마지막에 확인학습을 제시함으로써 해당 장과 절에 대한 핵심적인 내용을 이해하였는지 본인 스스로 체크할 수 있도록 하였다. 또한, 각 장의 내용과 사례가 유기적으로 연계되어 있으므로 반드시 확인학습을 통해 복습하기를 권장한다.

셋째, 각 장의 기출문제는 기초회계원리에 해당하는 공무원 7·9급 회계학·회계원리 기출문제를 수록하여 이해도와 응용력을 높일 수 있도록 하였다. 본서가 회계 입문자를 위한 교재이면서도 기초적인 내용에 대해 다양한 문제와 정답해설을 제공함으로써 기초 수험서로 활용할 수 있도록 하였다.

이 책이 나오기까지 도움을 주신 분들이 있다. 시중에 많은 회계원리 교재가 출간되어 유통되고 있음에도 불구하고 본서의 출간을 허락해 주신 신영사 권영섭 대표님께 특별히 감사드린다. 더불어 출간 진행에 실질적으로 도움을 주신 권오석 상무님과 편집부 직원분들에게도 고마움을 전한다.

2023년 8월
저자 일동

차 례

Chapter 1 회계란 무엇인가?

Chapter 2 거래의 기록과정

Chapter 3 거래의 수정과정

Chapter 4 장부의 마감과정

Chapter 5 회계순환과정과 정산표

Chapter 6 상품매매기업의 회계순환과정

Chapter 7 재무제표

Chapter 8 재무제표의 활용

CHAPTER

1 회계란 무엇인가?

제 1 절 회계의 의의

1. 회계의 정의

회계(accounting)는 자본시장에서 '효율적인 자원배분'을 가능하게 한다. 즉, 한정된 자원을 투입(input)하여 최대한 많은 산출물(output)을 만들어내는 것이 효율성이며, 효율성이 높은 기업에 자원을 배분하는 것이 효율적인 배분이라고 할 수 있다.

효율적인 기업에 자원을 투입하기 위해서는 여러 기업들간의 산출물에 대한 비교가 가능해야 한다. 이러한 산출물을 비교하려면 산출물에 대한 측정이 요구되고 측정하기 위해서는 측정기준이 있어야 한다. 회계는 이러한 기준을 제정하고 그 기준에 따라 기업의 성과를 측정하는 역할을 담당한다고 볼 수 있다.

회계의 역할이 중요한 이유는 자원의 효율적인 배분을 가능하게 함으로써 사회의 전체적인 부(wealth)를 증가시켜 사회구성원들이 더 많은 혜택을 누릴 수 있도록 할 수 있기 때문이다.

앞에서 언급한 한정된 자원은 기업에 투자할 수 있는 자금을 말하며, 배분은 자금을 가지고 있는 투자자들이 효율적인 기업에 투자함을 의미한다. 투자자들이 어떤 기업이 효율적인지 판단하기 위해서는 기업들간의 성과를 비교할 수 있는 정보가 필요한데, 이러한 정보를 회계정보라고 한다. 회계정보를 제공하기 위해서는 해당기업과 관련된 거래인지 식별하고 관련 거래로 확인이 되었으면 거래를 장부에 기록한 후 투자자들이 성과를 비교할 수 있도록 정리하여 보고해야 한다.

일반적으로 회계에서는 경제적 사건(economic events)을 거래(transactions)라고 한다. 경제적 사건의 예로는, 풀무원의 음식료품 판매, SK텔레콤의 통신서비스 제공, 현대자동차의 자동차 생산 등이 있다. 식별(identifying)은 이러한 거래가 해당기업과 관련되어 있는지 확인하는 것을 의미한다. 해당기업의 거래로 식별이 되었으면 장부에 기록해야 한다.

기록(recording)은 거래를 체계적으로 분류하고 화폐단위로 측정하여 시간의 순서에 따라 장부에 작성하는 과정을 말하며, 작성된 내용을 요약하는 것까지 포함한다. 부기(bookkeeping)는 회계와 구별되며 거래를 단순히 장부에 기록하는 기능만 한다.

마지막으로, 보고(communicating)는 회계정보이용자에게 유용한 정보가 될 수 있도록 재무제표를 작성하여 제공하는 것이다. 재무제표(financial statements)는 기업들간의 재무상태나 재무성과를 비교할 수 있도록 표준화된 양식이다. 이상의 내용들을 정리하면, 회계는 다음과 같이 정의할 수 있다.

회계의 정의

회계는 경제적인 사건을 식별하여 기록하고 보고하는 일련의 과정이다.

일반적으로 알려져 있는 회계의 기원은 이탈리아 르네상스 수학자인 루카 파치올리(Luca Pacioli)의 저서에서 기인한다. 파치올리는 레오나르도 다빈치(Leonardo da Vinci)의 가까운 친구이자 스승이었고 크리스토퍼 콜럼버스(Christopher Columbus)와 동시대의 인물이다. 1494년 파치올리의 저서인 'Summa de Arithmetica, Geometria, Proportione et Proportionalite'에서 재무정보는 '효율적이고 정확하게 기록되는 것을 보장하는 체계'라고 기술되어 있다.

회계의 정의에서 기술하고 있는 3가지 활동(식별, 기록, 보고) 이외에도 회계담당자로서 보고된 정보를 분석하고 해석하는 능력은 필수적인 요소이다. 분석은 중요한 항목의 추세와 관련성을 강조할 수 있는 비율, 백분율, 그래프, 도표 등의 사용을 말하며, 해석은 보고된 자료의 이용, 의미 그리고 한계점에 대해 설명하는 것을 포함한다. 이처럼 재무제표 이외에도 다양한 정보들을 제공할 수 있으며, 이를 재무보고(financial reporting)라고 한다.

2. 회계정보이용자

의사결정을 하기 위해 회계정보를 필요로 하는 주체를 회계정보이용자라고 하며, 회계정보이용자가 기업 내부에 있으면 내부정보이용자 그리고 기업 외부에 있으면 외부정보이용자로 구분한다.

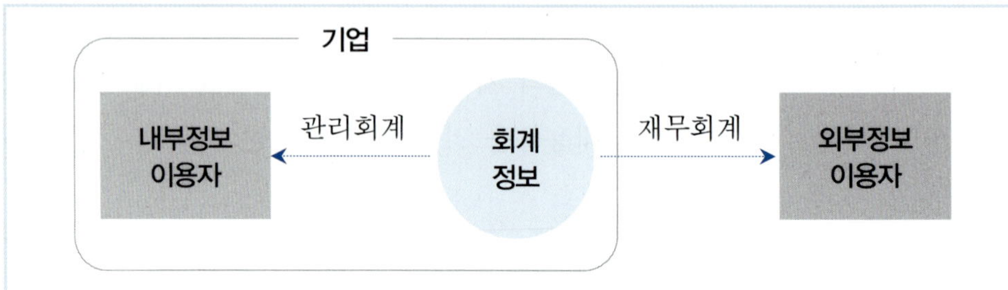

내부정보이용자(internal users)로는 기업을 운영하는 경영자가 있다. 경영자는 신사업에 대한 투자, 신상품 출시로 인한 이익전망, 다음연도에 대한 자금수요 등에 대한 정보를 필요로 한다. 이러한 정보는 필요에 의해 수시로 요구되고 정보의 형태도 다양하게 제공된다. 관리회계(management accounting)는 이러한 회계정보를 제공함으로써 경영자가 의사결정하는 데 도움을 준다.

내부정보이용자의 의사결정 사례

- 재무부서 : 주주들에게 배당금을 지급할 수 있을 정도로 현금이 충분한가?
- 마케팅부서 : 회사의 이익을 극대화하기 위한 제품가격의 책정금액은?
- 인사부서 : 올해 임금 상승분을 지급할 여력이 있는가?
- 생산부서 : 생산라인을 늘려야 하는가 줄여야 하는가?

외부정보이용자(external users)로는 일반적으로 기업에 대한 재무정보를 필요로 하는 투자자(investors)와 채권자(creditors)가 있다. 투자자는 주식을 매도할지 아니면 계속 보유할지 또는 다른 주식을 매입할지 판단하기 위한 정보가 필요하며, 채권자는 신용거래나 자금대여의 위험을 평가하기 위한 정보를 필요로 한다. 기업이 투자자와 채권자 개개인의 다양한 요구에 대한 정보를 제공하기에는 많은 시간과 노력이 필요하며 이로 인해 경영활동에 지장을 초래할 수 있어 기업은 주요한 정보를 일정한 형식으로 작성하여 주기적으로 제공한다. 재무회계(financial accounting)는 이러한 회계정보를 제공함으로써 투자자나 채권자의 의사결정에 도움을 준다.

외부정보이용자에는 투자자와 채권자 이외에도 국세청(taxing authorities), 규제당국(regulatory agencies), 고객(customers), 노동조합(labor unions) 등이 있다. 노동조합(또는 종업원)은 기업의 내부에 있으나 기업의 경영의사결정을 위한 내부정보보다는 조합원들의 임금과 복지를 늘리기 위해 외부정보이용자처럼 회사의 이익에 대해 더 많은 관심이 있다.

외부정보이용자의 의사결정 사례

- 투자자 : 투자한 기업의 이익이 만족스러운가? 다른 기업의 수익성은 어떤가?
- 채권자 : 자금을 대여해준 기업이 약속한 날짜에 원금을 상환할 수 있는가?
- 고객 : 구입하려는 상품에 대해 제품보증기간 동안 지원이 가능한가?
- 종업원 : 회사가 임금 상승분과 복지혜택을 제공할 능력이 있는가?

회계는 이처럼 기업과 관련된 정보를 필요로 하는 정보이용자들에게 회계정보를 제공함으로써 정보이용자들이 의사결정하는 데 유용한 정보를 제공한다. 정보이용자가 제공된 회계정보를 이용하여 더 나은 의사결정을 한다면, 한정된 자원이 효율적인 기업에 배분될 수 있도록 회계가 그 역할을 담당한다고 볼 수 있다.

3. 재무보고를 위한 회계기준의 필요성

앞서 기업의 내부정보이용자에게 제공하는 회계정보를 관리회계 그리고 외부정보이용자에게 제공하는 회계정보를 재무회계라고 설명하였다.

내부정보이용자인 경영자는 기업을 계획하고 조직하고 운영하는 데 필요한 정보를 목적에 맞게 다양한 보고서를 요구하며 보고서의 형식도 요구목적에 맞게 다양한 형식으로 작성되므로 보고서의 작성기준이나 형식이 별도로 필요하지는 않다.

외부정보이용자는 다양한 이해관계자들(interested parties)로 구성되어 있어 그들이 개별적으로 요구하는 다양한 정보를 제공하기에는 한계가 있다. 이러한 한계로 기업은 기업 외부에 있는 이해관계자들이 공통적으로 관심을 갖는 회계정보를 제공함으로써 그들의 의사결정에 유용하게 사용할 수 있도록 하였다.

가장 일반적인 외부정보이용자로는 투자자와 채권자가 있다. 투자자는 어떤 기업이 더 많은 배당을 지급할 수 있는지, 그리고 채권자는 빌려준 자금에 대한 이자를 정기적으로 받거나 원금을 정상적으로 회수할 수 있는지에 관심이 많다. 즉, 투자자와 채권자는 회계정보를 통해 미래에 현금흐름이 더 양호한 기업을 선택하고자 한다.

외부정보이용자가 미래에 현금흐름이 상대적으로 양호한 기업을 선택하기 위해서는 기업들이 제공하는 회계정보가 비교 가능해야 한다. 회계정보를 비교하기 위해서는 기업들의 활동을 기록하고 측정하는 데 동일한 기준을 적용해야 하며 제공되는 회계정보의 형식도 통일성 있게 작성되어야 외부정보이용자 입장에서 유용한 정보라 할 수 있다.

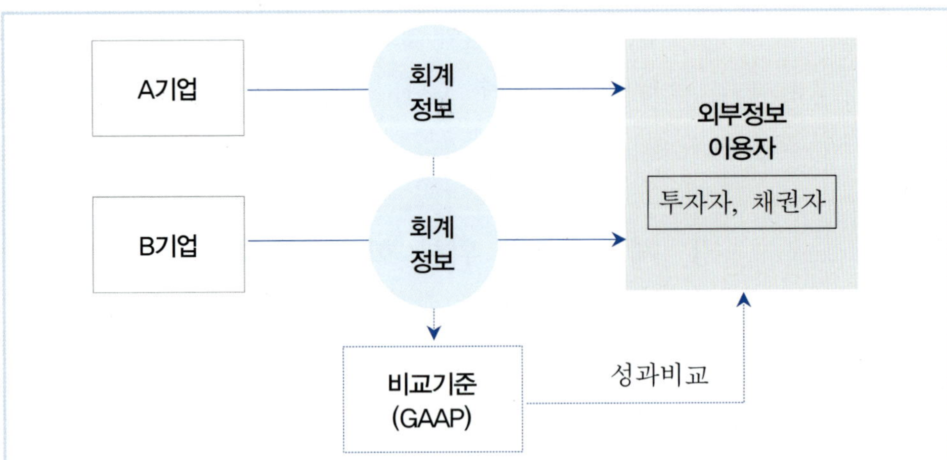

기업의 활동을 기록하고 측정하는 데 적용되는 기준을 '일반적으로 인정된 회계원칙(GAAP : generally accepted accounting principles)'이라고 한다. 우리나라는 2011년부터 국제회계기준(International Financial Reporting Standards)을 도입하여 한국회계기준원에서 제정하고 공표한 '한국채택국제회계기준(K-IFRS)'을 적용하고 있다.

현재 기업이 적용받고 있는 회계기준은 한국채택국제회계기준, 일반기업회계기준, 중소기업회계기준이 있다. 한국채택국제회계기준은 상장기업으로 외부감사를 받아야 하는 기업에 적용하고, 일반기업회계기준은 상장되어 있지 않지만 외부감사를 받아야 하는 기업에 적용한다. 중소기업회계기준은 한국채택국제회계기준과 일반기업회계기준을 적용받지 않은 기업들에게 적용되는 회계기준이다.

회계기준과 적용대상

회계기준	적용대상	외부감사	관련법령
한국채택국제회계기준	주권상장법인 및 금융회사	의무	주식회사 등의 외부감사에 관한 법률
일반기업회계기준	외부감사대상 주식회사		
중소기업회계기준	외부감사대상 이외의 주식회사	면제	상법

4. 회계정보의 신뢰성

투자자와 채권자는 어떤 기업에 투자할지 또는 자금을 대여할지 기업들이 제공한 회계정보를 통해 의사결정을 한다. 경영자는 신규 사업투자나 새로운 설비도입 등 기업운영을 위해 주식이나 채권을 발행하여 자금을 조달하기도 한다. 경영자는 원활한 자금조달을 하기 위해 이해관계자들이 기업의 미래 현금흐름을 긍정적으로 판단할 수 있도록 회계정보를 제공할 수도 있다. 이외에도 다양한 이유로 회계정보를 기업에 유리한 방향으로 작성하여 보고할 유인이 있다. 기업의 활동을 객관적이고 정확하게 측정하지 않은 회계정보가 제공되는 경우 투자자와 채권자는 유용한 의사결정을 할 수 없게 되어 효율적인 자원배분이 이루어질 수 없다.

이와 같이 작성된 회계정보는 기업 외부에 있는 이해관계자들이 기업의 활동들을 직접 관찰하고 정확하게 반영하였는지 알 수 없으며 회계에 대한 전문적인 지식도 가지고 있지 않다. 즉, 기업이 제공한 회계정보를 전적으로 신뢰하여 의사결정하기에는 한계가 있다. 따라서 기업이 제공한 회계정보가 회계기준에 부합하게 작성되었는지 객관적인 제3자의 입장에서 회계전문가의 의견이 필요하다.

기업이 제공한 회계정보의 신뢰성을 담보하기 위해 공인회계사(CPA : certified public accountants)가 해당기업에 대해 회계기준에 따라 작성되었는지 검토하고 의견을 제시하는데, 이를 회계감사(auditing)라고 한다. 이러한 과정을 통해 이해관계자들은 기업이 제공한 회계정보에 대해 신뢰할 만한 수준인지 판단하고 의사결정에 반영할 수 있다.

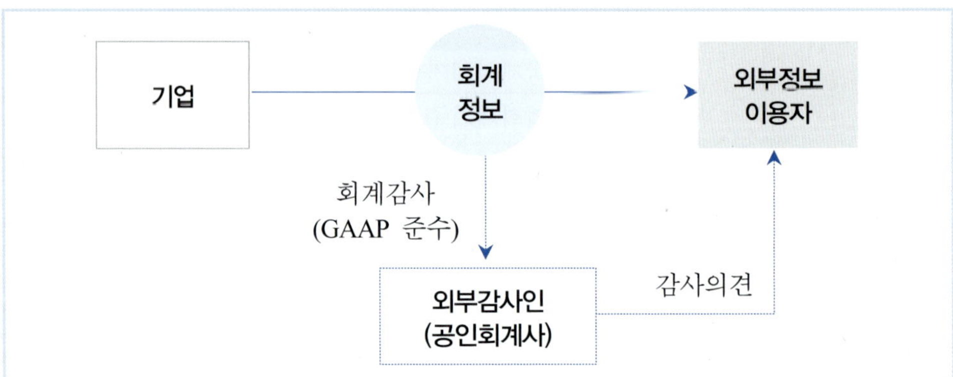

공인회계사는 기업이 제공한 회계정보를 감사하여 감사보고서에 다음과 같은 감사의견을 제시한다.

- 적정의견(unqualified opinion) : 감사인이 재무제표가 중요성의 관점에서 해당 재무보고체계에 따라 작성되었다고 결론을 내릴 경우에 표명하는 의견이다.
- 한정의견(qualified opinion) : 감사인이 다음의 경우에 해당할 때 표명하

는 의견이다.

(a) 감사인이 충분하고 적합한 감사증거를 입수한 결과, 왜곡표시가 재무제표에 개별적으로 또는 집합적으로 중요하나 전반적이지는 않다고 결론을 내리는 경우

(b) 감사인이 감사의견의 근거가 되는 충분하고 적합한 감사증거를 입수할 수 없었지만, 발견되지 아니한 왜곡표시가 재무제표에 미칠 수 있는 영향이 중요할 수는 있으나 전반적이지는 않을 것으로 결론을 내리는 경우

- **부적정의견**(adverse opinion) : 감사인이 충분하고 적합한 감사증거를 입수한 결과 왜곡표시가 재무제표에 개별적으로 또는 집합적으로 중요하며 동시에 전반적이라고 결론을 내리는 경우 표명하는 의견이다.
- **의견거절**(disclaimer of opinion) : 감사인이 감사의견의 근거가 되는 충분하고 적합한 감사증거를 입수할 수 없으며, 발견되지 아니한 왜곡표시가 있을 경우 이것이 재무제표에 미칠 수 있는 영향이 중요하고 동시에 전반적일 수 있다고 결론을 내리는 경우 표명하는 의견이다.

비적정의견에 대한 요약

	충분하고 적법한 감사증거 입수	재무제표의 왜곡표시	
		중요한 경우	전반적인 경우
한정의견	○	○	×
	×	○	×
부적정의견	○	○	○
의견거절	×	○	○

5. 회계정보 산출 대상

회계정보이용자에게 회계정보를 제공하기 위해서는 보고대상의 경제활동에 대해 기록하여야 한다. 이러한 보고대상의 경제활동은 개별구성원의 활동과

구별된다. 예를 들면, 한 기업에 아버지가 대표로 있고 아들이 직원으로 있는 경우 기업에서 지급한 급여는 보고대상의 경제활동으로 기록해야 한다. 하지만 아버지가 준 용돈은 개별구성원의 활동으로 기록의 대상이 아니다. 즉, 기업의 대표로서 행한 행동은 기업의 행위로 인정되지만 아버지로서 한 행동은 개인적인 활동으로 보고대상의 경제활동에 포함시키지 않아야 한다는 의미이다.

이와 같이 조직과 개별구성원의 경제활동을 구별하여 재무정보를 측정 및 보고하여야 하며, 이러한 측정 및 보고의 대상을 경제실체(economic entity)라고 하고 그 범위를 회계단위(accounting unit)라고 한다. 회계단위로는 기업, 정부, 가계, 학교, 병원 등 그 대상이 한정되어 있지 않으며 어디까지를 기록의 범위에 포함할 것인가가 회계단위를 결정하는 요소가 된다. 앞으로 배우게 될 회계단위는 기업에 해당하고 기업의 대표적인 형태로는 개인기업, 조합기업, 주식회사가 있으며 기업의 측정 및 보고의 대상을 기업실체(business entity)라고 한다.

개인기업(proprietorship)은 일반적으로 한 개인이 소유하는 기업으로서 소유주와 경영자가 일치하는 기업이다. 소유주와 경영자가 동일인이더라도 소유주로서의 개인적인 경제활동과 경영자로서의 경영활동은 구별되어야 한다. 경영자로서의 경영활동은 회계단위의 범위에 포함하여 기록한다. 예로, 자영업, 프리랜서, 개인사무소(회계사, 변호사, 건축사 등), 개인병원 등이 있다.

조합기업(partnership)은 둘 이상의 조합원(또는 사원)이 출자하여 설립한 기업으로서 조합원의 책임에 따라 유한회사, 유한책임회사, 합명회사, 합자회사의 형태를 지닌다. 조합원 개인의 경제활동과 조합원으로서의 조합활동은 구별되어야 하며 조합에 대한 경제활동만이 회계단위로서 기록의 대상이다. 조합기업의 특징에 대해 간략히 설명하면 아래와 같다.

- **합명회사**: 회사의 채무에 대하여 사원들이 연대하여 무한의 책임을 지는 회사이다. 예로, 법무법인, 회계법인, 버스나 택시회사 등이 있다.
- **합자회사**: 회사의 채무에 대하여 무한의 책임을 지는 무한책임사원과

출자금액을 한도로 책임을 지는 유한책임사원으로 구성된다. 예로, 중소기업 중 아주 일부에서 존재한다.

- **유한회사**: 각 사원이 출자금액을 한도로 책임을 지는 회사이며, 경영진은 이사가 되고 지분에 따라 의결권을 가진다. 예로, 외국계 대기업의 한국지사로 구글코리아, 애플코리아 등이 있다.
- **유한책임회사**: 각 사원이 출자금액을 한도로 책임을 지는 회사이며, 경영진은 업무집행사원이 되고 지분이 아닌 사원 수에 따라 의결권을 가진다. 예로, 벤처창업, 사모투자펀드, 법무 또는 회계법인 등이 있다.

주식회사(corporation)는 주식을 발행해 주주로부터 자금을 출자하여 설립된 기업으로서 주주의 권한은 보유한 주식 수에 따라 비례한다. 주식회사의 소유주인 주주의 경우에도 주주 개인의 사적인 경제활동과 기업의 임·직원으로서 경제활동은 구별되어야 하며 기업에 대한 경제활동만이 회계단위로서 기록의 대상이 되어야 한다. 오늘날 대부분의 법인들이 규모가 커지면서 상대적으로 대규모 자금조달이 용이한 주식회사의 형태를 띤다.

확인학습 1

- 해당문장의 진위여부 및 요구사항에 대해 답하시오.

(1) 경제적 사건은 거래가 해당기업과 관련되어 있는지 확인하는 것을 말한다. (　　)
(2) 경영자와 종업원은 내부정보이용자이다. (　　)
(3) 현재 기업에 적용하고 있는 회계기준은 한국채택국제회계기준, 일반기업회계기준, 중소기업회계기준이 있다. (　　)
(4) 감사의견에는 적정의견, 한정의견, 부적정의견, 의견거절이 있다. (　　)
(5) 충분하고 적법한 감사증거를 입수한 결과 왜곡표시가 재무제표에 중요함과 동시에 전반적인 경우 감사인은 한정의견을 표명한다. (　　)
(6) 경제실체의 경제활동을 측정 및 보고하는 범위를 회계단위라고 한다. (　　)

해답

(1) ×, 거래가 해당기업과 관련되어 있는지 확인하는 것은 식별이다. (2) ×, 종업원은 외부정보이용자이다. (3) ○ (4) ○ (5) ×, 부적정의견을 표명한다. (6) ○

제 2 절 사례로 미리보는 회계

거래의 기록과 보고에 대한 과정을 설명하기 위해서는 가장 먼저 회계등식에 대한 이해가 필요하다. 회계등식에 대한 이해도를 높이기 위해 아래에서 설명하는 것은 단지 과거에 관습대로 기록되어졌을 거래를 저자 나름대로 사례를 들어 설명하는 것이니 참조만 하길 바란다.

1. 회계등식의 이해(자산 = 부채 + 자본)

대학을 졸업한 '김원두' 님은 바리스타 자격증을 취득하고 커피전문점에서 아르바이트한 경험을 살려 카페를 창업하기로 하였다. 창업을 위해 평소에 생각해두었던 지역에 대해 창업전문 컨설턴트로부터 주변 상권과 구입물품 등 자문을 받은 결과 4,000만원 정도의 창업자금이 필요하였다. 창업을 위해 그동안 모아놓은 돈이 1,200만원 정도여서 부모님께 2,800만원을 빌려 창업자금을 마련하였다.

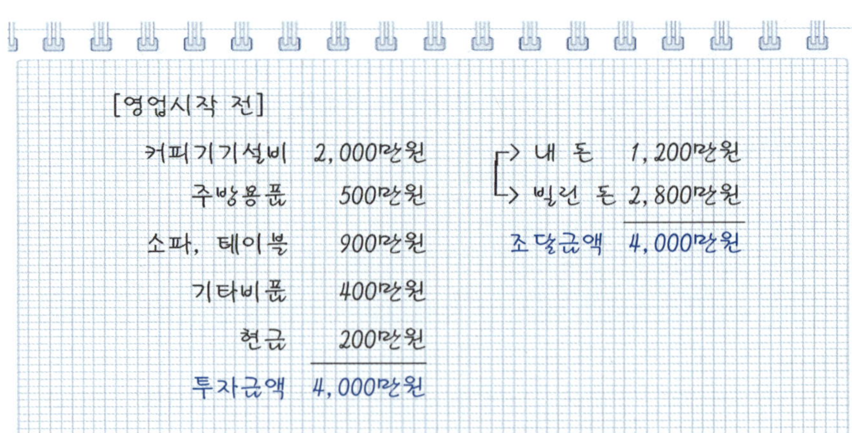

구입한 물품과 현금은 카페를 운영하기 위해 필요한 재산이며 회계에서는 이러한 재산을 자산이라고 부른다. 창업을 위해 투자한 '내 돈'은 자본이라고 하며 '빌린 돈'은 부채라고 한다. 투자금액 4,000만원은 내 돈 1,200만원과 빌린 돈 2,800만원을 합한 금액과 같다. 이를 회계등식으로 표현하면 '자산=부채+자본'이 된다. 즉, 부채와 자본의 합은 언제나 자산과 같다는 의미이다.

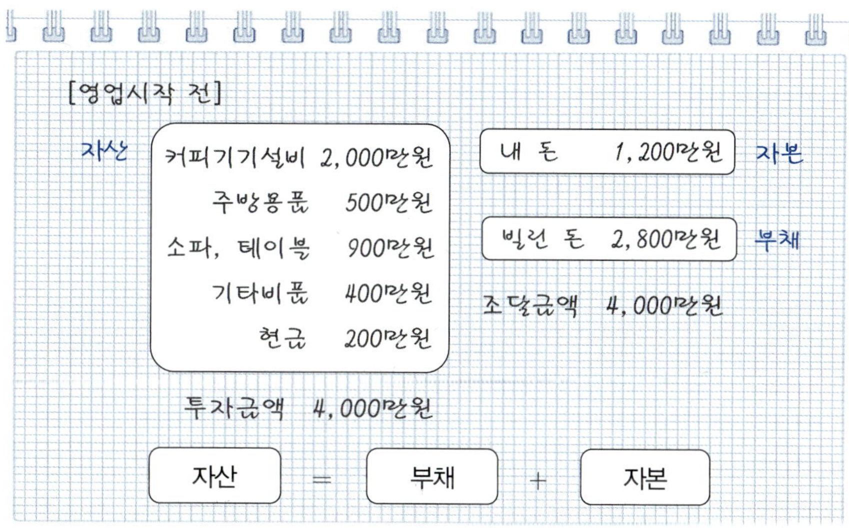

카페운영에 필요한 물품들을 모두 구비하고 영업당일 오픈하기 전에 커피재료와 판매에 필요한 항목들에 대해 지출하였다.

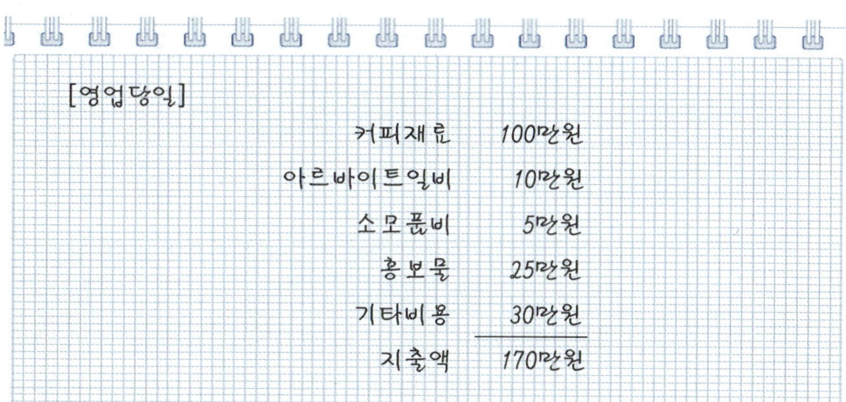

오늘 하루 동안 판매한 수입금은 200만원이고 지출된 금액은 170만원으로 오늘 순수입은 30만원이 남았다.

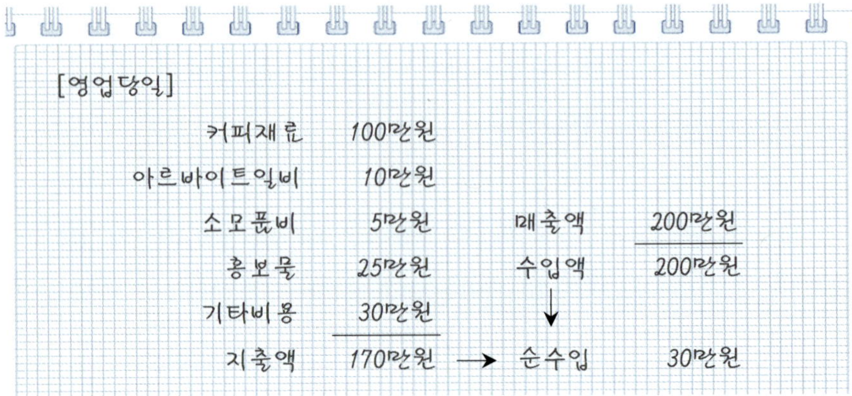

영업당일 매장에서 판매하기 위해 사용된 금액을 회계에서는 비용(expenses)이라고 하며 고객에게 판매하고 받은 금액을 수익(revenues)이라고 한다. 오늘 하루 영업을 하고 남은 순수입(수입액－지출액)을 회계에서는 순이익(net income)이라고 부르고 '수익－비용＝순이익'으로 산출한다.

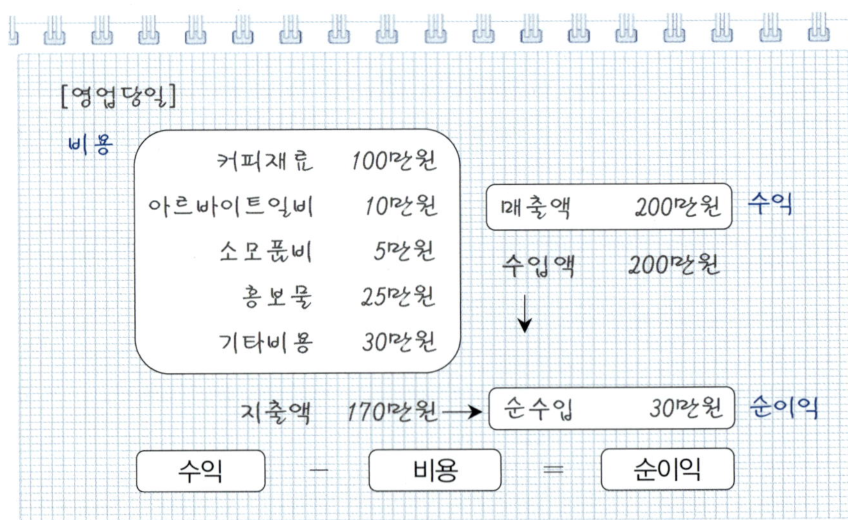

오늘 하루 영업을 마무리하고 그동안 기록한 모든 내용을 한곳에 모으면

다음과 같다. 왼쪽에 기록한 자산과 비용의 합계는 총 4,200만원이고 오른쪽에 기록한 부채, 자본, 수익의 합계도 총 4,200만원으로 왼쪽과 오른쪽의 합계가 동일하다.

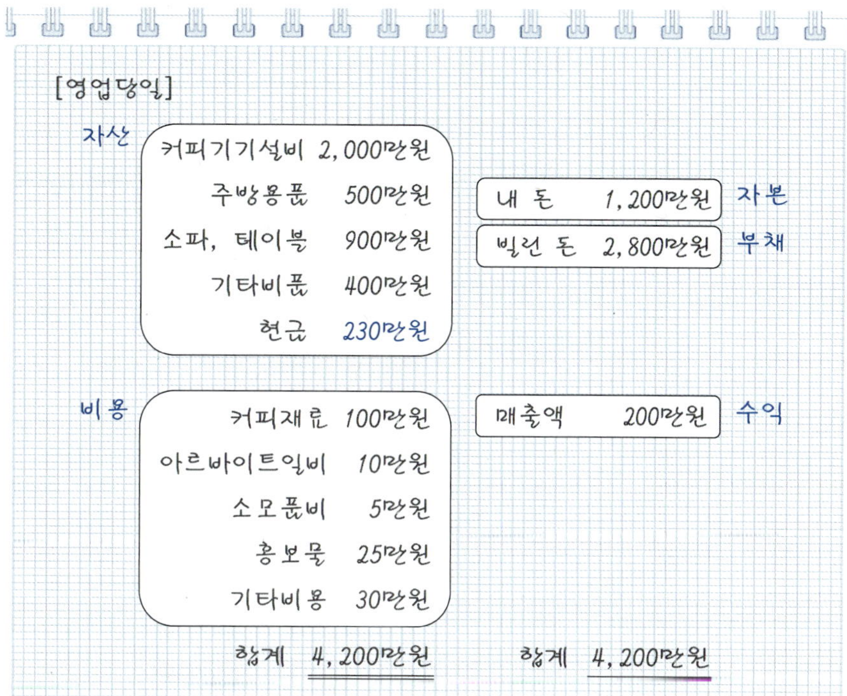

영업시작 전에는 현금이 200만원이었는데 30만원이 증가해 230만원이 되었다. 증가한 30만원은 오늘 판매한 수입금 200만원과 지출한 금액 170만원이 모두 현금으로 거래되어 순이익 30만원이 모두 현금이기 때문이다.

사례에서 보듯이 어떤 거래가 발생하든지간에 '자산+비용'의 왼쪽 합계와 '부채+자본+수익'의 오른쪽 합계는 항상 동일하다는 것이다. 이상의 내용을 등식으로 나타내면 다음과 같다.

왼 쪽	오른쪽
자산 + 비용	= 부채 + 자본 + 수익

거래에 대한 기록을 과거에 이와 같은 방법으로 기록해왔다면, 창업을 준비할 때 필요한 물품이 무엇인지 먼저 고민하고 그 다음에 그 자금을 어떻게 조달할지 고민하였을 것이다. 앞의 사례에서 먼저 고민한 내용을 왼쪽에서부터 적고 그 다음에 오른쪽에 적었다. 이처럼 순서에 따라 적다보니 자산은 왼쪽 그리고 부채와 자본은 오른쪽에 기록하게 되었다. 영업당일 판매하기 전에 먼저 지출이 발생해 비용을 왼쪽에 적고 판매가 나중에 이루어져 수익을 오른쪽에 적었다.

오늘 하루 동안 벌어들인 순수입(순이익) 30만원은 내가 번 돈이므로 자본에 포함시킨다. 이는 영업을 마감하는 과정으로 마감하기 전 자본 1,200만원은 30만원이 증가해 마감 후 1,230만원이 되었다. 영업을 마감한 후 자산, 부채, 자본을 나타내면 다음과 같다.

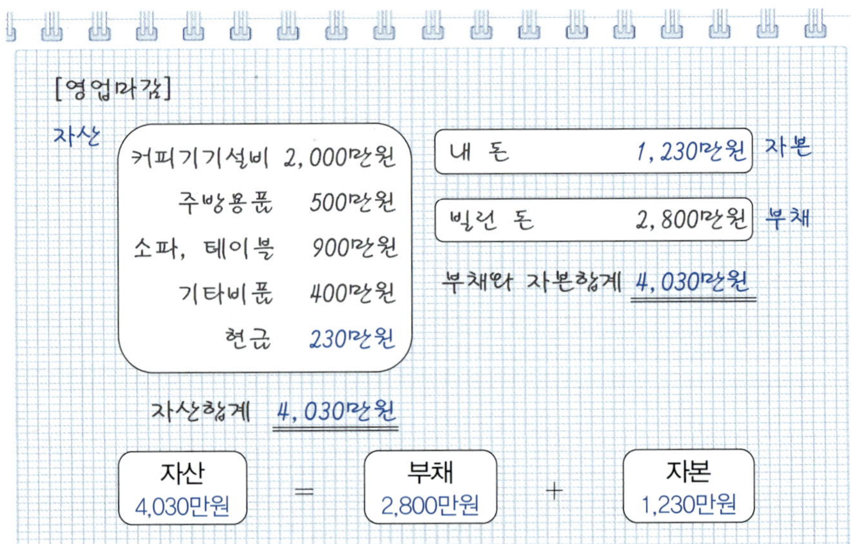

순수익을 자본에 포함한 후의 회계등식을 나타내면 다음과 같다. 이 회계등식은 앞에서 언급한 등식의 수익과 비용을 회계등식(자산=부채+자본)에 포함시킨 결과이다. 즉, '수익−비용'은 순이익이고 사례에서 보았듯이 순이익을 자본으로 보내더라도 회계등식의 등호가 유지됨을 알 수 있다.

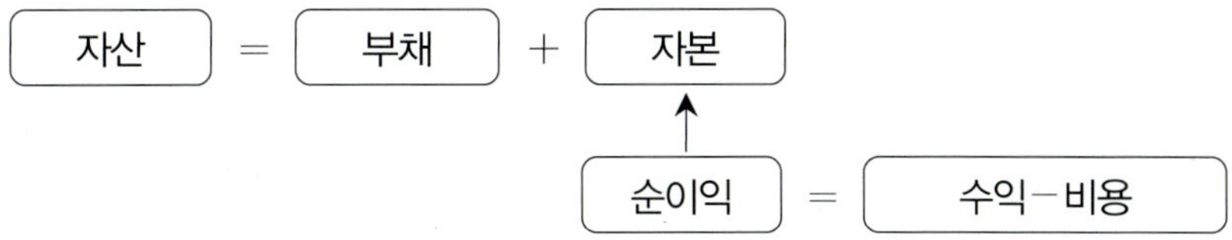

2. 차변과 대변

사례에서 자산과 비용은 왼쪽에 그리고 부채, 자본, 수익은 오른쪽에 기록되어 있는 것을 볼 수 있다. 회계에서는 자산과 비용이 기록된 왼쪽을 '차변(借邊)' 그리고 부채, 자본, 수익이 기록된 오른쪽을 '대변(貸邊)'이라고 부른다. 차변의 '차(借)'는 '빌려오다'라는 의미로, 그리고 대변의 '대(貸)'는 '빌려주다'라는 의미로 사용되기도 한다. 예로, 건물 임대계약 시 임차인(賃借人)은 건물을 빌리는 사람이고 임대인(賃貸人)은 건물을 빌려주는 사람으로 부르는 것과 유사하다. 그리고 '변(邊)'은 쪽 또는 방향을 의미한다.

자산과 비용이 기록된 왼쪽을 왜 차변(debit)이라고 하는가? 그리고 부채, 자본, 수익이 기록된 오른쪽을 왜 대변(credit)이라고 하는가? 먼저 자산, 부채, 자본을 살펴보면 앞의 사례에서 보았듯이 영업을 하기 위해 필요한 자산은 부채(빌린 돈)와 자본(내 돈)으로부터 자금을 빌려와서 구성되었고 부채와 자본은 자금을 빌려주는 역할을 하였다. 그 결과 자산은 빌려오는 쪽이고 부채와 자본은 빌려주는 쪽이다.

다음으로, 영업당일 순이익(순수입)을 구하기 위해 수익에서 비용을 차감하였다. 영업을 하기 위해 지출한 비용은 판매로부터 발생할 수익에서 미리 가져다 쓴 것으로 보고 순이익을 구할 때 수익에서 비용을 차감한 것이다. 그 결과 비용은 빌려오는 쪽이고 수익은 빌려주는 쪽이다.

이상의 내용을 정리하면, 자산과 비용은 빌려오는 쪽이라 자산과 비용이 있는 왼쪽을 차변이라고 부르고 부채, 자본, 수익은 빌려주는 쪽이라 부채, 자본, 수익이 있는 오른쪽을 대변이라고 부른다. 거래등식을 다시 정리하면 다음과 같다.

차 변		대 변		
자산 +	비용 =	부채 +	자본 +	수익

이 등식은 거래를 기록할 때 가장 중요한 기준이 된다. 앞으로 자세히 배우겠지만 사례를 통해 거래등식을 이해하였으므로 거래등식을 이용한 장부기록방법에 대해 살펴보자.

3. 분개의 이해

거래등식을 보면 자산과 비용은 차변에서 부호가 양(+)이고 부채, 자본, 수익은 대변에서 부호가 양(+)이다. 이는 자산과 비용은 차변에서 증가하고 부채, 자본, 수익은 대변에서 증가함을 말한다. 반대로, 자산과 비용이 대변에 있거나 부채, 자본, 수익이 차변에 있으면 부호가 음(−)으로 바뀌어 감소함을 의미한다. 이를 이용하여, 자산이 증가하면 차변에 기록하고 자산이 감소하면 대변에 기록함으로써 자산의 증감을 나타낼 수 있다. 마찬가지로 부채의 경우에도 부채가 증가하면 대변에 기록하고 부채가 감소하면 차변에 기록하여 부채의 증감을 기록할 수 있다.

이러한 자산과 비용 그리고 부채, 자본, 수익의 변동은 항상 차변과 대변에 동시에 발생하며, 그 결과 차변금액과 대변금액은 일치한다.

차 변		대 변
자 산 ↑ 비 용 ↑	=	부 채 ↑ 자 본 ↑ 수 익 ↑
부 채 ↓ 자 본 ↓ 수 익 ↓		자 산 ↓ 비 용 ↓

자산과 비용 그리고 부채, 자본, 수익의 변동을 장부에 차변과 대변으로 기록하는 과정을 분개(journalizing)라고 한다. 이러한 분개는 거래를 분개장(journal)이라는 장부에 기록하는 첫 단계이자 회계를 처음 배우는 학생들에게 매우 중요한 기초적인 내용이다. 앞서 살펴본 창업사례에 대한 거래를 분개하면 다음과 같다.

창업사례에 대한 분개

- **창업을 위해 내 돈 1,200만원을 투자하다.** 투자금으로 현금이 유입되었으므로 자산이 증가하여 차변에 현금을 기록한다. 유입된 투자금은 내 돈이므로 자본이 증가하여 대변에 자본금을 기록한다.

(차) 현 금 1,200 (대) 자 본 금 1,200
(자산↑) (자본↑)

- **창업자금이 부족하여 2,800만원을 빌리다.** 차입한 금액만큼 현금이 유입되었으므로 자산이 증가하여 차변에 현금을 기록한다. 유입된 현금은 빌린 돈이므로 부채가 증가하여 대변에 차입금을 기록한다.

(차) 현 금 2,800 (대) 차 입 금 2,800
(자산↑) (부채↑)

- **매장운영을 위한 커피기기설비 등 비품을 3,800만원에 구입하다.** 커피기기설비(주방용품, 소파, 테이블, 기타비품) 등 비품을 구입하였으므로 자산이 증가하여 차변에 비품을 기록한다. 비품을 구입하기 위해 현금이 지급되었으므로 자산이 감소하여 대변에 현금을 기록한다.

(차) 비 품 3,800 (대) 현 금 3,800
(자산↑) (자산↓)

- **커피판매를 위해 170만원이 지출되다.** 커피판매를 위해 비용(커피재료, 아르바이트일비, 소모품비, 홍보물, 기타비용)이 발생하였으므로 비용이 증가하여 차변에 비용을 기록한다. 지출된 비용은 현금으로 지급되었으므로 자산이 감소하여 대변에 현금을 기록한다.

(차) 비 용 170 (대) 현 금 170
(비용↑) (자산↓)

» **커피판매로 200만원의 수입이 발생하다.** 커피판매로 수입이 발생하였으므로 수익이 증가하여 대변에 매출을 기록한다. 커피판매로 현금이 유입되었으므로 자산이 증가하여 차변에 현금을 기록한다.

(차) 현 금 200 (대) 매 출 200
(자산↑) (수익↑)

위 사례에서 자산과 비용, 그리고 부채, 자본, 수익의 변동을 차변과 대변에 동시에 기록함으로써 차변합계액과 대변합계액은 ₩8,170(=₩1,200+2,800+3,800+170+200)으로 동일함을 알 수 있다.

제 3 절 거래와 회계등식

1. 회계상 거래

기업의 경제활동을 측정하고 보고하기 위해서는 기업과 관련된 거래들을 기록하여야 한다. 우리는 일반적으로 거래를 둘 이상의 거래당사자간의 매매, 계약, 주문, 이전 등이라고 알고 있다. 이와 같은 일반적인 거래의 개념은 회계에서 사용하는 거래와 차이가 있다.

회계상의 거래(business transactions)는 기업의 재무상태나 재무성과에 영향을 주는 거래를 말한다. 예를 들면, 고객으로부터 상품주문은 배송 전까지 기업의 상품이 감소되지 않았으며, 결제도 이루어지지 않아 현금도 증가하지 않는다. 이러한 주문은 거래당사자간의 일반적인 거래이지만 회계상의 거래에 해당하지 않는다. 반면에, 상품이 보관된 창고에 화재가 발생한 경우 거래당사자간의 일반적인 거래는 아니지만 화재로 인해 폐기된 상품만큼 손실이 발생하였으므로 회계상의 거래에 해당한다.

이처럼 기업의 재무상태나 재무성과에 변동을 주는 회계상의 거래는 기업의 외부거래와 내부거래 모두 포함한다. 외부거래(external transactions)는 경제적 사건이 기업 외부에서 발생한 거래를 말하며, 상품판매나 자금차입 등 기업 외부와의 거래로 재무상태(또는 재무성과)의 변동을 가져오는 거래이다. 내부거래(internal transactions)는 경제적 사건이 기업 내부에서 발생한 거래를 말하며, 원재료를 가공하여 제품을 생산하거나 보유자산의 가치상승 등으로 인해 재무상태(또는 재무성과)의 변동을 가져오는 거래이다. 회계상의 거래와 일반적인 거래에 대한 다양한 사례들을 아래에 제시하였다.

회계상 거래와 일반적인 거래의 사례

	일반적인 거래(○)	일반적인 거래(×)
회계상 거래 (×)	[외부거래] • 종업원의 채용 • 상품구입을 위한 전화주문 • 출장을 가기 위한 비행기 예약 • 고객과의 상품 판매계약	
회계상 거래 (○)	[외부거래] • 종업원 채용 시 작업복 지급 (비용발생과 자산감소) • 상품 주문 시 결제 (자산증가와 자산감소) • 비행기 예약 시 선불 (비용발생과 자산감소) • 상품 판매 시 계약금 수취 (자산증가와 부채증가)	[내부거래] • 상품을 보관 중인 창고의 화재손실 (비용발생과 자산감소) • 제품생산을 위한 기계의 사용 (비용발생과 자산감소) • 원재료의 투입으로 완성품 생산 (자산감소와 자산증가) • 시세차익을 목적으로 구입한 주식의 주가 상승(자산증가와 수익발생)

2. 계 정

회계상 거래는 자산, 부채, 자본, 수익, 비용 중 어느 하나라도 변동(증가 또는 감소)을 발생시키는 거래를 말하며 이러한 거래를 경제적 사건(economic events)

이라고 한다. 기업과 관련된 경제적 사건이 발생한 경우 이를 세부적인 거래 단위로 장부에 기록하게 되는데, 이를 계정(account)이라고 한다. 예를 들면, 제2절 '사례로 미리보는 회계'에서 자산 중 현금을 기록하였는데, 이를 현금 계정이라고 한다. 자산, 부채, 자본, 수익, 비용 각각에 해당하는 세부계정들을 나타내면 아래와 같다.

계정의 종류

구 분	계 정
자 산	현금, 비품, 소모품, 매출채권, 상품, 토지, 건물
부 채	미지급금, 미지급비용, 차입금
자 본	자본금, 이익잉여금
수 익	매출, 임대료, 이자수익
비 용	매출원가, 광고비, 급여, 임차료, 이자비용

이러한 계정을 사용함으로써 자산, 부채, 자본, 수익, 비용 중 어떤 계정이 얼마만큼 남아 있는지 자세히 알려줄 수 있다. 예를 들면, 자산으로만 기록하는 것보다 자산을 구성하는 현금, 비품, 토지 등 세부계정으로 보고하면 회계정보이용자 입장에서 상세한 정보를 얻을 수 있기 때문에 유용한 정보가 될 수 있는 것이다.

3. 회계등식을 활용한 거래분석

우리는 제2절 '사례로 미리보는 회계'를 통해 거래등식 「자산+비용=부채+자본+수익」이 유지됨을 알 수 있었다. 또한, 거래등식의 수익에서 비용을 차감한 이익을 자본에 포함시킨 회계등식 「자산=부채+자본」의 등호가 유지됨을 확인하였다.

거래가 회계등식을 구성하는 요소에 반드시 이중으로 영향(dual effect)을 주어야 회계등식의 등호가 유지된다. 예를 들어, 기업의 현금이 증가하였다고 하자. 현금의 증가로 회계등식 요소 중 한 개 이상과 결합하여 발생할 수 있는 거래는 다음과 같다.

- 건물을 매각(자산의 감소)하고 매각대금을 현금으로 받다(자산의 증가).
- 은행으로부터 현금(자산의 증가)을 차입하였다(부채의 증가).
- 상품을 판매(수익의 증가)하고 현금을 받다(자산의 증가).

이처럼 하나의 거래가 두 개 또는 그 이상의 회계등식 요소에 변동을 일으킨다. 거래를 기록할 때 회계등식의 등호가 늘 유지되도록 이중으로 기록하는 방법을 '복식부기(double-entry bookkeeping)'라고 한다. (주)한국의 다양한 거래를 통해 회계등식이 늘 유지되는지 확인해보도록 하자.

거래와 회계등식

[거래1] 주주에 의한 투자

(주)한국은 3월 1일 주주로부터 출자금으로 ₩15,000을 받았다. 이 거래는 현금이 유입되어 자산이 증가하고 주주의 출자로 자본이 증가한다.

	자 산	=	부 채	+	자 본			
						수 익	−	비 용
	현 금				자본금			
(1)	₩15,000				₩15,000			
잔액	₩15,000				₩15,000			

[거래2] 외상으로 비품 구입

(주)한국은 3월 1일 비품 ₩5,000을 외상으로 구입하고 대금은 나중에 지급하기로 하였다. 이 거래는 비품을 구입하여 자산이 증가하고 대금을 지급하지 않았으므로 부채가 증가한다.

	자 산		=	부 채	+	자 본			
							수 익	−	비 용
	현 금	비 품		미지급금		자본금			
	₩15,000					₩15,000			
(2)		₩5,000		₩5,000					
잔액	₩15,000	₩5,000		₩5,000		₩15,000			

[거래3] 청소용역 대가로 현금수령

(주)한국은 3월 2일 아파트 청소용역을 계약하면서 2개월에 해당하는 청소용역비 ₩2,000을 받았다. 3월에 해당하는 용역비는 ₩1,000이다. 이 거래는 청소용역을 제공하여 수익이 증가하고 용역대금을 현금으로 수취하였으므로 자산이 증가한다.

	자 산		=	부 채	+	자 본	
							수 익
	현 금	비 품		미지급금		자본금	매 출
	₩15,000	₩5,000		₩5,000		₩15,000	
(3)	2,000						₩2,000
잔액	₩17,000	₩5,000		₩5,000		₩15,000	₩2,000

(자본: 수익 − 비용)

[거래4] 보험료로 현금지급

(주)한국은 3월 4일 보험료로 1년분 ₩600을 지급하였다. 3월에 해당하는 보험료는 ₩50이다. 이 거래는 보험료로 비용이 증가하고 현금지급으로 자산이 감소한다.

	자 산		=	부 채	+	자 본		
							수 익	− 비 용
	현 금	비 품		미지급금		자본금	매 출	보험료
	₩17,000	₩5,000		₩5,000		₩15,000	₩2,000	
(4)	−600							₩600
잔액	₩16,400	₩5,000		₩5,000		₩15,000	₩2,000	₩600

[거래5] 현금으로 소모품 구입

(주)한국은 3월 5일 소모품 ₩900을 현금으로 구입하였다. 3월 한 달간 사용한 소모품은 ₩300이다. 이 거래는 소모품 구입으로 자산이 증가하고 현금지급으로 자산이 감소한다.

	자 산			=	부 채	+	자 본		
								수 익	− 비 용
	현 금	비 품	소모품		미지급금		자본금	매 출	보험료
	₩16,400	₩5,000			₩5,000		₩15,000	₩2,000	₩600
(5)	−900		₩900						
잔액	₩15,500	₩5,000	₩900		₩5,000		₩15,000	₩2,000	₩600

[거래6] 청소용역 대가로 일부만 현금수령

(주)한국은 3월 10일 빌딩을 청소하고 용역대가 ₩3,500 중 ₩1,500만 수령하고 나머지는 나중에 받기로 하였다. 이 거래는 청소용역 제공으로 수익이 증가하고 현금수취로 자산이 증가하며 외상

으로 제공한 용역은 나중에 받을 현금이기 때문에 자산이 증가한다.

	자 산				=	부 채	+	자 본		
									수 익	− 비 용
	현 금	비 품	소모품	매출채권		미지급금		자본금	매 출	보험료
	₩15,500	₩5,000	₩900			₩5,000		₩15,000	₩2,000	₩600
(6)	1,500			₩2,000					3,500	
잔액	₩17,000	₩5,000	₩900	₩2,000		₩5,000		₩15,000	₩5,500	₩600

[거래7] 광고비를 미지급

(주)한국은 3월 11일 신문에 광고를 내고 광고비 ₩150은 나중에 지급하기로 하였다. 이 거래는 광고비가 발생하여 비용이 증가하고 미지급하였으므로 부채가 증가한다.

	자 산				=	부 채		+	자 본			
										수 익	− 비 용	
	현 금	비 품	소모품	매출채권		미지급금	미지급비용		자본금	매 출	보험료	광고비
	₩17,000	₩5,000	₩900	₩2,000		₩5,000			₩15,000	₩5,500	₩600	
(7)							₩150					₩150
잔액	₩17,000	₩5,000	₩900	₩2,000		₩5,000	₩150		₩15,000	₩5,500	₩600	₩150

[거래8] 종업원의 채용

(주)한국은 3월 16일 종업원을 채용하였으며 급여는 한 달 후부터 매월 15일에 ₩200을 지급한다. 이 거래는 종업원 채용이 회계상 거래에 해당하지 않으므로 재무제표 요소에 영향을 미치지 않는다.

	자 산				=	부 채		+	자 본			
										수 익	− 비 용	
	현 금	비 품	소모품	매출채권		미지급금	미지급비용		자본금	매 출	보험료	광고비
	₩17,000	₩5,000	₩900	₩2,000		₩5,000	₩150		₩15,000	₩5,500	₩600	₩150
(8)												
잔액	₩17,000	₩5,000	₩900	₩2,000		₩5,000	₩150		₩15,000	₩5,500	₩600	₩150

[거래9] 외상으로 제공한 용역대가 회수

(주)한국은 3월 25일 청소용역을 제공하고 회수하지 못한 청소용역 대가(3월 10일) 중 ₩1,000을 현금으로 회수하였다. 이 거래는 청소용역을 제공하고 받지 못한 대가 중 일부를 현금으로 수취하였으므로 자산이 증가하고 회수된 매출채권만큼 자산이 감소한다.

	자 산				= 부 채		+ 자 본			
								수 익	− 비 용	
	현 금	비 품	소모품	매출채권	미지급금	미지급비용	자본금	매 출	보험료	광고비
	₩17,000	₩5,000	₩900	₩2,000	₩5,000	₩150	₩15,000	₩5,500	₩600	₩150
(9)	1,000			−1,000						
잔액	₩18,000	₩5,000	₩900	₩1,000	₩5,000	₩150	₩15,000	₩5,500	₩600	₩150

[거래10] 임차료로 현금지급

(주)한국은 3월 31일 사무실 임차료 3월분 ₩1,500을 지급하였다. 이 거래는 임차료 발생으로 비용이 증가하고 현금을 지급하였으므로 자산이 감소한다.

	자 산				= 부 채		+ 자 본				
								수 익	− 비 용		
	현 금	비 품	소모품	매출채권	미지급금	미지급비용	자본금	매 출	보험료	광고비	임차료
	₩18,000	₩5,000	₩900	₩1,000	₩5,000	₩150	₩15,000	₩5,500	₩600	₩150	
(10)	−1,500										₩1,500
잔액	₩16,500	₩5,000	₩900	₩1,000	₩5,000	₩150	₩15,000	₩5,500	₩600	₩150	₩1,500

[거래요약]

(주)한국의 거래(1)~(10)까지 거래에 대한 항목별 변화와 금액을 모두 나타내면 다음과 같다. 회계등식의 자산의 합계는 ₩23,400으로 부채 ₩5,150과 자본 ₩18,250을 합한 금액과 일치한다.

	자 산				= 부 채		+ 자 본				
								수 익	− 비 용		
	현 금	비 품	소모품	매출채권	미지급금	미지급비용	자본금	매 출	보험료	광고비	임차료
(1)	₩15,000						₩15,000				
(2)		₩5,000			₩5,000						
(3)	2,000							₩2,000			
(4)	−600								₩600		
(5)	−900		₩900								
(6)	1,500			₩2,000				3,500			
(7)						₩150				₩150	
(8)											
(9)	1,000			−1,000							
(10)	−1,500										₩1,500
잔액	₩16,500	₩5,000	₩900	₩1,000	₩5,000	₩150	₩15,000	₩5,500	₩600	₩150	₩1,500
합계	₩23,400				= ₩5,150		+ ₩18,250(=₩15,000+(5,500−2,250))				

위의 거래들은 모두 회계등식 요소(자산, 부채, 자본, 수익, 비용)에 대해 이중(dual) 또는 그 이상의 변동을 주고 있다. 이러한 변동을 모두 기록하면 어떤 거래를 기록하든지간에 회계등식(자산=부채+자본)의 등호가 항상 유지됨을 알 수 있다.

확인학습 2

• 다음의 거래를 회계등식에 표기하시오.

① 주주로부터 현금 ₩1,500을 출자하여 회사를 설립하였다.
② 소모품비 ₩30 중 ₩20만 지급하고 나머지는 나중에 지급하기로 하였다.
③ 용역을 제공하고 대가로 현금 ₩200을 받다.
④ 임차료 ₩80을 현금으로 지급하다.
⑤ 용역을 제공하고 그 대가 ₩150 중 ₩100만 수령하고 나머지는 외상으로 하였다.
⑥ 사무용 컴퓨터를 외상으로 ₩190에 구입하다.
⑦ 소모품비로 미지급한 ₩10을 지급하다.
⑧ 사무용 컴퓨터 외상대금 중 ₩90을 상환하다.
⑨ 외상으로 한 용역제공 대가 중 ₩30을 회수하였다.

	자 산	=	부 채	+	자 본		
						수 익 −	비 용
①							
②							
③							
④							
⑤							
⑥							
⑦							
⑧							
⑨							
잔액							
합계							

해답

	자산			=	부채		+	자본			
									수익	−	비용
	현 금	매출채권	비 품		미지급비용	미지급금		자본금	매 출	소모품비	임차료
①	₩1,500							₩1,500			
②	−20				₩10					₩30	
③	200								₩200		
④	−80										₩80
⑤	100	₩50							150		
⑥			₩190			₩190					
⑦	−10				−10						
⑧	−90					−90					
⑨	30	−30									
잔액	₩1,630	₩20	₩190		₩0	₩100		₩1,500	₩350	₩30	₩80
합계		₩1,840		=	₩100		+		₩1,740		

제4절 회계정보의 산출

회계란 '경제적 사건을 식별하고, 기록하고, 보고하는 일련의 과정이다'라고 하였다. 지금까지는 기업과 관련하여 발생한 거래가 회계등식 요소에 미치는 영향을 식별하고 그 변화를 기록하였다. 여기에서는 마지막 단계인 보고를 위해 (주)한국의 거래(1)~(10)을 보고서로 작성한다.

회계정보이용자가 의사결정하는 데 유용할 수 있도록 제공되는 회계정보를 재무제표(financial statements)라고 한다. 주요 재무제표로는 재무상태표, 포괄손익계산서, 자본변동표, 현금흐름표가 있다. 이들 재무제표에 대한 자세한 설명은 제7장에서 다루기로 하고 여기에서는 간략하게 설명한다.

- **포괄손익계산서**(statement of profit or loss and other comprehensive income) : 일

정기간 동안 기업의 성과를 나타내는 보고서로서 수익과 비용으로 구성

- **자본변동표**(statement of changes in equity) : 일정기간 동안 기업의 자본변동을 나타내는 보고서
- **재무상태표**(statement of financial position) : 특정시점에서 기업의 재무상태를 나타내는 보고서로서 자산, 부채, 자본으로 구성
- **현금흐름표**(statement of cash flows) : 일정기간 동안 기업의 현금유입과 현금유출을 나타내는 보고서

앞서 살펴본 (주)한국의 거래(1)~(10)에 대해 재무제표를 작성하면 다음과 같다. 포괄손익계산서는 3월 한 달 동안(3월 1일~3월 31일) 발생한 수익과 비용을 표시한다. 포괄손익계산서에서 산출된 순이익은 자본변동표의 이익잉여금(retained earnings)으로 누적된다(①). 자본변동표는 월초(3월 1일)부터 월말(3월 31일)까지의 자본변동 내역을 보고한다. 재무상태표는 특정시점의 재무상태를 나타내므로 월말시점의 자산, 부채, 자본 항목의 잔액을 표시한다. 재무상태표의 자본은 자본변동표의 월말잔액으로 기록된다(②). 현금흐름표는 3월 한 달 동안 현금이 얼마만큼 들어오고 나갔는지에 대한 변동내역을 보고한다. 현금흐름표의 월말 현금잔액은 월말 재무상태표에 표시된 현금과 일치한다(③). 현금흐름표의 현금유입 ₩19,500과 현금유출 ₩3,000은 거래(1)~(10)에 대한 거래요약의 현금계정을 보면 알 수 있다.

재무제표를 작성하기 위해서는 모든 거래를 자산, 부채, 자본, 수익, 비용으로 기록하여야 하며 이를 재무제표 요소라고 한다. 재무제표는 자산, 부채, 자본 또는 수익과 비용 계정들에 대해 현재 남아 있는 잔액만 표기하여 완성한다. 이러한 잔액을 산출하기 위해 (주)한국의 거래(1)~(10)까지 기록한 것처럼 해당계정의 증가는 더하고 감소는 빼는 형식으로 기록하였다.

이와 같이 기록하게 되면 현재 남아 있는 잔액만 확인이 가능하고 3월 한 달간 얼마만큼 증가하였는지 또는 감소하였는지 알 수가 없다. 예를 들면, 현금계정의 경우 3월 한 달 동안 현금이 들어오고 나간 후 현재 ₩16,500만 남아 있기 때문에 잔액 ₩16,500만 기록된다. 또한, 현금이 무엇 때문에 증가하고 감소하였는지 그 원인도 파악할 수가 없다.

재무제표의 작성과 연계성

포괄손익계산서

(주)한국	20×1. 3. 1~3. 31	(단위 : 원)
수익		
매 출		₩5,500
비용		
보 험 료	₩600	
광 고 비	150	
임 차 료	1,500	(2,250)
순이익		₩3,250 ①

자본변동표

(주)한국	20×1. 3. 1~3. 31	(단위 : 원)
자본(3/1)		₩0
자 본 금		15,000
이익잉여금		3,250 ← ①
자본(3/31)		₩18,250 ②

재무상태표

(주)한국	20×1. 3. 31	(단위 : 원)
자산		
현 금	₩16,500 ③	
비 품	5,000	
소 모 품	900	
매 출 채 권	1,000	₩23,400
부채		
미 지 급 금	₩5,000	
미지급비용	150	₩5,150
자본		
자 본 금	₩15,000	
이익잉여금	3,250	₩18,250 ← ②
부채와 자본합계		₩23,400

현금흐름표

(주)한국	20×1. 3. 1~3. 31	(단위 : 원)
현금(3/1)		₩0
현 금 유 입		19,500
현 금 유 출		(3,000)
현금(3/31)		₩16,500 ← ③

* 만약, (주)한국이 주주에게 배당금으로 현금 ₩1,000을 지급하였다면 자본변동표의 이익잉여금은 ₩1,000이 감소하여 ₩2,250이 되고 월말자본(3/31)은 ₩17,250이 된다.

해당계정의 잔액과 함께 증가와 감소에 대한 정보를 제공할 수 있다면 회계정보이용자에게 추가적인 정보를 제공할 수 있다. 또한, 거래를 좀 더 효과적으로 기록할 수 있으며 효율적인 장부관리가 가능하다.

제1장에서는 회계등식의 이해와 거래발생 시 회계등식에 어떠한 영향을 주는지 그리고 재무제표의 종류와 이들간의 연관성에 대해 학습하였다. 제2장에서는 앞서 언급한 것처럼 해당계정에 대해 잔액으로만 표기할 경우 한계점이 존재하므로, 거래를 좀 더 효과적으로 장부에 기록하는 방법을 배우기로 한다.

확인학습 3

• 해당문장의 진위여부 및 요구사항에 대해 답하시오.

(1) 일정기간 동안의 회계정보를 제공하는 재무제표에는 재무상태표, 포괄손익계산서, 자본변동표, 현금흐름표가 있다. (　　)

(2) 포괄손익계산서에서 산출된 순이익은 자본변동표의 이익잉여금으로 누적한다. (　　)

(3) 현금흐름표의 '기초현금＋현금유입액－현금유출액'은 재무상태표의 기말현금과 항상 일치한다. (　　)

(4) 다음의 자료를 이용하여 자본금을 구하시오.

• 수　　익	₩1,000	• 비　　용	₩500	• 자 본 금	?
• 기 말 자 산	₩6,000	• 기 말 부 채	₩2,500		

해답

(1) ×, 재무상태표는 특정시점의 재무상태를 제공한다. (2) ○ (3) ○ (4) 기말자산 ₩6,000－기말부채 ₩2,500＝기말자본 ₩3,500, 자본금＝기말자본 ₩3,500－이익잉여금(수익 ₩1,000－비용 ₩500)＝₩3,000

기출문제

1 회계정보와 관련한 설명으로 옳지 않은 것은? (2021 국가직 9급)

① 경영자는 회계정보를 생산하여 외부 이해관계자들에게 공급하는 주체로서 회계정보의 공급자이므로 수요자는 아니다.
② 경제의 주요 관심사는 유한한 자원을 효율적으로 사용하는 것인데, 회계정보는 우량기업과 비우량기업을 구별하는 데 이용되어 의사결정에 도움을 준다.
③ 회계정보의 신뢰성을 확보하기 위하여 기업은 회계기준에 따라 재무제표를 작성하고, 외부감사인의 감사를 받는다.
④ 외부감사는 전문자격을 부여받은 공인회계사가 할 수 있다.

2 「주식회사 등의 외부감사에 관한 법률」상 기업의 재무제표 작성 책임이 있는 자는? (2020 국가직 9급)

① 회사의 대표이사와 회계담당 임원(회계담당 임원이 없는 경우에는 회계업무를 집행하는 직원)
② 주주 및 채권자
③ 공인회계사
④ 금융감독원

3 다음 사건에서 발생시점에 분개하여야 할 회계거래는? (2019 국가직 9급)

① 제품포장을 위해 계약직 직원을 일당 ₩100,000의 조건으로 매월 말 급여를 지급하기로 하고 채용하였다.
② 물류창고에서 화재가 발생하여 보유 중인 재고자산(장부가액 ₩2,000,000)이 전부 소실되었다.
③ 거래처로부터 신제품 100개를 개당 ₩1,000의 조건으로 월말까지 납품해 달라는 주문서를 받았다.
④ 다음 달 사무실을 이전하기로 하고 매월 말 ₩1,000,000의 임차료를 지급하는 계약을 건물주와 체결하였다.

정답

1. ① 2. ① 3. ②

4 (주)한국은 2012년 1월 1일에 영업을 시작하여 2012년 12월 31일 다음과 같은 재무정보를 보고하였다. 재무제표의 설명으로 옳지 않은 것은? (2013 국가직 9급)

현 금	₩500,000	자 본 금	₩200,000
사무용가구	₩1,000,000	재 고 자 산	₩350,000
매 출	₩3,000,000	미 지 급 금	₩200,000
잡 비	₩50,000	매 출 원 가	₩2,000,000
매 입 채 무	₩600,000	감가상각비	₩100,000

① 재무상태표에 보고된 총자산은 ₩1,850,000이다.
② 재무상태표에 보고된 총부채는 ₩800,000이다.
③ 손익계산서에 보고된 당기순이익은 ₩800,000이다.
④ 재무상태표에 보고된 총자본은 ₩1,050,000이다.

5 자본에 영향을 미치는 거래에 해당하지 않는 것은? (2012 국가직 9급)

① 정기 주주총회에서 10%의 현금배당을 결의하다.
② 임차한 건물에 대한 임차료를 현금으로 지급하다.
③ 창고에 화재가 발생하여 보관 중인 상품 중 일부가 소실되다.
④ 기계장치를 구입하고, 대금 중 절반은 현금으로 지급하고 잔액은 외상으로 하다.

6 다음은 기업에서 발생한 사건들을 나열한 것이다. 이 중 회계상의 거래에 해당되는 것을 모두 고른 것은? (2012 지방직 9급)

ㄱ. 현금 ₩50,000,000을 출자하여 회사를 설립하였다.
ㄴ. 원재료 ₩30,000,000을 구입하기로 계약서에 날인하였다.
ㄷ. 종업원 3명을 고용하기로 하고 근로계약서를 작성하였다. 계약서에는 월급여액과 상여금액을 합하여 1인당 ₩2,000,000으로 책정하였다.
ㄹ. 회사 사무실 임대계약을 하고 보증금 ₩100,000,000을 송금하였다.

① ㄱ, ㄴ, ㄷ, ㄹ
② ㄱ, ㄴ, ㄹ
③ ㄱ, ㄹ
④ ㄴ, ㄷ

정답

4. ③ 5. ④ 6. ③

7 회계상 거래로 파악될 수 있는 내용으로 옳지 않은 것은? (2011 국가직 7급)

① (주)창업은 손실처리하였던 ₩500,000,000의 매출채권 중 ₩100,000,000을 채권추심기관을 통하여 회수하였다.

② (주)창업은 당해연도 말 은행차입금에 대한 만기를 5년간 더 연장하는 것에 대하여 은행측 승인을 받았다.

③ (주)창업은 보관 중인 자재에 대한 재고조사에서 도난으로 인해 장부상의 금액보다 ₩500,000,000에 해당되는 재고자산이 부족한 것을 확인하였다.

④ (주)창업은 제품전시회를 통하여 외국바이어와 ₩1,000,000,000의 수출판매계약과 함께 현지 대리점 개설을 위한 양해각서(MOU)를 교환하였다.

정답

7. ④

정답해설

1 회계정보이용자는 내부정보이용자와 외부정보이용자로 구분되며, 경영자는 내부정보이용자에 해당한다. 그러므로 경영자는 회계정보의 수요자에 포함된다.

2 기업의 재무제표 작성 책임은 대표이사와 회계담당 임원(또는 직원)에게 있다. 기업은 재무제표를 주주 및 채권자에게 제공하고 공인회계사는 제공된 재무제표에 대해 회계감사를 수행하며 금융감독원은 재무제표 공시 등에 관해 규제한다.

3 회계상 거래는 재무제표 요소(자산, 부채, 자본, 수익, 비용)에 변동이 있어야 한다. ② 화재로 인한 재고자산 소실은 비용발생과 자산감소로 회계상 거래이다. ① 종업원의 채용, ③ 거래처 주문, ④ 계약체결은 재무제표 요소에 영향을 주지 않으므로 회계상 거래가 아니다.

4

	자 산	부 채	자 본	수 익	비 용
현 금	₩500,000				
사무용가구	1,000,000				
재고자산	350,000				
매입채무		₩600,000			
미지급금		200,000			
자본금			₩200,000		
매 출				₩3,000,000	
매출원가					₩2,000,000
감가상각비					100,000
잡 비					50,000
	₩1,850,000	₩800,000	₩200,000	₩3,000,000	₩2,150,000

③ 손익계산서에 보고된 당기순이익은 ₩850,000이다.

5 ① 배당을 지급하여 자본이 감소하고 현금으로 지급하였으므로 자산이 감소한다. ② 임차료 발생으로 비용이 증가하고 현금으로 지급하였으므로 자산이 감소한다. ③ 화재 발생으로 비용이 증가하고 상품이 소실되어 자산이 감소한다. ④ 기계장치 구입으로 자산이 증가하고 대금 중 일부를 현금으로 지급하여 자산이 감소하고 나머지는 외상으로서 부채가 증가한다.

6 ㉠ 현금유입으로 자산이 증가하고 출자하였으므로 자본이 증가한다. ㉡ 구입 계약과 ㉢ 종업원 채용은 재무제표 요소에 영향을 주지 않는다. ㉣ 현금유출로 자산이 감소하고 보증금은 계약만료 시 받을 금액이므로 자산이 증가한다.

7 ① 매출채권을 회수하여 현금유입으로 자산이 증가하고 매출채권이 감소하여 자산이 감소한다. ② 단기차입금을 장기차입금으로 전환하였으므로 부채의 감소와 부채의 증가가 발생한다. ③ 도난으로 손실이 발생하여 비용이 증가하고 재고감소로 자산이 감소한다.

CHAPTER 2

거래의 기록과정

제1절 분 개

제1장에서 기록했었던 잔액표기는 현재까지 남아 있는 금액만 파악이 가능했다. 만약 해당계정에 대한 변동내역을 추가적으로 제공할 수 있다면 회계정보의 유용성을 증가시킬 수 있다. 계정의 변동내역을 어떻게 제공할 수 있는지 제1장에서 살펴본 (주)한국의 현금계정을 이용하여 설명하도록 한다.

거래(3)에서 현재 남아 있는 현금은 ₩17,000이고 거래(4)에서 남아 있는 현금은 ₩16,400이다. 거래(1)~(10)까지 한 달간 거래가 모두 종료된 후 남아 있는 현금은 ₩16,500이다. 이처럼 현금거래가 발생하면 그 시점까지 남아 있는 잔액은 알 수 있지만 얼마만큼 현금이 들어오고 나갔는지 파악하기 어렵다.

현금을 증감표기로 하면 현금의 유입과 유출을 쉽게 파악할 수 있다. 즉, 현금의 증가는 왼쪽에 기록하고 현금의 감소는 오른쪽에 기록하면 왼쪽의 합계 ₩19,500은 현금의 증가를, 그리고 오른쪽의 합계 ₩3,000은 현금의 감소를 의미한다. 현금잔액은 왼쪽 합계에서 오른쪽 합계를 차감하여 ₩16,500을 구할 수 있다. 또한, 증가와 감소를 다른 쪽에 기록함으로써 오류를 줄일 수 있다. 이러한 장점 때문에 증감표기를 사용하며 그 표기 모양이 T자의 형태로 표시되어 T계정이라고 부른다. 증감표기를 쉽게 작성할 수 있도록 회계에서는 모든 거래를 왼쪽과 오른쪽에 기록하도록 고안되었다.

잔액표기

거 래	현금잔액
(1)	₩15,000
(3)	17,000
(4)	16,400
(5)	15,500
(6)	17,000
(9)	18,000
(10)	16,500

→

증감표기

현 금			
(1)	15,000	(4)	600
(3)	2,000	(5)	900
(6)	1,500	(10)	1,500
(9)	1,000		

↓ ₩19,500 증가 ↓ ₩3,000 감소

제1장 제2절 '사례로 미리보는 회계'에서 살펴보았듯이 거래를 기록할 때 왼쪽을 차변(debit, 借邊) 그리고 오른쪽을 대변(credit, 貸邊)이라고 설명한 바 있다. 거래등식은 「자산+비용=부채+자본+수익」이며 어떤 거래를 기록하든지 이 등식은 항상 유지됨을 (주)한국의 거래(1)~(10)을 통해 확인하였다. 거래등식을 다시 표현하면 아래와 같다.

차 변				대 변				
자산	+	비용	=	부채	+	자본	+	수익

거래가 발생하였을 경우 거래등식을 활용하여 장부에 기록할 수 있다. 차변에서는 자산과 비용이 양(+)의 값을 가지고 있으므로 증가할 경우 차변에 기록한다. 반대로 자산과 비용은 대변에서 음(−)의 값을 나타내므로 감소할 경우 대변에 기록한다. 마찬가지로 부채, 자본, 수익은 대변에서 양(+)의 값을 갖고 있으므로 증가할 경우 대변에 기록하고, 반대로 감소하는 경우 차변에 기록한다. 이러한 재무제표 요소의 변동을 차변과 대변에 나타내면 아래와 같이 나타낼 수 있다.

차 변		대 변
자산↑ 비용↑	=	부채↑ 자본↑ 수익↑
부채↓ 자본↓ 수익↓		자산↓ 비용↓

거래로 인해 재무제표 요소 중 어떤 요소가 증가하고 감소하는지 분석한 후 거래등식을 이용하여 해당 계정과목과 금액을 차변과 대변에 기록한다. 거래를 이와 같이 기록하는 과정을 분개라고 하며 분개를 기록하는 장부를 분개장이라고 한다.

확인학습 1

• 해당문장의 진위여부 및 요구사항에 대해 답하시오.

(1) 재무제표 요소의 증가와 감소를 세부적인 거래단위로 기록하는 것을 계정이라고 한다. (　　)

(2) 다음 중 비용에 해당하지 않는 계정을 모두 고르시오.

• 미지급비용	• 임대료	• 급여
• 소모품	• 광고비	• 매출원가

(3) 자산, 부채, 자본은 차변에서 증가하고 수익과 비용은 대변에서 증가한다. (　　)

(4) 거래를 분개장에 기록하는 것을 분개라고 한다. (　　)

해답

(1) ○ (2) 미지급비용(부채), 임대료(수익), 소모품(자산) (3) ×, 자산과 비용은 차변에서 증가하고 부채, 자본, 수익은 대변에서 증가한다. (4) ○

제 2 절 분개장

일자별로 발생한 순서에 따라 거래를 처음 기록하는 장부가 분개장(journal)이며 거래일자, 계정과목, 금액을 기록한다. 분개장에 기록되어지는 계정과 금액은 차변과 대변에 각각 기록되며 분개장의 차변금액과 대변금액은 항상 동일하게 나타난다.

일반적으로 사용되는 분개장은 다음과 같으며 거래일자, 계정과목(적요), 원면, 차변과 대변 금액으로 구성되어 있다.

분개장 양식

분개장					쪽번호
거래일자	계정과목(적요)	원 면	차 변	대 변	

- **쪽번호**(page) : 거래가 기록된 분개장의 페이지를 말한다.
- **거래일자**(date of the transaction) : 거래가 발생한 날짜를 기록하는 칸이며 발생순서에 따라 기록한다.
- **계정과목과 적요**(account titles and explanation) : 거래로 인해 영향을 받는 계정과목을 기록하고 거래내용을 간략히 기술한다.
- **원면**(ledger number) : 각 계정에 부여된 번호를 기입하는 칸으로 분개장에 기록된 거래를 해당계정의 원장에서 쉽게 찾아볼 수 있도록 한다.
- **차변과 대변**(debit and credit) : 금액을 기입하는 칸으로 해당 계정과목의 증가와 감소에 따라 차변 또는 대변에 금액을 기록한다.

거래를 분개장에 기록하기 위해서는 분개를 하여야 한다. 분개(journalizing)는 거래를 분개장에 기록하는 과정을 말한다. 분개하는 방법은 먼저, 거래와 관련된 계정이 재무제표 요소 중 어디에 해당하는지 파악한다. 그 다음 해당 재무제표 요소가 증가하였는지 또는 감소하였는지 분석한 후 거래등식을 이용하여 차변 또는 대변에 기록한다. (주)한국의 3월 1일에 대한 거래를 분개하면 다음과 같다.

거 래

[거래1] (주)한국은 3월 1일 주주로부터 현금 ₩15,000을 출자받아 회사를 설립하였다.

[거래2] (주)한국은 3월 1일 비품 ₩5,000을 외상으로 구입하였다.

↓ 분개

분개장 p.1

거래일자	계정과목(적요)	원 면	차 변	대 변
20×1. 3. 1	현금	01	15,000	
	자본금	31		15,000
	(주식을 발행하여 현금으로 수취)			
3. 1	비품	05	5,000	
	미지급금	22		5,000
	(비품을 외상으로 구입)			
:	:	:	:	:

[거래1] 현금 ₩15,000은 자산에 해당하고 자산이 증가하였으므로 차변에 기록한다. 자본금은 자본에 해당하고 자본이 증가하였으므로 대변에 기록한다.

[거래2] 비품 ₩5,000은 자산에 해당하고 자산이 증가하였으므로 차변에 기록한다. 미지급금은 부채에 해당하고 부채가 증가하였으므로 대변에 기록한다.

여기에서 사용된 분개장은 일반적으로 사용되는 양식으로 작성되었다. 이와 같은 양식으로 작성하려면 시간 소요와 번거로움이 있으므로 수업 편의상 아래와 같이 간편하게 작성하도록 한다. 또한, 일반양식의 분개장에는 적요를 기록하였으나 계정과목만 기록해도 거래를 유추할 수 있으므로 적요는 생략한다.

분개장

날 짜	차 변	계정과목	금 액	대 변	계정과목	금 액
3/1	(차)	현 금	15,000	(대)	자 본 금	15,000
3/1	(차)	비 품	5,000	(대)	미 지 급 금	5,000

확인학습 2

• 해당문장의 진위여부 및 요구사항에 대해 답하시오.

(1) 거래를 분개하여 기록하는 장부를 분개장이라고 한다. ( )

(2) 다음 거래를 분석하고 분개장에 어떻게 기록해야 하는지 설명하시오.

> ① 주주로부터 출자받아 회사를 설립하다.
> ② 소모품을 외상으로 구입하다.
> ③ 용역을 제공하고 대금을 수취하다.
> ④ 임차료를 지급하다.
> ⑤ 은행으로부터 차입하다.

(3) 다음 거래에 대해 분개하시오.

> ① 5월 1일 주주로부터 출자금으로 ₩5,000을 받다.
> ② 5월 3일 비품 ₩1,000을 외상으로 구입하다.
> ③ 5월 6일 용역을 제공하고 현금 ₩3,000을 받다.
> ④ 5월 10일 임차료 ₩500을 지급하다.
> ⑤ 5월 12일 은행으로부터 ₩500을 차입하다.
> ⑥ 5월 18일 용역제공 대금 ₩5,000 중 ₩2,000만 수취하다.
> ⑦ 5월 20일 5월분 급여 ₩800을 지급하다.
> ⑧ 5월 25일 광고비 ₩300이 발생하였으나 아직 지급하지 않았다.
> ⑨ 5월 30일 비품 외상대금을 모두 상환하다.
> ⑩ 5월 31일 용역을 제공하고 받지 못한 대금 중 ₩2,000을 회수하다.

분개장

/	(차)	(대)
/	(차)	(대)
/	(차)	(대)
/	(차)	(대)
/	(차)	(대)
/	(차)	(대)
/	(차)	(대)
/	(차)	(대)
/	(차)	(대)
/	(차)	(대)

해답

(1) ○ (2) ① 주주로부터 출자받아 현금이 유입되었으므로 자본이 증가하여 대변에 자본금, 자산이 증가하여 차변에 현금 ② 소모품 구입으로 자산이 증가하여 차변에 소모품, 외상으로 부채가 증가하여 대변에 미지급금 ③ 용역의 제공으로 수익이 증가하여 대변에 매출, 대금을 수취하였으므로 자산이 증가하여 차변에 현금 ④ 임차료로 비용이 발생하여 차변에 임차료, 현금지급으로 자산이 감소하여 대변에 현금 ⑤ 차입으로 부채가 증가하여 대변에 차입금, 현금유입으로 자산이 증가하여 차변에 현금 (3) '제3절 원장'의 [확인학습 3]을 참조하시오.

제3절 원 장

거래일자별로 분개장에 기록된 계정과목과 금액을 동일한 계정과목끼리 한 곳에 모아서 적어놓은 장부를 원장(ledger)이라고 한다. 일반적으로 사용되어지는 원장은 명칭란에 계정명과 계정번호(분개장의 원면)를 기입하고 내용란에는 거래일자, 적요, 분면(분개장 페이지), 차변금액, 대변금액, 잔액을 기록한다. 일반적인 원장의 양식은 아래와 같다.

원장 양식

계정명					계정번호
거래일자	적 요	분 면	차 변	대 변	잔 액

- **계정명**(account title) : 계정명칭을 적는 칸이다.
- **계정번호**(account number) : 계정과목에 부여한 번호이다.

- **거래일자**(date of the transaction) : 분개장에 기록된 거래일자를 적는다.
- **적요**(explanation) : 분개장의 적요를 적는 칸이다.
- **분면**(journal page) : 원장에 옮겨 적은 분개장의 페이지를 기록하는 칸이다.
- **차변, 대변, 잔액**(debit, credit and balance) : 금액을 기입하는 칸으로 분개장에 기록된 차변(대변)금액을 원장에 그대로 차변(대변)금액에 적는다. 잔액은 차변합계와 대변합계의 차이를 적는다.

이와 같이 원장은 분개장의 분개를 해당계정별로 옮겨 놓은 장부이다. 분개장에 기록된 계정과목과 금액을 원장으로 옮겨 적는 과정을 전기(posting)라고 한다. (주)한국이 분개장에 기입한 3월 1일의 분개를 원장에 전기하면 다음과 같다.

분개장 ⑤ p.1

거래일자	계정과목(적요)	원 면	차 변	대 변
③ 20×1. 3. 1	① 현금	**② 01**	⑥ 15,000	
	자본금	**31**		15,000
	④ (주식을 발행하여 현금으로 수취)			
3. 1	비품	**05**	5,000	
	미지급금	**22**		5,000
	(비품을 외상으로 구입)			
:	:	:	:	:

↓ 전기

원 장

① 현 금 ② 01

거래일자	적 요	분 면	차 변	대 변	잔 액
③ 20×1. 3. 1	④ 주식을 발행하여 현금으로 수취	⑤ p.1	⑥ 15,000		⑦ 15,000

자본금					31
거래일자	적 요	분 면	차 변	대 변	잔 액
20×1. 3. 1	주식을 발행하여 현금으로 수취	p.1		15,000	15,000

비 품					05
거래일자	적 요	분 면	차 변	대 변	잔 액
20×1. 3. 1	비품을 외상으로 구입	p.1	5,000		5,000

미지급금					22
거래일자	적 요	분 면	차 변	대 변	잔 액
20×1. 3. 1	비품을 외상으로 구입	p.1		5,000	5,000

현금 원장의 ①부터 ⑦까지 순서대로 분개장에서 원장으로 옮기는 과정을 설명하면 아래와 같다.

① 분개장의 계정과목란의 현금을 원장의 계정명으로 적는다.
② 분개장 원면의 현금계정 번호와 현금 원장 계정번호가 일치하는지 확인한다.
③ 분개장의 거래일자를 원장에 기입한다.
④ 분개장의 적요를 원장의 적요란에 기록한다.
⑤ 거래가 기록된 분개장의 페이지를 원장의 분면에 적는다.
⑥ 분개장의 차변금액을 원장의 차변금액에 적는다.
⑦ 현금 원장의 차변합계와 대변합계의 차이를 적는다.

여기에서 사용된 원장은 일반적으로 사용되어지는 양식으로 작성되었다. 이와 같은 양식으로 작성하려면 시간 소요와 번거로움이 있으므로 수업편의상 아래와 같이 간편하게 작성하도록 한다.

일반양식의 원장에서는 적요를 자세히 적었으나 간단하게 상대계정과목만 적요란에 기록하여도 거래를 유추할 수 있다. 앞으로 수업편의상 분개장과 원장은 다음과 같은 양식으로 작성한다.

분개장

날 짜	차 변	계정과목	금 액	대 변	계정과목	금 액
3/1	(차)	현 금	15,000	(대)	자 본 금	15,000
3/1	(차)	비 품	5,000	(대)	미 지 급 금	5,000

↓ 전기

원 장

계정과목					
날짜	상대계정	차변금액	날짜	상대계정	대변금액

현 금					
3/1	자 본 금	15,000			

자본금					
			3/1	현 금	15,000

비 품					
3/1	미 지 급 금	5,000			

미지급금					
			3/1	비 품	5,000

지금까지 (주)한국의 3월 1일에 발생한 거래에 대해 ① 거래를 분석, ② 분석한 거래를 분개장에 분개, ③ 분개장에 기록된 분개를 원장에 전기하는 과정을 살펴보았다. 다음은 제1장에서 살펴본 (주)한국의 거래를 이용하여 분개장과 원장을 작성해보도록 한다.

거래에 대한 분개와 전기

[거래1] (주)한국은 3월 1일 주주로부터 출자금으로 ₩15,000을 받았다.

	계정과목의 변동	회계등식	거래기록
거래분석	자산인 현금 ₩15,000 증가 자본인 자본금 ₩15,000 증가	자산의 증가는 차변 자본의 증가는 대변	차변에 현금 15,000 대변에 자본금 15,000

분개	3/1	(차) 현 금	15,000	(대) 자 본 금	15,000

전기

현 금 (차변)	현 금 (대변)
3/1 자 본 금 15,000	

자본금 (차변)	자본금 (대변)
	3/1 현 금 15,000

[거래2] (주)한국은 3월 1일 비품 ₩5,000을 외상으로 구입하고 대금은 나중에 지급하기로 하였다.

	계정과목의 변동	회계등식	거래기록
거래분석	자산인 비품 ₩5,000 증가 부채인 미지급금 ₩5,000 증가	자산의 증가는 차변 부채의 증가는 대변	차변에 비품 5,000 대변에 미지급금 5,000

분개	3/1	(차) 비 품	5,000	(대) 미 지 급 금	5,000

전기

비 품 (차변)	비 품 (대변)
3/1 미 지 급 금 5,000	

미지급금 (차변)	미지급금 (대변)
	3/1 비 품 5,000

[거래3] (주)한국은 3월 2일 아파트 청소용역을 계약하면서 2개월에 해당하는 청소용역비 ₩2,000을 받았다. 3월에 해당하는 용역비는 ₩1,000이다.

	계정과목의 변동	회계등식	거래기록
거래분석	자산인 현금 ₩2,000 증가 수익인 매출 ₩2,000 증가	자산의 증가는 차변 수익의 증가는 대변	차변에 현금 2,000 대변에 매출 2,000

분개	3/2	(차) 현 금	2,000	(대) 매 출	2,000

전기

현 금 (차변)	현 금 (대변)
3/1 자 본 금 15,000 3/2 매 출 2,000	

매 출 (차변)	매 출 (대변)
	3/2 현 금 2,000

[거래4] (주)한국은 3월 4일 보험료로 1년분 ₩600을 지급하였다. 3월에 해당하는 보험료는 ₩50이다.

거래분석	계정과목의 변동	회계등식	거래기록
	비용인 보험료 ₩600 증가	비용의 증가는 차변	차변에 보험료 600
	자산인 현금 ₩600 감소	자산의 감소는 대변	대변에 현금 600

분개 3/4 (차) 보 험 료 600 (대) 현 금 600

전기

현 금			
3/1 자 본 금	15,000	3/4 보 험 료	600
3/2 매 출	2,000		

보험료			
3/4 현 금	600		

[거래5] (주)한국은 3월 5일 소모품 ₩900을 현금으로 구입하였다. 3월에 사용한 소모품은 ₩300이다.

거래분석	계정과목의 변동	회계등식	거래기록
	자산인 소모품 ₩900 증가	자산의 증가는 차변	차변에 소모품 900
	자산인 현금 ₩900 감소	자산의 감소는 대변	대변에 현금 900

분개 3/5 (차) 소 모 품 900 (대) 현 금 900

전기

현 금			
3/1 자 본 금	15,000	3/4 보 험 료	600
3/2 매 출	2,000	3/5 소 모 품	900

소모품			
3/5 현 금	900		

[거래6] (주)한국은 3월 10일 빌딩을 청소하고 용역대가 ₩3,500 중 ₩1,500만 수령하고 나머지는 나중에 받기로 하였다.

거래분석	계정과목의 변동	회계등식	거래기록
	자산인 현금 ₩1,500 증가	자산의 증가는 차변	차변에 현금 1,500
	자산인 매출채권 ₩2,000 증가	자산의 증가는 차변	차변에 매출채권 2,000
	수익인 매출 ₩3,500 증가	수익의 증가는 대변	대변에 매출 3,500

분개

날짜	차변	금액	대변	금액
3/10	(차) 현 금	1,500	(대) 매 출	3,500
	매 출 채 권	2,000		

전기

현금	
3/1 자 본 금 15,000	3/4 보 험 료 600
3/2 매 출 2,000	3/5 소 모 품 900
3/10 매 출 1,500	

매출	
	3/2 현 금 2,000
	3/10 현 금 1,500
	매 출 채 권 2,000

매출채권	
3/10 매 출 2,000	

[거래7] (주)한국은 3월 11일 신문에 광고를 내고 광고비 ₩150은 나중에 지급하기로 하였다.

거래분석

계정과목의 변동	회계등식	거래기록
비용인 광고비 ₩150 증가 부채인 미지급광고비 ₩150 증가	비용의 증가는 차변 부채의 증가는 대변	차변에 광고비 150 대변에 미지급광고비 150

분개 3/11 (차) 광 고 비 150 (대) 미지급광고비 150

전기

광고비	
3/11 미지급비용 150	

미지급광고비	
	3/11 광 고 비 150

[거래8] (주)한국은 3월 16일 종업원을 채용하였으며 급여는 한 달 후부터 매월 15일에 ₩200을 지급한다.

거래분석

계정과목의 변동	회계등식	거래기록
종업원 채용 시 급여를 지급하지 않았으므로 재무제표 요소의 변동이 없음		

[거래9] (주)한국은 3월 25일 청소용역을 제공하고 회수하지 못한 청소용역 대가(3월 10일) 중 ₩1,000을 현금으로 회수하였다.

거래분석

계정과목의 변동	회계등식	거래기록
자산인 현금 ₩1,000 증가 자산인 매출채권 ₩1,000 감소	자산의 증가는 차변 자산의 감소는 대변	차변에 현금 1,000 대변에 매출채권 1,000

분개 3/25 (차) 현 금 1,000 (대) 매 출 채 권 1,000

전기

현금							
3/1	자본금	15,000		3/4	보험료	600	
3/2	매출	2,000		3/5	소모품	900	
3/10	매출	1,500					
3/25	매출채권	1,000					

매출채권					
3/10	매출	2,000	3/25	현금	1,000

[거래10] (주)한국은 3월 31일 사무실 임차료 3월분 ₩1,500을 지급하였다.

	계정과목의 변동	회계등식	거래기록
거래분석	비용인 임차료 ₩1,500 증가 자산인 현금 ₩1,500 감소	비용의 증가는 차변 자산의 감소는 대변	차변에 임차료 1,500 대변에 현금 1,500

분개	3/31	(차) 임차료	1,500	(대) 현금	1,500

전기

현금					
3/1	자본금	15,000	3/4	보험료	600
3/2	매출	2,000	3/5	소모품	900
3/10	매출	1,500	3/31	임차료	1,500
3/25	매출채권	1,000			

임차료					
3/31	현금	1,500			

(주)한국의 거래(1)~(10)까지 분개장과 원장에 나타내면 아래와 같다. 각 계정별로 작성된 장부를 원장(ledger)이라고 하며 이러한 원장을 모두 모아놓은 장부를 총계정원장(general ledger)이라고 한다. 총계정원장에는 재무제표 요소별로 자산계정, 부채계정, 자본계정, 수익계정, 비용계정 순으로 제시되어 있으며 계정별 원장은 해당계정의 증감을 나타내고 있다. (주)한국의 거래에 대한 분개장과 원장을 작성하면 아래와 같다.

분개장

날짜	차변	금액	대변	금액
3/1	(차) 현 금	15,000	(대) 자 본 금	15,000
3/1	(차) 비 품	5,000	(대) 미 지 급 금	5,000
3/2	(차) 현 금	2,000	(대) 매 출	2,000
3/4	(차) 보 험 료	600	(대) 현 금	600
3/5	(차) 소 모 품	900	(대) 현 금	900
3/10	(차) 현 금	1,500	(대) 매 출	3,500
	매 출 채 권	2,000		
3/11	(차) 광 고 비	150	(대) 미지급광고비	150
3/25	(차) 현 금	1,000	(대) 매 출 채 권	1,000
3/31	(차) 임 차 료	1,500	(대) 현 금	1,500

↓ 전기

총계정원장

현 금

날짜	계정	금액	날짜	계정	금액
3/1	자 본 금	15,000	3/4	보 험 료	600
3/2	매 출	2,000	3/5	소 모 품	900
3/10	매 출	1,500	3/31	임 차 료	1,500
3/25	매 출 채 권	1,000			

비 품

날짜	계정	금액	날짜	계정	금액
3/1	미 지 급 금	5,000			

소모품

날짜	계정	금액	날짜	계정	금액
3/5	현 금	900			

매출채권

날짜	계정	금액	날짜	계정	금액
3/10	매 출	2,000	3/25	현 금	1,000

미지급금

날짜	계정	금액	날짜	계정	금액
			3/1	비 품	5,000

미지급광고비

날짜	계정	금액	날짜	계정	금액
			3/11	광 고 비	150

자본금

날짜	계정	금액	날짜	계정	금액
			3/1	현 금	15,000

매 출

날짜	계정	금액	날짜	계정	금액
			3/2	현 금	2,000
			3/10	현 금	1,500
				매 출 채 권	2,000

보험료

날짜	계정	금액	날짜	계정	금액
3/4	현 금	600			

광고비

날짜	계정	금액	날짜	계정	금액
3/11	미지급광고비	150			

임차료

날짜	계정	금액	날짜	계정	금액
3/31	현 금	1,500			

확인학습 3

• 해당문장의 진위여부 및 요구사항에 대해 답하시오.

(1) 분개장의 동일한 계정을 계정별로 모아서 기록한 장부를 원장이라고 한다. (   )

(2) 분개장에 기록된 거래를 원장에 옮겨 적는 과정을 분개라고 한다. (   )

(3) 분개장의 분개를 각 계정별 원장에 전기하시오.

분개장

날짜	차변	금액	대변	금액
5/1	(차) 현 금	3,000	(대) 자 본 금	3,000
5/3	(차) 비 품	1,000	(대) 미 지 급 금	1,000
5/6	(차) 현 금	3,000	(대) 매 출	3,000
5/10	(차) 임 차 료	500	(대) 현 금	500
5/12	(차) 현 금	500	(대) 차 입 금	500
5/18	(차) 현 금	2,000	(대) 매 출	5,000
	매 출 채 권	3,000		
5/20	(차) 급 여	800	(대) 현 금	800
5/25	(차) 광 고 비	300	(대) 미지급광고비	300
5/30	(차) 미 지 급 금	1,000	(대) 현 금	1,000
5/31	(차) 현 금	2,000	(대) 매 출 채 권	2,000

총계정원장

현 금

해답

(1) ○ (2) ×, 전기라고 한다. (3) '제4절 시산표'의 [확인학습 4]를 참조하시오.

제 4 절 시산표

시산표(trial balance)는 특정시점에서의 각 계정별 원장에 대한 잔액만을 모아놓은 표이다. 시산표는 총계정원장에 기록된 순서(자산, 부채, 자본, 수익, 비용)에 따라 계정과목과 잔액을 기록한다. 시산표의 양식과 작성방법은 아래와 같다.

시산표 양식

시산표

회사명 회계연도 (단위 : 원)

계정과목	차 변	대 변

- **회사명**(firm's name) : 기업의 명칭을 적는다.
- **회계연도**(fiscal year) : 시산표상의 회계연도는 특정시점에서의 잔액을 표시하므로 기말보고 시점의 일자를 기록한다.

- **단위**(currency unit) : 기록된 금액의 화폐 단위를 말한다.
- **계정과목**(account titles) : 원장의 계정명을 적는 칸이다.
- **차변과 대변**(debit and credit) : 원장의 잔액을 기록하는 칸이다. 즉, 시산표의 계정과목에 대한 차변금액 또는 대변금액은 원장의 차변합계와 대변합계의 차이로서 차변잔액인 경우 시산표의 차변에 잔액을 기록하고 대변잔액인 경우 시산표의 대변에 기록한다.

총계정원장의 현금 원장을 시산표에 순서대로 옮겨 적으면 아래와 같다.

① 원장의 계정명을 시산표의 계정과목에 적는다.
② 원장의 차변합계와 대변합계의 차이 ₩16,500이 차변잔액이므로 시산표의 차변에 잔액을 적는다.

① 현금

3/1	자 본 금	15,000	3/4	보 험 료	600
3/2	매 출	2,000	3/5	소 모 품	900
3/10	매 출	1,500	3/31	임 차 료	1,500
3/25	매출채권	1,000			

② ₩19,500 ₩3,000 ②

자본금

			3/1	현 금	15,000

비 품

3/1	미지급금	5,000			

시산표

(주)한국 20×1. 3. 31 (단위 : 원)

계정과목	차 변	대 변
① 현 금	② ₩16,500	
비 품	5,000	
자 본 금		₩15,000

여기에서 사용된 시산표는 일반적으로 사용되어지는 양식으로 작성되었다. 앞에서 수업편의상 분개장과 원장의 왼쪽을 차변, 오른쪽을 대변으로 나누어 작성한 것처럼 시산표에서도 왼쪽에 차변, 오른쪽에 대변으로 기록한다. 앞으로 수업편의상 시산표는 다음과 같은 양식으로 작성한다.

총계정원장

현 금

3/1	자 본 금	15,000	3/4	보 험 료	600
3/2	매 출	2,000	3/5	소 모 품	900
3/10	매 출	1,500	3/31	임 차 료	1,500
3/25	매 출 채 권	1,000			

비 품

3/1	미 지 급 금	5,000			

소모품

3/5	현 금	900			

매출채권

3/10	매 출	2,000	3/25	현 금	1,000

미지급금

			3/1	비 품	5,000

미지급광고비

			3/11	광 고 비	150

자본금

			3/1	현 금	15,000

매 출

			3/2	현 금	2,000
			3/10	현 금	1,500
				매 출 채 권	2,000

보험료

3/4	현 금	600			

광고비

3/11	미지급광고비	150			

임차료

3/31	현 금	1,500			

시산표

계정과목	잔 액	계정과목	잔 액
현 금	₩16,500	미 지 급 금	₩5,000
비 품	5,000	미지급광고비	150
소 모 품	900	자 본 금	15,000
매출채권	1,000	매 출	5,500
보 험 료	600		
광 고 비	150		
임 차 료	1,500		
	₩25,650		₩25,650

총계정원장의 계정별 원장의 잔액을 모두 옮기고 나면 시산표의 차변합계와 대변합계는 ₩25,650으로 일치한다. 만약, 원장의 잔액을 시산표에 옮기는 과정에서 오류가 발생했을 시 시산표의 차변합계와 대변합계는 일치하지 않는다. 시산표를 통해 기록과정의 오류가 존재하였는지 바로 확인할 수 있는 것은 거래를 차변과 대변으로 기록하는 복식부기를 사용하였기 때문이다. 이러한 점에서 복식부기는 자기검증기능을 가지고 있고 제1장에서 배운 거래등식 '자산+비용=부채+자본+수익'을 재확인시켜주는 결과이기도 하다.

시산표상에 차변합계와 대변합계가 일치하지 않는 경우는 계산실수, 전기하는 과정에서의 오류, 단순한 기록 오류 등으로 발생한다. 이런 경우에는 시산표상의 차변합계와 대변합계의 금액차이를 구하고 다음과 같은 방법으로 오류를 찾을 수 있다.

합계액에 차이나는 경우 오류 찾기

- 계정과목 금액의 단위를 잘못 기록했는지 ₩1, ₩10, ₩100, ₩1,000…순으로 더해가면서 합계를 다시 계산한다.
- 합계액차이가 2로 나누어지는 경우 나누어진 금액만큼을 기록해야 할 반대쪽에 기록했을 수 있다.
- 합계액차이가 9로 나누어지는 경우 원장에서 시산표로 잔액을 옮겨 적는 과정에서 실수했을 수 있다. 예를 들면, 원장잔액은 ₩12인데, 시산표에 ₩21으로 기록한 경우 차이나는 금액 ₩9은 9로 나누어진다.
- 위의 방법으로도 찾을 수 없다면 차이나는 금액을 원장에서 시산표로 그리고 분개장에서 원장으로 전기하는 과정을 생략하였는지 확인한다.

이와 같은 시산표의 유용성이 있음에도 다음과 같은 오류에 대해서는 시산표를 통해 확인할 수 없는 경우가 있다. 이러한 오류가 발생하더라도 시산표의 차변합계와 대변합계는 일치하게 나타난다. 그러므로 시산표가 회사의 모든 거래를 기록하였다거나 원장이 정확하게 작성되어졌다는 것을 증명하지는 않는다.

시산표로 확인할 수 없는 오류

- 거래를 분개장에 기록하지 않은 경우
- 분개장의 분개를 원장에 전기하지 않은 경우
- 분개장의 분개를 원장에 이중으로 전기한 경우
- 잘못된 계정을 사용하여 분개하거나 전기한 경우
- 거래금액을 상계(offset)해서 기록하는 경우(예로, 받을 돈에서 갚아야 할 돈을 차감하고 기록)

지금까지 제2장에서 살펴본 거래의 기록과정을 요약하면 다음과 같다. 거래가 발생하면 거래를 분석하여 분개장에 분개하고 분개장에 분개한 내용을 각 계정별 원장에 전기하였다. 총계정원장의 계정별 원장잔액을 계산한 후 해당계정의 잔액을 시산표에 기록하였다. 이와 같은 과정을 간단히 요약하면 다음과 같다.

기중거래의 기록과정

기중분개

분개장	원장	시산표		
(차) ○○ ××× (대) △△ ×××	○○ (차변 ×××)	계정과목	차 변	대 변
:	△△ (대변 ×××)	○○	×××	
:	:	△△		×××
:		:	:	:

확인학습 4

• 해당문장의 진위여부 및 요구사항에 대해 답하시오.

(1) 각 계정별 원장의 잔액을 모아놓은 표를 시산표라고 한다. (　　)

(2) 모든 원장의 잔액을 시산표에 정확히 옮겨 적으면 시산표의 차변합계와 대변합계는 항상 일치한다. (　　)

(3) 시산표의 차변합계와 대변합계가 일치하더라도 오류가 있을 수 있다. (　　)

(4) 각 계정별 원장의 잔액을 이용하여 시산표를 작성하시오.

총계정원장

현 금

날짜	적요	금액	날짜	적요	금액
5/1	자 본 금	3,000	5/10	임 차 료	500
5/6	매 출	3,000	5/20	급 여	800
5/12	차 입 금	500	5/30	미 지 급 금	1,000
5/18	매 출	2,000			
5/31	매 출 채 권	2,000			

차입금

날짜	적요	금액	날짜	적요	금액
			5/12	현 금	500

자본금

날짜	적요	금액	날짜	적요	금액
			5/1	현 금	3,000

매출채권

날짜	적요	금액	날짜	적요	금액
5/18	매 출	3,000	5/31	현 금	2,000

매 출

날짜	적요	금액	날짜	적요	금액
			5/6	현 금	3,000
			5/18	현 금	2,000
				매 출 채 권	3,000

비 품

날짜	적요	금액	날짜	적요	금액
5/3	미 지 급 금	1,000			

임차료

날짜	적요	금액	날짜	적요	금액
5/10	현 금	500			

미지급금

5/30 현 금 1,000	5/3 비 품 1,000	

급 여

5/20 현 금 800	

미지급광고비

	5/25 광 고 비 300

광고비

5/25 미지급광고비 300	

시산표

(5) 위의 시산표에서 당기순이익을 구하시오.

해답

(1) ○ (2) ○ (3) ○ (4) '제3장 제2절 수정분개'의 [확인학습 2]를 참조하시오. (5) ₩8,000−1,600= ₩6,400

기출문제

1 교육컨설팅업을 영위하는 (주)한국의 다음 거래가 회계등식의 구성요소에 미치는 영향으로 옳지 않은 것은? (2022 국가직 9급)

① 주식발행의 대가로 현금 ₩10,000을 출자받았다. 이 거래로 인해 자산이 ₩10,000 증가하고, 자본이 ₩10,000 증가한다.

② 사무실에 사용할 비품 ₩10,000을 취득하면서 현금 ₩5,000을 지급하고 잔액은 나중에 지급하기로 하였다. 이 거래로 인해 자산이 ₩5,000 증가하고, 부채가 ₩5,000 증가한다.

③ 교육컨설팅 용역을 ₩10,000에 제공하였는데 이 중 ₩3,000은 현금으로 받고 잔액은 나중에 받기로 하였다. 이 거래로 인해 자산이 ₩10,000 증가하고, 자본이 ₩10,000 증가한다.

④ 사무실 임차료 ₩5,000을 현금으로 지급하였다. 이 거래로 인해 부채가 ₩5,000 증가하고, 자본이 ₩5,000 감소한다.

2 다음의 분개장 기록내역 중 시산표 작성을 통해 항상 자동으로 발견되는 오류만을 모두 고르면? (2021 국가직 9급)

ㄱ. 기계장치를 ₩800,000에 처분하고, '(차) 현금 800,000 / (대) 기계장치 80,000'으로 분개하였다.

ㄴ. 건물을 ₩600,000에 처분하고, '(차) 현금 600,000 / (대) 토지 600,000'으로 분개하였다.

ㄷ. 토지를 ₩300,000에 처분하고, '(차) 토지 300,000 / (대) 현금 300,000'으로 분개하였다.

ㄹ. 신입사원과 월 ₩500,000에 고용계약을 체결하고, '(차) 급여 500,000 / (대) 미지급비용 500,000'으로 분개하였다.

---

① ㄱ ② ㄱ, ㄹ

③ ㄱ, ㄴ, ㄷ ④ ㄱ, ㄴ, ㄷ, ㄹ

정답

1. ④ 2. ①

3 다음과 같은 현금 원장의 내용에 기반하여 추정한 날짜별 거래로 옳지 않은 것은?

(2021 국가직 9급)

현 금

1/15	용역수익	70,000	1/2	소 모 품	50,000
1/18	차 입 금	100,000	1/5	비 품	75,000
			1/31	미지급급여	20,000

① 1월 2일 소모품 구입을 위하여 현금 ₩50,000을 지급하였다.
② 1월 15일 용역을 제공하고 현금 ₩70,000을 수취하였다.
③ 1월 18일 차입금 상환을 위하여 현금 ₩100,000을 지급하였다.
④ 1월 31일 미지급급여 ₩20,000을 현금으로 지급하였다.

4 시산표를 작성하는 중 차변합계와 대변합계가 일치하지 않은 것을 발견하였다. 이와 관련하여 시산표상 차변합계와 대변합계가 일치하지 않는 원인은? (2020 국가직 7급)

① ₩50,000의 매입채무를 현금으로 상환하면서 분개를 누락하였다.
② ₩30,000의 토지를 외상으로 구입하면서 분개는 정확하게 하였지만, 원장으로 전기할 때 토지계정 대신 건물계정 차변에 ₩30,000, 미지급금계정 대변에 ₩30,000으로 전기하였다.
③ [(차) 매출채권 35,000 / (대) 매출 35,000]의 분개를 원장으로 전기할 때 매출채권계정 차변에 ₩53,000, 매출계정 대변에 ₩35,000으로 전기하였다.
④ 건물 수선비를 현금지급하면서 차변에 건물 ₩10,000, 대변에 현금 ₩10,000으로 분개하였다.

5 시산표를 작성함으로써 발견할 수 있는 오류는? (2015 국가직 9급)

① 상품을 판매한 거래에 대하여 두 번 분개한 경우
② 거래를 분개함에 있어서 차입금계정의 차변에 기록하여야 하는데 대여금계정의 차변에 기록한 경우
③ 실제 거래한 금액과 다르게 대변과 차변에 동일한 금액을 전기한 경우
④ 매출채권계정의 차변에 전기해야 하는데 대변으로 전기한 경우

정답

3. ③ 4. ③ 5. ④

6 (주)한국이 차입금 ₩1,000과 이자 ₩120을 현금으로 변제 및 지급하였다. 이 거래에 대한 분석으로 옳은 것은? (2013 국가직 9급)

① (차) 자산의 증가 (대) 부채의 증가와 수익의 발생
② (차) 자산의 증가 (대) 자산의 감소와 수익의 발생
③ (차) 부채의 감소와 비용의 발생 (대) 자산의 감소
④ (차) 자산의 증가와 비용의 발생 (대) 자산의 감소

7 시산표에 의해 발견되지 않는 오류는? (2013 지방직 9급)

① 매출채권 ₩720,000을 회수하고, 현금계정 ₩720,000을 차변기입하고, 매출채권계정 ₩702,000을 대변기입하다.
② 매출채권 ₩300,000을 회수하고, 현금계정 ₩300,000을 차변기입하고, 매출채권계정 ₩300,000을 차변기입하다.
③ 매출채권 ₩550,000을 회수하고, 현금계정 ₩550,000을 차변기입하고, 매출채권계정 대신 매입채무계정에 ₩550,000을 대변기입하다.
④ 위 모든 오류가 시산표를 작성하는 과정에서 발견될 수 있다.

8 다음 중 그 잔액이 시산표의 대변에 나타나지 않는 항목은? (2012 국가직 9급)

① 대여금 ② 미지급비용
③ 자본금 ④ 선수수익

9 시산표의 작성을 통해서 발견할 수 있는 오류는? (2011 국가직 9급)

① 비품 ₩100,000을 현금으로 구입하면서 비품계정에 ₩100,000 차기하고, 현금계정에 ₩100,000 대기하는 기록을 두 번 반복하였다.
② 매입채무 ₩200,000을 현금으로 지급하면서 현금계정에 ₩100,000 대기하고, 매입채무계정에 ₩100,000 차기하였다.
③ 매출채권 ₩100,000을 현금으로 회수하면서 매출채권계정에 ₩100,000 차기하고, 현금계정에 ₩100,000 대기하였다.
④ 대여금 ₩100,000을 현금으로 회수하면서 현금계정에 ₩100,000 차기하고, 대여금계정에 ₩200,000 대기하였다.

정답

6. ③ 7. ③ 8. ① 9. ④

10 잔액시산표의 차변금액합계와 대변금액합계를 일치하지 않게 하는 경우는? (2011 국가직 9급)

① 개발비계정의 잔액을 잔액시산표의 연구비계정에 기입하였다.
② 매출채권계정의 잔액을 잔액시산표의 영업권계정에 기입하였다.
③ 이자수익계정의 잔액을 잔액시산표의 주식발행초과금계정에 기입하였다.
④ 사채계정의 잔액을 잔액시산표의 상각후원가측정금융자산계정에 기입하였다.

정답

10. ④

정답해설

1 사무실 임차료 ₩5,000을 현금으로 지급하였으므로, 현금이 감소하여 자산이 감소하고 임차료가 발생하여 비용증가로 인해 자본이 감소한다.

	차변	금액	대변	금액
①	(차) 현금	10,000	(대) 자본금	10,000
②	(차) 비품	10,000	(대) 현금	5,000
			미지급금	5,000
③	(차) 현금	3,000	(대) 매출	10,000
	매출채권	7,000		
④	(차) 임차료	5,000	(대) 현금	5,000

2 시산표 작성을 통해 자동으로 발견되는 오류는 시산표의 차변합계와 대변합계가 일치하지 않는 경우이다. 분개장에 차변과 대변 금액이 동일하게 분개되지 않으면, 해당 원장의 차변과 대변에 동일하지 않은 금액이 전기되어 시산표의 차변합계와 대변합계가 일치하지 않게 된다. 계정과목을 잘못 기록한 경우, 분개나 전기를 누락한 경우에는 시산표의 차변합계와 대변합계가 일치하므로 시산표를 통해 오류를 자동으로 발견할 수 없다.
'ㄱ'만 차변과 대변의 금액이 동일하지 않고 'ㄴ, ㄷ, ㄹ'은 모두 동일하다.

3 분개장에서 원장에 전기할 때, 상대계정과목을 기록함으로써 현금의 증가와 감소의 원인을 파악할 수 있다. 1월 18일의 거래는 현금 ₩100,000을 차입한 거래이다.

날짜	차변	금액	대변	금액
1/2	(차) 현금	50,000	(대) 소모품	50,000
1/5	(차) 비품	75,000	(대) 현금	75,000
1/15	(차) 현금	70,000	(대) 용역수익	70,000
1/18	(차) 현금	100,000	(대) 차입금	100,000
1/31	(차) 미지급급여	20,000	(대) 현금	20,000

4 ③ 원장 전기 시 차변과 대변에 다른 금액을 기록하였으므로 시산표의 차변합계와 대변합계가 일치하지 않는다. ① 차변과 대변에 동일하게 누락한 경우, ② 원장 전기 시 계정오류가 있으나 차변과 대변에 동일한 금액을 기록한 경우, ④ 분개 시 계정과목을 잘못 기록하였으나 차변과 대변에 동일한 금액을 기록한 경우 시산표의 차변합계와 대변합계는 일치한다.

5 ④ 차변에 전기해야 할 금액을 대변에 전기하였으므로 시산표상에 대변금액이 차변금액보다 크다. 나머지 ① 차변과 대변에 이중으로 기록하는 경우, ② 계정과목을 잘못 기록한 경우, ③ 차변과 대변에 틀린 금액을 동일하게 기록한 경우는 시산표상에 차변합계와 대변합계가 동일하게 나타난다.

6

(차) 차 입 금	(부채감소)	(대) 현 금	(자산감소)
이 자 비 용	(비용발생)		

7 시산표는 차변합계와 대변합계가 동일하게 나타나는 오류는 발견할 수 없다. 분개 시 차변과 대변에 동일한 금액을 기록한 오류는 발견할 수 없다.

①	(차) 현 금	720,000	(대) 매 출 채 권	702,000
②	(차) 현 금	300,000		
	매 출 채 권	300,000		
③	(차) 현 금	550,000	(대) 매 입 채 무	550,000

8 대여금은 자산항목으로 차변에 잔액이 나타난다. 미지급비용과 선수수익은 부채항목으로 대변에 잔액이 나타난다. 자본금은 자본항목으로 대변에 잔액이 나타난다.

9 시산표는 차변합계와 대변합계가 동일하게 나타나는 오류는 발견할 수 없다. 즉 분개 시 차변과 대변에 동일한 금액을 기록한 오류는 발견할 수 없다.

①	(차) 비 품	100,000	(대) 현 금	100,000
	(차) 비 품	100,000	(대) 현 금	100,000
②	(차) 매 입 채 무	100,000	(대) 현 금	100,000
③	(차) 매 출 채 권	100,000	(대) 현 금	100,000
④	(차) 현 금	100,000	(대) 대 여 금	200,000

10 자산과 비용은 차변잔액이고 부채, 자본, 수익은 대변잔액이다. 계정과목이 다르더라도 동일한 쪽에 잔액을 기록하면 시산표의 차변합계와 대변합계는 일치한다. ① 개발비는 자산계정으로 차변잔액이고 연구비는 비용계정으로 차변잔액이다. ② 매출채권은 자산계정으로 차변잔액이고 영업권도 자산계정으로 차변잔액이다. ③ 이자수익은 수익계정으로 대변잔액이고 주식발행초과금은 자본계정으로 대변잔액이다. ④ 사채는 부채계정으로 대변잔액이고 상각후원가측정금융자산은 자산계정으로 차변잔액이다.

CHAPTER 3

거래의 수정과정

제 1 절 회계연도

제2장에서 (주)한국의 3월 1일부터 3월 31일까지의 거래를 분개장과 원장에 기록하여 특정시점인 3월 31일의 각 계정별 잔액을 시산표에 나타내었다. 기업의 성과나 재무상태를 보고하기 위해서는 지속적으로 발생하는 거래에 대한 측정기간과 그 기간의 종료시점을 설정할 필요가 있다. 이처럼 재무제표를 작성하기 위한 기간을 회계기간(accounting time periods)이라고 하며 기간별로 재무제표를 작성한다.

회계기간은 분기, 반기, 연도로 정할 수 있으며 일반적으로 연도별로 재무제표를 작성한다. 회계기간이 1년인 경우 회계연도(fiscal year)라고 한다.

회계연도는 보통 첫 달의 맨 처음 날짜로 시작해서 12개월 후 그달의 맨 마지막 날짜로 끝난다. 대부분의 기업들은 달력(calendar)을 사용하고 있으며 달력의 기간은 1월 1일부터 12월 31일까지이다. 기업이 속한 업종에 따라 달력기간이 다를 수도 있다. 예를 들면, 대부분의 금융업은 4월 1일부터 다음연도 3월 31일까지이다. 회계연도와 관련된 용어들은 아래와 같다.

회계연도

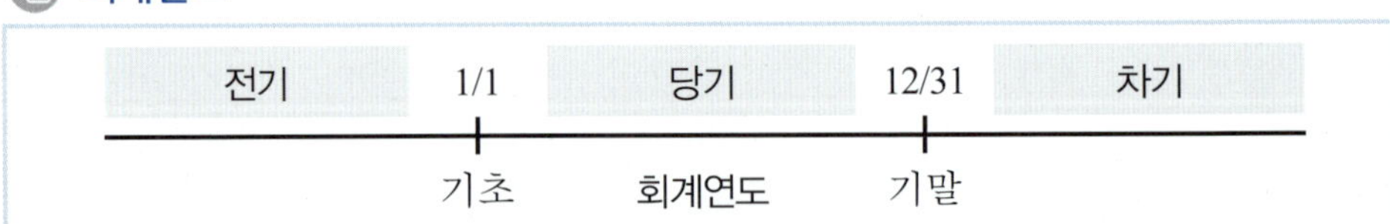

당기(current term)는 올해의 회계연도를 의미하고 전기(preceeding term)는 전년도 회계연도를 그리고 차기(next term)는 다음연도의 회계연도를 말한다. 기초(beginning of term)는 회계연도의 시작하는 일자를 의미하고 기말(end of term)은 종료되는 일자를 의미한다.

다음은 회계기간을 설정해야 하는 이유를 사례를 통해 알아보자. 예를 들어, 회계기간이 3월 1일~3월 31일까지라고 하자. 3월 1일에 6개월분의 보험료 ₩6,000을 납부할 때 다음과 같이 분개하였다.

3/1	(차) 보 험 료 (비용)	6,000	(대) 현 금 (자산)	6,000

3월 1일에 보험료 ₩6,000을 비용으로 기록한 경우 ₩6,000이 모두 3월의 비용으로 포함된다. 그러나 3월 한 달간의 비용으로 포함되어야 할 보험료는 ₩1,000이며 나머지 ₩5,000은 4월 1일 이후에 해당하는 보험료이다. 3월에 해당하는 보험료 ₩1,000을 인식하기 위해서는 장부에 기록된 보험료 ₩6,000을 ₩1,000으로 만들어야 한다. 그 결과 3월 말 시점에 보험료 ₩5,000을 감소시키는 분개를 해야 한다. 차감한 보험료 ₩5,000은 3월 말 현재 시점에서 4월 1일 이후에 해당하는 보험료를 미리 지급한 상태이므로 선급보험료라는 계정과목으로 대체한다. 이와 관련된 분개를 하면 다음과 같다.

3/31	(차) 선급보험료 (자산)	5,000	(대) 보 험 료 (비용)	5,000

3월 1일에 기록한 보험료 ₩6,000을 3월 말에 ₩1,000만 비용으로 인식되도록 한 이유는 회계기간을 3월 한 달간으로 정하였기 때문이다. 3월 말 분개를 통해 3월에 해당하는 보험료 ₩1,000을 정확하게 기록할 수 있게 되었다.

확인학습 1

• 해당문장의 진위여부 및 요구사항에 대해 답하시오.

(1) 재무제표는 1년 단위로만 작성할 수 있다. (　　)

(2) 아래 빈칸을 모두 채우시오.

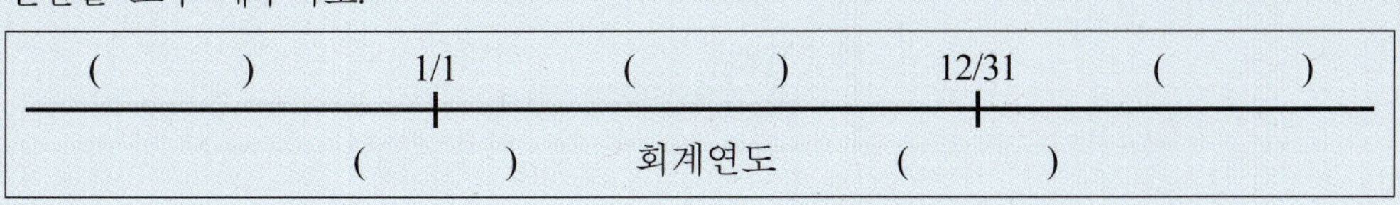

해답

(1) ×, 분기, 반기로도 작성할 수 있다. (2) 전기, 기초, 당기, 기말, 차기

제 2 절 수정분개

앞서 살펴본 것처럼 회계기간의 정확한 수익과 비용 그리고 자산, 부채, 자본을 측정하기 위해서는 회계기간 말(3월 31일)에 이와 관련된 거래를 인식하거나 수정할 필요가 있다. 이러한 분개를 수정분개(adjusting entries)라고 한다.

수정분개는 이연(deferrals)항목과 발생(accruals)항목으로 구분되며 아래와 같이 각각 두 가지 유형의 형태를 지닌다.

수정분개의 유형

[이연항목]

- 선급비용(자산) : 비용이 발생하기 전에 현금을 미리 지급한 경우
- 선수수익(부채) : 수익이 발생하기 전에 현금을 미리 받은 경우

[발생항목]

- 미수수익(자산) : 수익이 발생하였으나 아직 현금을 받지 못한 경우
- 미지급비용(부채) : 비용이 발생하였으나 아직 현금을 지급하지 않은 경우

1. 이연항목에 대한 수정분개

이연은 지연되거나 연기된다는 의미로 현금거래 이후에 수익이나 비용이 발생하는 경우를 말한다.

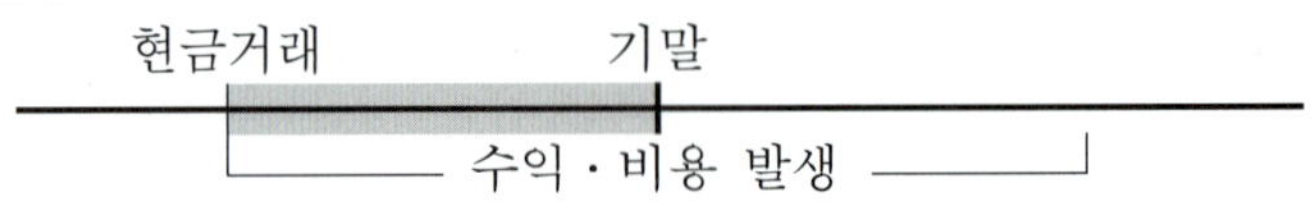

1.1 선급비용

선급비용(prepaid expenses)은 자산계정으로 비용이 발생하기 전에 미리 지급한 경우 기록한다. 선급비용을 자산으로 기록하는 이유는 나중에 비용이 발생하면 현금을 지급하여야 하나 현재 비용을 미리 지급한 상태이므로 미래에 현금이 유출되지 않기 때문이다. 즉, 비용을 미리 지급함으로써 미래에 유출될 현금이 유출되지 않아 현금유입 효과가 있다. 예를 들면, 사무실 임차료를 미리 지급한 경우, 보험료 1년분을 미리 납입한 경우 등이 있다.

이와 같은 거래는 현금거래 이후, 기간이 경과함에 따라 매일 비용을 증가시키고 선급비용을 감소시켜야 하나 실무적으로 번거로우므로 회계기간 말에 수정분개를 통해 한꺼번에 인식한다. 수정분개는 현금거래 시 현금지급분을 모두 자산으로 기록한 경우와 모두 비용으로 기록한 경우에 따라 기말 수정분개는 아래와 같이 달라진다.

	현금거래 시 모두 자산으로 기록				현금거래 시 모두 비용으로 기록			
[현금거래]	(차) 선급비용	×××	(대) 현 금	×××	(차) 비 용	×××	(대) 현 금	×××
[수정분개]	(차) 비 용	×××	(대) 선급비용	×××	(차) 선급비용	×××	(대) 비 용	×××

현금거래 시 모두 자산으로 기록한 경우 기말시점까지 발생한 비용은 더 이상 미리 지급한 비용이 아니다. 그 결과 회계기간 말 현재 선급비용이 과대계상되어 있고 비용이 과소계상되어 있다. 이를 수정하기 위해 선급비용을 감소시키고 비용을 증가시키는 수정분개를 하여야 한다.

현금거래 시 모두 비용으로 기록한 경우 기말시점까지 아직 발생하지 않은 비용은 미리 지급한 비용이다. 그 결과 회계기간 말 현재 비용이 과대계상되어 있고 선급비용이 과소계상되어 있다. 이를 수정하기 위해 비용을 감소시키고 선급비용을 증가시키는 수정분개를 하여야 한다. 다음은 선급비용과 관련된 계정과목들에 대해 살펴보도록 한다.

보험료

보험료는 시간이 경과함에 따라 비용으로 인식된다. 기말 현재 기간이 경과된 부분은 보험료(비용)로, 미경과된 부분은 선급보험료(자산)로 인식되어야 한다. 아래의 (예시 1)은 현금거래 시 보험료를 모두 자산으로 처리한 경우와 모두 비용으로 처리한 경우 각각 기말 수정분개가 어떻게 이루어지는지 보여주고 있다.

예시 1

(주)한국의 회계기간은 1년이고 결산일은 12월 31일이다. (주)한국은 청소용역 시 고객의 기물 파손에 대한 변상을 대비해 20×1년 9월 1일에 1년분 보험료 ₩300을 현금으로 납부하였다. 1년분 보험료는 20×1. 9. 1~20×2. 8. 31에 해당하는 비용이므로 20×1년에 비용으로 인식해야 할 보험료는 ₩100(=₩300×4/12개월)이다. 20×1년과 20×2년에 해당하는 보험료를 나타내면 아래와 같다. 현금거래 시 보험료를 모두 자산으로 기록하는 경우와 모두 비용으로 기록하는 경우 20×1년의 보험료가 비용으로 ₩100이 인식되도록 기말 수정분개를 하여야 한다.

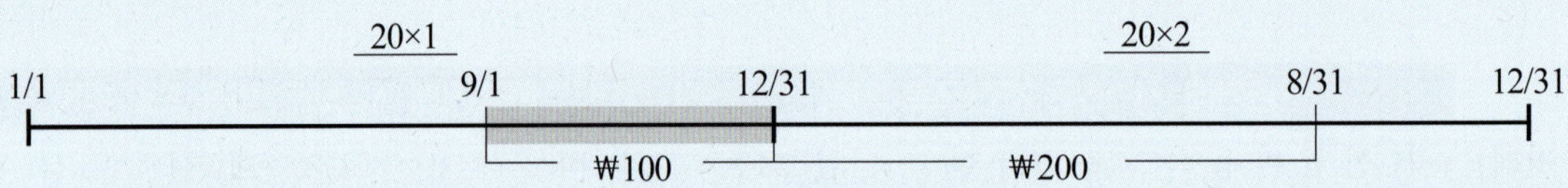

	현금거래 시 모두 자산으로 기록	현금거래 시 모두 비용으로 기록
20×1. 9. 1	(차) 선급보험료 300 (대) 현 금 300	(차) 보 험 료 300 (대) 현 금 300
12.31	(차) 보 험 료 100 (대) 선급보험료 100	(차) 선급보험료 200 (대) 보 험 료 200

현금거래 시 모두 자산으로 기록

선급보험료

차변	대변
9/1 현 금 300	12/31 보 험 료 100

보험료

차변	대변
12/31 선급보험료 100	

현금거래 시 모두 비용으로 기록

선급보험료

차변	대변
12/31 보 험 료 200	

보험료

차변	대변
9/1 현 금 300	12/31 선급보험료 200

현금거래 시 모두 자산으로 기록한 1년분 선급보험료 ₩300은 4개월이 경과된 기말시점에 선급보험료 ₩100은 더 이상 미리 지급한 금액이 아니므

로 선급보험료를 감소시키고 4개월 동안 발생한 보험료 ₩100은 비용으로 기록한다. 현금거래 시 모두 비용으로 기록한 1년분 보험료 ₩300은 4개월이 경과된 기말시점에 보험료 ₩200만큼은 아직 기간이 경과되지 않았으므로 보험료를 감소시키고 다음연도에 해당하는 8개월분에 대해 선급보험료 ₩200을 자산으로 기록한다.

수정분개를 한 후 원장에 전기하면 모두 자산으로 기록하든 모두 비용으로 기록하든 선급보험료 잔액 ₩200과 보험료 잔액 ₩100은 동일하게 나타난다.

소모품

소모품은 사용함으로써 비용으로 인식된다. 기말 현재 미사용된 소모품은 자산으로, 사용된 소모품은 비용으로 기록되어야 한다. 아래의 (예시 2)는 현금거래 시 소모품을 모두 자산으로 처리한 경우와 모두 비용으로 처리한 경우 각각 기말 수정분개가 어떻게 이루어지는지 보여주고 있다.

예시 2

(주)한국의 회계기간은 1년이고 결산일은 12월 31일이다. (주)한국은 12월 1일 소모품 ₩60을 현금으로 구입하였다. 12월 말 현재 사용하지 않은 소모품 ₩40이 남아 있다. 기말 현재 사용한 소모품은 ₩20이므로 20×1년에 비용으로 인식해야 할 소모품비는 ₩20이다. 현금거래 시 소모품을 모두 자산으로 기록하거나 모두 비용으로 기록하는 경우 20×1년의 소모품비는 ₩20이 인식되도록 기말 수정분개를 해야 한다.

	현금거래 시 모두 자산으로 기록	현금거래 시 모두 비용으로 기록
20×1. 12. 1	(차) 소 모 품 60 (대) 현 금 60	(차) 소모품비 60 (대) 현 금 60
12.31	(차) 소모품비 20 (대) 소 모 품 20	(차) 소 모 품 40 (대) 소모품비 40

현금거래 시 모두 자산으로 기록

소모품

차변	대변
12/1 현 금 60	12/31 소모품비 20

소모품비

차변	대변
12/31 소 모 품 20	

현금거래 시 모두 비용으로 기록

소모품

차변	대변
12/31 소모품비 40	

소모품비

차변	대변
12/1 현 금 60	12/31 소 모 품 40

현금거래 시 모두 자산으로 기록한 소모품 ₩60은 기말시점에 ₩40만큼 남아 있으므로 소모품 ₩20을 감소시키고 사용한 소모품 ₩20은 비용으로 기록한다. 현금거래 시 모두 비용으로 기록한 소모품비 ₩60은 기말시점에 ₩40만큼 아직 사용하지 않았으므로 소모품비 ₩40을 감소시키고 자산으로 소모품 ₩40을 기록한다.

수정분개를 한 후 원장에 전기하면 모두 자산으로 기록하든 모두 비용으로 기록하든 소모품 잔액 ₩40과 소모품비 잔액 ₩20은 동일하게 나타난다.

감가상각

소모품을 취득 시 모두 자산으로 기록한 경우 사용된 소모품은 기말에 비용으로 인식한다. 소모품의 경우 사용기간이 매우 단기적이어서 사용한 소모품을 자산에서 비용으로 직접 대체하는 것은 그리 어렵지 않다. 그러나 비품(사무실 책상과 의자, 컴퓨터 등)은 사용기간이 장기적이어서 사용하였더라도 기말에 폐기되지 않고 계속 남아 있다. 그렇다고 비품을 폐기하기 전까지 취득한 금액을 장부에 그대로 기록할 경우 자산이 과대계상된다.

이러한 문제점을 해결하기 위해 취득원가를 사용기간에 따라 장부금액(book value)이 감소되도록 비용으로 대체한다. 이와 같이 자산의 취득원가를 사용기간에 걸쳐 비용으로 배분하는 것을 감가상각(depreciation)이라고 한다. 자산의 사용기간은 내용연수(useful life)라고 부른다. 감가상각에 대한 기말 수정분개는 아래와 같다.

[수정분개]	(차) 감가상각비 (비용)	×××	(대) 감가상각누계액 (차감항목)	×××

수정분개에서 감가상각비(depreciation expense)는 해당연도에 비용으로 기록해야 할 금액을 말하며 감가상각누계액(accumulated depreciation)은 해당자산의 차감계정(contra asset account)이다. 소모품처럼 비용을 인식한 만큼 소모품을 직접 차감시키지 않고 차감계정을 사용하는 이유는 해당자산의 취득원가와 취득 이후 시점부터 현재까지 얼마만큼 감가상각되었는지 알 수 있기 때

문이다. 아래의 (예시 3)은 기말 수정분개 시 자산을 직접 차감하는 경우와 자산의 차감계정으로 기록하는 경우 재무상태표의 차이를 보여준다.

예시 3

(주)한국의 회계기간은 1년이고 결산일은 12월 31일이다. (주)한국은 20×1년 1월 1일 내용연수가 3년인 비품을 ₩300에 취득하였으며 매년 동일한 감가상각비를 비용으로 인식한다. 20×1년 말에 비용으로 인식할 감가상각비는 ₩100(= ₩300 ÷ 3년)이다.

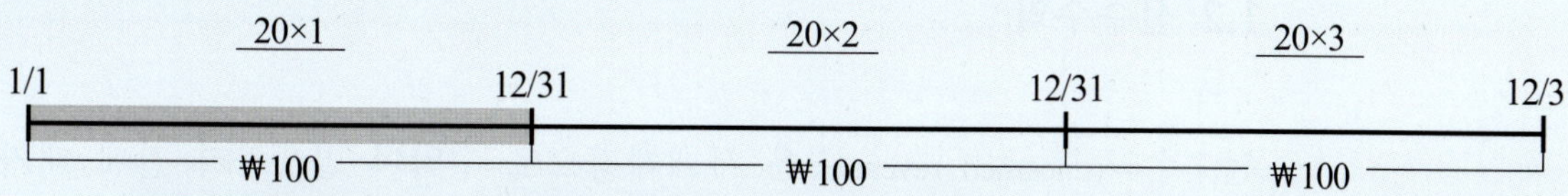

	자산에서 직접 차감하여 기록		자산의 차감계정으로 기록	
20×1. 1. 1	(차) 비품 300	(대) 현금 300	(차) 비품 300	(대) 현금 300
12.31	(차) 감가상각비 100	(대) 비품 100	(차) 감가상각비 100	(대) 감가상각누계액 100

자산에서 직접 차감하여 기록

비 품

1/1 현금 300	12/31 감가상각비 100

감가상각비

12/31 비품 100	

자산의 차감계정으로 기록

비 품

1/1 현금 300	

감가상각비

12/31 감가상각누계액 100	

감가상각누계액

	12/31 감가상각비 100

재무상태표

(주)한국 20×1. 12. 31 (단위 : 원)

비품	₩200

재무상태표

(주)한국 20×1. 12. 31 (단위 : 원)

비품	₩300
감가상각누계액	(100)
	₩200

기말 수정분개 시 해당자산에서 직접 차감하는 방법과 해당자산의 차감계정을 사용하는 방법이 있다. 두 방법 모두 20×1년 감가상각비 ₩100은 동일하게 기록되지만 원장과 재무상태표의 기록에는 차이가 있다.

자산에서 직접 차감하여 수정분개한 경우 재무상태표의 비품 ₩200이 취득금액인지 감가상각 후 금액인지 알기 어렵다. 자산의 차감항목으로 기록한 경우 재무상태표의 비품 장부금액은 취득원가 ₩300에서 감가상각누계액(매년 감가상각비 누적) ₩100을 차감한 ₩200(=₩300−100)임을 보여준다. 이와 같이 차감항목으로 기록할 경우 회계정보이용자에게 더 유용한 정보를 제공할 수 있기 때문에 감가상각 시 자산의 차감계정을 사용한다.

1.2 선수수익

선수수익(unearned revenues)은 부채계정으로 수익이 발생하기 전에 대가를 미리 받은 경우 기록한다. 선수수익을 부채로 기록하는 이유는 미래에 용역 등을 제공할 의무가 있으나, 만약 제공할 수 없게 된다면 대가를 상환해주어야 하기 때문이다. 예를 들면, 건물주가 세입자에게 월세를 미리 받은 경우, 신문사가 구독자에게 미리 받은 연간 구독료, 렌트회사가 고객에게 미리 받은 렌트비 등이 있다.

선수수익은 앞서 설명한 선급비용과 상반된 개념으로 이해할 수 있다. 예를 들어, 건물 임차 시 미리 월세를 지급한 경우 임차인은 선급비용으로, 임대인은 선수수익으로 기록한다.

이와 같은 거래는 현금거래 이후 기간이 경과함에 따라 매일 수익을 증가시키고 선수수익을 감소시켜야 하나 실무적으로 번거로우므로 회계기간 말에 수정분개를 통해 한꺼번에 인식한다. 수정분개는 현금거래 시 현금수취분을 모두 부채로 기록한 경우와 모두 수익으로 기록한 경우에 따라 기말 수정분개는 아래와 같이 달라진다.

	현금거래 시 모두 부채로 기록				현금거래 시 모두 수익으로 기록			
[현금거래]	(차) 현 금	×××	(대) 선수수익	×××	(차) 현 금	×××	(대) 수 익	×××
[수정분개]	(차) 선수수익	×××	(대) 수 익	×××	(차) 수 익	×××	(대) 선수수익	×××

현금거래 시 모두 부채로 기록한 경우 기말시점까지 제공한 용역은 더 이상 미리 받은 대가가 아니다. 그 결과 회계기간 말 현재 선수수익이 과대계상되어 있고 수익이 과소계상되어 있다. 이를 수정하기 위해 선수수익을 감소시키고 수익을 증가시키는 수정분개를 하여야 한다. 현금거래 시 모두 수익으로 기록한 경우 기밀시점까지 아직 제공하지 못한 용역은 미리 받은 대가이다. 그 결과 회계기간 말 현재 수익이 과대계상되어 있고 선수수익이 과소계상되어 있다. 이를 수정하기 위해 수익을 감소시키고 선수수익을 증가시키는 수정분개를 하여야 한다.

아래의 (예시 4)는 현금거래 시 임대료를 모두 부채(선수임대료)로 처리한 경우와 모두 수익(임대료)으로 처리한 경우 각각 기말 수정분개가 어떻게 이루어지는지 보여주고 있다.

예시 4

(주)한국의 회계기간은 1년이고 결산일은 12월 31일이다. (주)한국은 20×1년 10월 1일 건물을 1년간 임대하는 계약을 체결하고 1년분 임대료 ₩600을 현금으로 받았다. 1년분 임대료는 20×1. 10. 1～20×2. 9. 30에 해당한다. 20×1년에 수익으로 인식해야 할 임대료는 ₩150(=₩600×3/12개월)이다. 현금거래 시 임대료를 모두 부채로 기록하거나 모두 수익으로 기록하는 경우 20×1년의 임대료는 ₩150이 인식되도록 기말 수정분개를 하여야 한다.

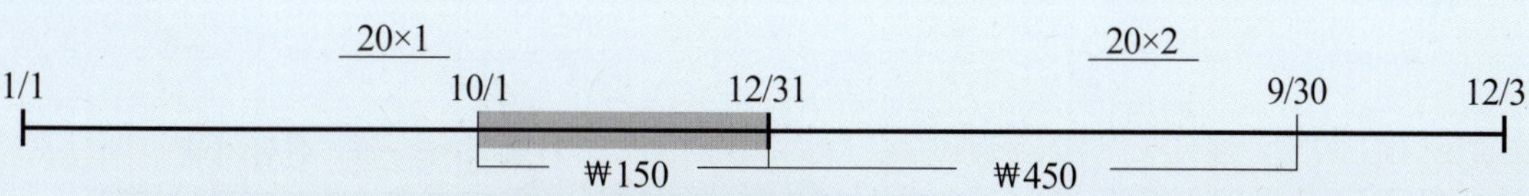

	현금거래 시 모두 부채로 기록				현금거래 시 모두 수익으로 기록			
20×1. 10. 1	(차) 현금	600	(대) 선수임대료	600	(차) 현금	600	(대) 임대료	600
12.31	(차) 선수임대료	150	(대) 임대료	150	(차) 임대료	450	(대) 선수임대료	450

선수임대료 (모두 부채로 기록)

차변	대변
12/31 임대료 150	10/1 현금 600

선수임대료 (모두 수익으로 기록)

차변	대변
	12/31 임대료 450

임대료 (모두 부채로 기록)

차변	대변
	12/31 선수임대료 150

임대료 (모두 수익으로 기록)

차변	대변
12/31 선수임대료 450	10/1 현금 600

현금거래 시 모두 부채로 기록한 1년분 선수임대료 ₩600 중 3개월이 경과된 선수임대료 ₩150은 더 이상 미리 받은 금액이 아니므로 감소시키고 3개월 동안 발생한 임대료 ₩150을 수익으로 기록한다. 현금거래 시 모두 수익으로 기록한 1년분 임대료 ₩600은 3개월이 경과된 기말시점에 임대료 ₩450만큼은 아직 기간이 경과되지 않았으므로 임대료를 감소시키고 다음연도에 제공해야 할 9개월분에 대해 선수임대료 ₩450을 부채로 기록한다.

수정분개를 한 후 원장에 전기하면 모두 부채로 기록하든 모두 수익으로 기록하든 임대료 잔액 ₩150과 선수임대료 잔액 ₩450은 동일하게 나타난다.

2. 발생항목에 대한 수정분개

수정분개의 두 번째 유형은 발생항목이다. 발생항목은 기중에 수익과 비용이 발생하였으나 아직 현금거래가 기중에 발생하지 않아 회계기간 말 현재 수익과 비용을 인식하지 못한 경우를 말한다. 수정분개를 하기 전에는 기중에 발생한 수익과 비용을 기록하지 않아 수익과 비용이 과소계상되어 있으므로 기말 수정분개를 통해 수익과 비용을 정확하게 기록해야 한다. 이러한 특성을 지니는 거래로는 미수수익과 미지급비용이 있다.

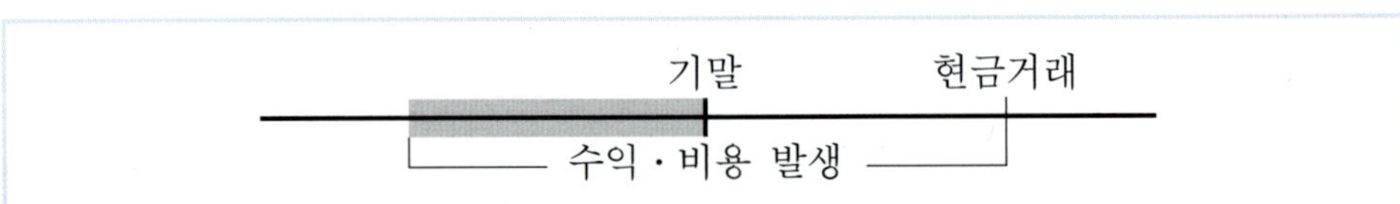

2.1 미수수익

미수수익(accrued revenues)은 자산계정으로 수익이 발생하였으나 기말시점까지 아직 현금을 회수하지 못한 경우 기록한다. 미수수익을 자산으로 기록하는 이유는 매출채권처럼 나중에 현금으로 회수할 수 있기 때문이다. 예를 들면, 은행예금으로부터 발생한 이자 미수취분, 건물임대로 발생한 월세를 아직 받지 못한 경우 등이 있다. 시간이 경과함에 따라 발생한 수익과 미수수익은 매일 기록하여야 하나 실무적으로 번거로우므로 회계기간 말에 한꺼번에 인식한다.

회계기간 말 현재 수정분개를 하기 전에는 수익과 미수수익이 과소계상되어 있으므로 과소계상된 수익과 자산을 증가시키는 수정분개를 하여야 한다.

[수정분개]	(차) 미 수 수 익	×××	(대) 수 익	×××

아래의 (예시 5)는 기말시점까지 발생한 이자를 수익으로 기록하고 아직 받지 못한 이자를 미수이자로 기록하는 과정을 보여주고 있다.

예시 5

(주)한국의 회계기간은 1년이고 결산일은 12월 31일이다. (주)한국은 20×1년 11월 1일 현금 ₩12,000을 대여하고 3개월 후 이자(연 이자율 10%)와 함께 원금을 회수하기로 하였다. 20×1년에 수익으로 인식해야 할 이자수익은 ₩200(= ₩12,000 × 10% × 2/12개월)이다. 20×1년과 20×2년에 해당하는 이자수익을 나타내면 이래와 같다.

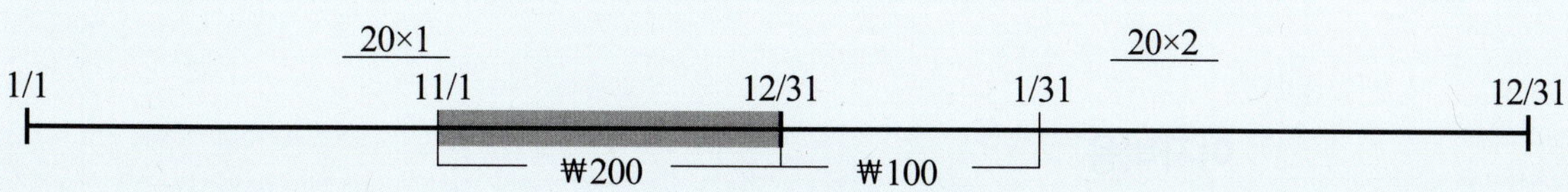

20×1. 11. 1	(차) 대 여 금	12,000	(대) 현 금	12,000
12.31	(차) 미 수 수 익	200	(대) 이 자 수 익	200

미수수익	
12/31 이 자 수 익 200	

이자수익	
	12/31 미 수 수 익 200

현금을 대여하고 기간이 경과함에 따라 발생한 이자를 아직 받지 않았으므로 회계기간 말 현재 이자수익을 기록하지 않았다. 20×1년에 2개월간 발생

한 이자수익 ₩200이 인식되도록 기말 수정분개를 하여야 한다. 2개월간 발생한 이자수익을 아직 받지 못하였으므로 미수수익 ₩200을 자산으로 기록하고 그 기간 동안 발생한 이자 ₩200을 수익으로 인식한다.

2.2 미지급비용

미지급비용(accrued expenses)은 부채계정으로 비용이 발생하였으나 기말시점까지 아직 현금을 지급하지 않은 경우 기록한다. 미지급비용을 부채로 기록하는 이유는 차입금처럼 나중에 현금으로 지급해야 할 의무가 있기 때문이다. 예를 들면, 차입금으로부터 발생한 이자 미지급분, 사무실 임차료 미지급분 등이 있다. 시간이 경과함에 따라 발생한 비용과 미지급비용은 매일 기록하여야 하나 실무적으로 번거로우므로 회계기간 말에 한꺼번에 인식한다.

회계기간 말 현재 수정분개를 하기 전에는 비용과 미지급비용이 과소계상되어 있으므로 과소계상된 비용과 부채를 증가시키는 수정분개를 하여야 한다.

[수정분개]	(차) 비 용	×××	(대) 미지급비용	×××

이자비용

이자비용은 시간이 경과함에 따라 비용으로 인식된다. 기말 현재까지 발생한 이자는 비용으로 인식하고 발생한 이자에 대해 아직 지급하지 않았으므로 미지급이자를 부채로 기록한다. 예를 들어, 차입금을 내년에 원금과 이자를 함께 상환한다면 기말시점까지 발생한 이자는 비용으로 인식하여야 한다. 다음의 (예시 6)은 기말시점까지 발생한 이자에 대한 수정분개가 어떻게 이루어지는지 보여주고 있다.

예시 6

(주)한국의 회계기간은 1년이고 결산일은 12월 31일이다. (주)한국은 20×1년 10월 1일 은행으로부터 ₩4,000을 차입하였다. 차입금은 1년 후 이자와 함께 지급하며 연 이자율은 5%이다. 거래에서 차입으로 인해 발생한 이자는 20×1. 10. 1~20×2. 9. 30에 해당하는 1년분 이자비용 ₩200(=₩4,000×5%)이다. 20×1년에 비용으로 인식해야 할 기간은 3개월이므로 이자비용은 ₩50(=₩4,000×5%×3/12개월)이다. 20×1년과 20×2년에 해당하는 이자비용을 나타내면 아래와 같다.

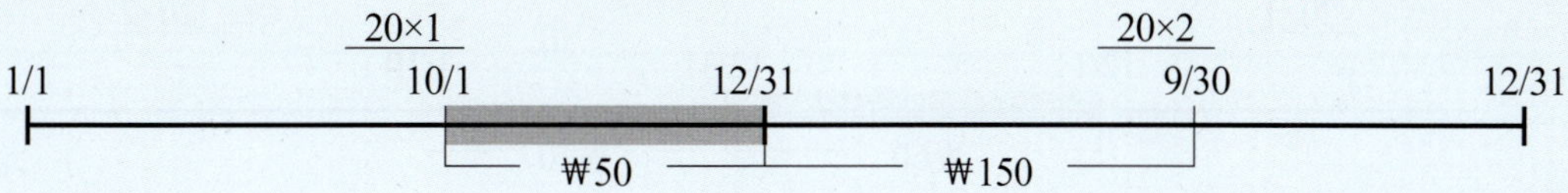

20×1. 10. 1	(차) 현 금	4,000	(대) 차 입 금	4,000
12.31	(차) 이 자 비 용	50	(대) 미지급이자(부채)	50

이자비용	
12/31 미지급이자 50	

미지급이자	
	12/31 이 자 비 용 50

회계기간 동안 발생한 이자를 아직 지급하지 않았으므로 회계기간 말 현재 이자비용을 기록하지 않았다. 20×1년에 3개월간 이자비용이 발생하였으므로 이 기간에 해당하는 ₩50이 비용으로 인식되도록 기말 수정분개를 하여야 한다. 아직 지급하지 못한 이자발생분에 대해 미지급이자 ₩50을 부채로 기록하고 그 기간 동안 발생한 이자비용 ₩50을 비용으로 인식한다.

급여

급여는 시간이 경과함에 따라 비용으로 인식된다. 기말 현재까지 발생한 급여는 비용으로 인식하고 발생한 급여에 대해 아직 지급하지 않았으므로 미지급급여를 부채로 기록한다. 예를 들어, 종업원에게 매월 10일에 급여를 지급한다면 12월 급여는 다음연도 1월 10일에 지급해야 하므로 기말시점까지 발생한 급여는 비용으로 인식하여야 한다. 다음의 (예시 7)은 기말시점까지 발생한 급여에 대한 수정분개가 어떻게 이루어지는지 보여주고 있다.

예시 7

(주)한국의 회계기간은 1년이고 결산일은 12월 31일이다. (주)한국은 종업원에게 급여를 한 달 후인 매월 10일에 지급한다. 11월분 급여는 12월 10일에 ₩90을 지급하였고 12월분은 다음연도 1월 10일에 지급한다. 12월분 급여는 20×1. 12. 11~20×2. 1. 10에 해당하며 12월에 해당하는 급여는 20×1년 비용으로 인식해야 한다. 12월분 급여 중 20×1년에 해당하는 급여는 ₩60(=₩90×20/30일)이다. 20×1년과 20×2년에 해당하는 급여를 나타내면 아래와 같다.

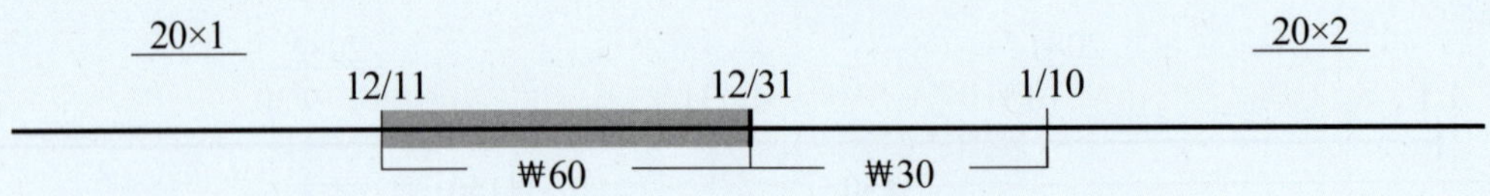

20×1. 12.10	(차) 급　여	90	(대) 현　금	90
12.31	(차) 급　여	60	(대) 미지급급여	60

급 여

12/10 현　금 90	
12/31 미지급급여 60	

미지급급여

	12/31 급　여 60

회계기간 동안 발생한 급여를 아직 지급하지 않았으므로 기말시점에 급여 ₩60을 비용으로 인식하여야 한다. 아직 지급하지 못한 급여에 대해 미지급급여 ₩60을 부채로 기록하고 그 기간 동안 발생한 급여 ₩30을 비용으로 인식한다.

3. 수정분개의 요약

지금까지 수정분개의 4가지 유형(선급비용, 선수수익, 미수수익, 미지급비용)에 대해 살펴보았다. 이러한 수정분개는 익숙해지는 데 어느 정도의 반복학습이 필요하다. 다소 시간이 걸리더라도 수정분개에 대한 개념을 확실히 이해한다면 거래를 분석하거나 분개하는 데 있어 자신감을 가질 수 있다. 다음은 수정분개에 대해 요약한 내용이다.

수정분개 유형

구 분		현금거래		수정전 재무제표	수정분개	수정후 당기순이익
이연항목	선급비용	먼저 발생	모두 자산 기록	자산 과대 비용 과소	(차) 비용 (대) 자산	감소
			모두 비용 기록	비용 과대 자산 과소	(차) 자산 (대) 비용	증가
	선수수익		모두 부채 기록	부채 과대 수익 과소	(차) 부채 (대) 수익	증가
			모두 수익 기록	수익 과대 부채 과소	(차) 수익 (대) 부채	감소
발생항목	미수수익	나중에 발생	–	자산 과소 수익 과소	(차) 자산 (대) 수익	증가
	미지급비용			비용 과소 부채 과소	(차) 비용 (대) 부채	감소

이연항목은 현금거래가 먼저 발생하고 나중에 수익과 비용이 발생한다. 반대로, 발생항목은 수익과 비용이 먼저 발생하고 나중에 현금거래가 발생한다. 이러한 특성 때문에 이연항목은 현금거래로 인해 관련 거래가 장부에 기록되어 있으며 발생항목은 현금거래가 없었으므로 관련 거래가 장부에 기록되어 있지 않다. 수정분개는 회계기간 말에 이루어지므로 관련 거래가 장부에 기록되어 있는지 기록되어 있지 않은지에 따라 달라진다.

관련 거래가 기록되어 있다면 회계기간에 해당하는 수익 또는 비용을 인식하고 관련 자산 또는 부채를 증가시키거나 감소시킨다. 관련 거래가 기록되어 있지 않으면 회계기간에 발생한 수익 또는 비용을 인식하고 자산 또는 부채를 기록한다.

처음 수정분개를 접하게 되면 이해하는 데 다소 시간이 소요되므로 익숙해질 때까지 아래와 같은 순서대로 기말 수정사항을 분석하고 수정분개하기를 바란다.

① 기말시점에 기록해야 할 정확한 수익과 비용을 계산한다.

② 관련 수익과 비용이 장부에 기록되어 있는지 확인한다.

☞ 장부에 기록되어 있다면 정확한 금액으로 조정하고, 장부에 기록되어

있지 않다면 정확한 금액을 기록한다.

제2장에서 수정분개를 반영하기 전 (주)한국의 시산표는 다음과 같다. 아래의 시산표에서 수익과 비용 계정과목을 이용해 당기순이익을 계산하면 ₩3,250(=₩5,500−600−150−1,500)이다. (주)한국의 3월 당기순이익 ₩3,250은 정확한 금액인가? 결론부터 말하면, 정확한 금액이 아니다.

시산표

현 금	₩16,500	미지급금	₩5,000
비 품	5,000	미지급광고비	150
소 모 품	900	자 본 금	15,000
매출채권	1,000	매 출	5,500
보 험 료	600		
광 고 비	150		
임 차 료	1,500		
합계	₩25,650	합계	₩25,650

(주)한국의 정확한 당기순이익을 구하기 위해서는 관련 수익과 비용을 3월 말에 수정할 필요가 있다. 기말에 수정해야 할 거래들을 수정분개하면 아래와 같다.

수정분개와 전기

[거래3] (주)한국은 3월 2일 아파트 청소용역을 계약하면서 2개월에 해당하는 청소용역비 ₩2,000을 받았다. 3월에 해당하는 용역비는 ₩1,000이다.

기중 분개

3/2 (차) 현 금 2,000 (대) 매 출 2,000

수정 사항

① 3월 한 달간 청소용역에 대한 정확한 매출액은 ₩1,000이다.

② 장부에 정확히 기록되어 있는지 확인해보니 3월 2일 매출 ₩2,000이 기록되어 3월 말 현재 매출 ₩1,000이 과대계상되어 있다.

☞ 매출(수익)을 감소시키는 조정을 하고 아직 제공하지 않은 청소용역은 선수수익(부채)으로 기록한다.

수정분개

3/31	(차) 매　　출	1,000	(대) 선 수 수 익	1,000

전 기

매 출			
3/31 선 수 수 익	1,000	3/2 현　　금	2,000
		3/10 현　　금	1,500
		매 출 채 권	2,000

선수수익			
		3/31 매　　출	1,000

[거래4] (주)한국은 3월 4일 보험료로 1년분 ₩600을 지급하였다. 3월에 해당하는 보험료는 ₩50이다.

기중분개

3/4	(차) 보 험 료	600	(대) 현　　금	600

수정사항

① 3월분 보험료의 정확한 금액은 ₩50(=₩600×1/12개월)이다.

② 장부에 정확히 기록되어 있는지 확인해보니 3월 4일 1년분 보험료 ₩600이 기록되어 3월 말 현재 보험료 ₩550이 과대계상되어 있다.

☞ 과대계상된 보험료(비용)를 감소시키고 아직 기간이 경과되지 않은 보험료는 선급보험료(자산)로 기록한다.

수정분개

3/31	(차) 선급보험료	550	(대) 보 험 료	550

전 기

보험료			
3/4 현　　금	600	3/31 선급보험료	550

선급보험료			
3/31 보 험 료	550		

[거래5] (주)한국은 3월 5일 소모품 ₩900을 현금으로 구입하였다. 3월에 사용한 소모품은 ₩300이다.

기중분개

3/5	(차) 소 모 품	900	(대) 현　　금	900

수정사항

① 3월에 소모품 ₩300을 사용하였으므로 남아 있는 소모품의 정확한 금액은 ₩600이다.

② 장부에 정확히 기록되어 있는지 확인해보니 3월 5일 소모품 ₩900이 기록되어 3월 말 현재 소모품 ₩300이 과대계상되어 있다.

☞ 과대계상된 소모품(자산)을 감소시키고 소모품 사용분에 대해 아직 기록하지 않은 소모품비(비용)를 기록한다.

수정분개

3/31	(차) 소 모 품 비	300	(대) 소 모 품	300

전 기

소모품			
3/5 미 지 급 금	900	3/31 소 모 품 비	300

소모품비			
3/31 소 모 품	300		

[거래8] (주)한국은 3월 16일 종업원을 채용하였으며 급여는 한 달 후부터 매월 15일에 ₩200을 지급한다.

기중분개	3/16 기록하지 않음
수정사항	① 3월에 근무한 기간 동안(15일) 발생한 급여의 정확한 금액은 ₩100이다. ② 장부에 정확히 기록되어 있는지 확인해보니 기록되어 있지 않다. ☞ 3월 발생분 급여(비용)와 아직 지급하지 않은 미지급급여(부채)를 기록한다.
수정분개	3/31 (차) 급 여 100 (대) 미지급급여 100
전 기	급 여: 3/31 미지급급여 100 | / 미지급급여: | 3/31 급 여 100

수정분개를 반영한 (주)한국의 정확한 당기순이익은 ₩2,400(=₩3,250−1,000+550−300−100)이다. 이처럼 회계기간 동안 발생한 수익과 비용을 정확히 인식하기 위해서는 기말에 수정해야 할 관련 거래들을 조정하거나 기록하는 수정절차를 거쳐야 한다.

다음은 (주)한국의 3월 31일 회계기간 말 수정분개를 반영한 분개장과 원장을 보여주고 있다.

분개장				
3/31	(차) 매 출	1,000	(대) 선 수 수 익	1,000
3/31	(차) 선급보험료	550	(대) 보 험 료	550
3/31	(차) 소 모 품 비	300	(대) 소 모 품	300
3/31	(차) 급 여	100	(대) 미지급급여	100

↓ 전기

총계정원장

현 금

일자	계정	금액	일자	계정	금액
3/1	자 본 금	15,000	3/4	보 험 료	600
3/2	매 출	2,000	3/5	소 모 품	900
3/10	매 출	1,500	3/31	임 차 료	1,500
3/25	매출채권	1,000			

매 출

일자	계정	금액	일자	계정	금액
3/31	선수수익	1,000	3/2	현 금	2,000
			3/10	현 금	1,500
				매출채권	2,000

비 품

일자	계정	금액	일자	계정	금액
3/1	미지급금	5,000			

보험료

일자	계정	금액	일자	계정	금액
3/4	현 금	600	3/31	선급보험료	550

광고비

일자	계정	금액	일자	계정	금액
3/11	미지급비용	150			

소모품

일자	계정	금액	일자	계정	금액
3/5	미지급금	900	3/31	소모품비	300

임차료

일자	계정	금액	일자	계정	금액
3/31	현 금	1,500			

매출채권

일자	계정	금액	일자	계정	금액
3/10	매 출	2,000	3/25	현 금	1,000

선수수익

일자	계정	금액	일자	계정	금액
			3/31	매 출	1,000

미지급금

일자	계정	금액	일자	계정	금액
			3/1	비 품	5,000

선급보험료

일자	계정	금액	일자	계정	금액
3/31	보 험 료	550			

미지급광고비

일자	계정	금액	일자	계정	금액
			3/11	광 고 비	150

소모품비

일자	계정	금액	일자	계정	금액
3/31	소 모 품	300			

자본금

일자	계정	금액	일자	계정	금액
			3/1	현 금	15,000

급 여

일자	계정	금액	일자	계정	금액
3/31	미지급급여	100			

미지급급여

일자	계정	금액	일자	계정	금액
			3/31	급 여	100

수정분개가 반영된 원장의 잔액이 변동되었으므로 시산표를 다시 작성하여야 한다. 이러한 시산표를 수정후시산표라고 하며, 제2장에서 작성한 시산표를 수정전시산표(trial balance)라고 한다.

확인학습 2

• 해당문장의 진위여부 및 요구사항에 대해 답하시오.

(1) 선수수익과 미수수익은 현금거래가 먼저 발생한다. (　　)

(2) 기중에 현금지급 시 선급비용으로 기록한 경우 기말 현재 비용이 과소계상되어 있다. (　　)

(3) 기중에 현금수취 시 선수수익으로 기록한 경우 기말 현재 수익이 과소계상되어 있다. (　　)

(4) 수익이 발생하였으나 기말시점까지 아직 대가를 받지 못해 장부에 기록하지 않은 경우 기말 현재 수익은 과소계상되었으나 자산은 과대계상되어 있다. (　　)

(5) 비용이 발생하였으나 기말시점까지 아직 대가를 지급하지 않아 장부에 기록하지 않은 경우 기말 현재 비용과 부채가 과소계상되어 있다. (　　)

(6) 다음은 5월 말 수정전시산표이다. 주어진 자료를 이용하여 수정분개를 하시오.

수정전시산표

현　　금	₩8,200	미지급광고비	₩300
매출채권	1,000	차 입 금	500
비　　품	1,000	자 본 금	3,000
임 차 료	500	매　　출	8,000
급　　여	800		
광 고 비	300		
	₩11,800		₩11,800

① 현금으로 지급한 임차료에는 6월에 해당하는 ₩200이 포함되어 있다.

② 차입금에서 발생한 5월분 이자는 ₩30이다.

③ 용역매출에는 6월에 제공해야 할 ₩1,000이 포함되어 있다.

④ 5월 말 현재 완료되지 않은 용역제공 발생분 ₩4,000이 있으며 용역대가는 6월에 받는다.

⑤ 비품에 대한 5월 감가상각비는 ₩200이다.

분개장

/	(차)	(대)
/	(차)	(대)
/	(차)	(대)
/	(차)	(대)
/	(차)	(대)

해답

(1) ×, 미수수익은 발생항목으로 현금거래가 나중에 발생한다. (2) ○ (3) ○ (4) ×, 자산도 과소계상 (5) ○ (6) '제3절 수정후시산표'의 [확인학습 3]을 참조하시오.

제3절 수정후시산표

(주)한국의 수정분개를 반영한 원장의 잔액을 시산표로 옮기면 아래와 같다. 수정후시산표(adjusted trial balance)의 차변합계와 대변합계는 ₩25,750으로 일치한다. 수정후시산표의 차변잔액들은 자산계정과 비용계정이며, 대변잔액들은 부채, 자본, 수익 계정이다. 수정분개를 반영한 수정후시산표에서도 거래등식 '자산+비용=부채+자본+수익'이 계속 유지됨을 보여준다.

수정후시산표

차변 계정	금액	대변 계정	금액
현금	₩16,500	미지급금	₩5,000
비품	5,000	미지급광고비	150
소모품	600	자본금	15,000
매출채권	1,000	매출	4,500
보험료	50	선수수익	1,000
광고비	150	미지급급여	100
임차료	1,500		
선급보험료	550		
소모품비	300		
급여	100		
합계	₩25,750	합계	₩25,750

(주)한국의 수정전시산표의 차변합계와 대변합계는 ₩25,650이었다. 수정분개 후 각 계정별 원장의 잔액을 정확히 다시 산출하여 작성한 수정후시산표의 합계는 ₩25,750으로 ₩100이 증가하였다. 그 이유는 기중에 기록되지 않았던 급여가 수정분개 시 추가되었기 때문이다.

수정후시산표의 수익계정(매출)과 비용계정(보험료, 광고비, 임차료, 소모품비, 급여)을 이용한 3월의 정확한 당기순이익은 ₩2,400이다. 수정전시산표의 당기순이익은 ₩3,250으로 수정분개를 반영한 당기순이익 ₩2,400보다 ₩850이 과대되어 있었음을 알 수 있다.

회계기간 말 현재 기중거래에 대한 수정사항을 수정분개하여 원장에 전기한 후 수정후시산표를 작성하였다. 이에 대한 과정을 요약하면 아래와 같다.

수정분개의 기록과정

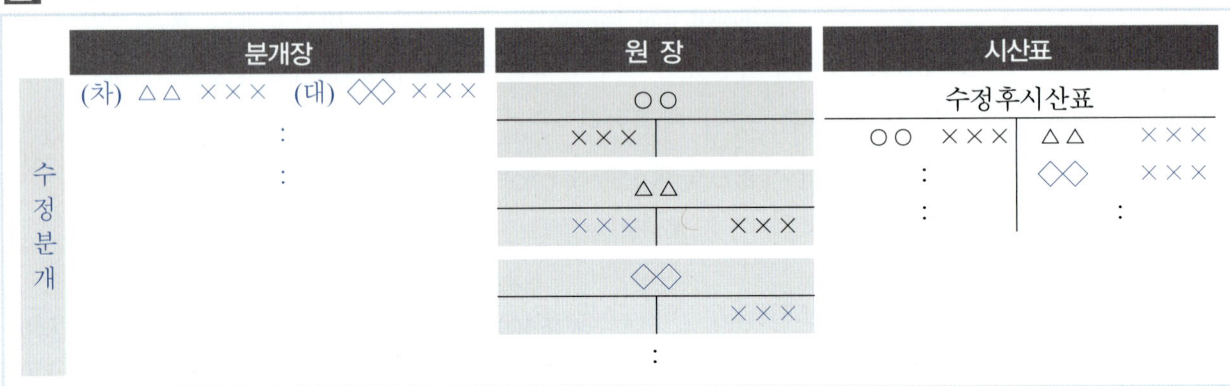

수정후시산표상의 모든 계정들의 잔액은 정확히 산출되었으므로 수정후시산표를 이용하여 재무제표를 작성해보자.

확인학습 3

• 해당문장의 진위여부 및 요구사항에 대해 답하시오.

(1) 수정전시산표의 차변합계와 대변합계가 일치하지 않는 경우 정확한 수정분개를 반영하게 되면 수정후시산표의 차변합계와 대변합계는 일치한다. (　　)

(2) 아래의 수정분개를 원장에 전기하시오.

[수정분개]

	차변	금액	대변	금액
①	(차) 선급임차료	200	(대) 임 차 료	200
②	(차) 이 자 비 용	30	(대) 미지급이자	30
③	(차) 매　　출	1,000	(대) 선 수 수 익	1,000
④	(차) 매 출 채 권	4,000	(대) 매　　출	4,000
⑤	(차) 감가상각비	200	(대) 감가상각누계액	200

총계정원장

현 금					
5/1	자 본 금	3,000	5/10	임 차 료	500
5/6	매 출	3,000	5/20	급 여	800
5/12	차 입 금	500	5/30	미 지 급 금	1,000
5/18	매 출	2,000			
5/31	매 출 채 권	2,000			

매출채권					
5/18	매 출	3,000	5/31	현 금	2,000
5/31	매 출	4,000			

비 품					
5/3	미 지 급 금	1,000			

미지급금					
5/30	현 금	1,000	5/3	비 품	1,000

미지급광고비					
			5/25	광 고 비	300

차입금					
			5/12	현 금	500

자본금					
			5/1	현 금	3,000

매 출					
			5/6	현 금	3,000
			5/18	현 금	2,000
				매 출 채 권	3,000

임차료					
5/10	현 금	500			

급 여					
5/20	현 금	800			

광고비					
5/25	미지급광고비	300			

(3) 위의 총계정원장을 이용하여 수정후시산표를 작성하시오.

수정후시산표

해답

(1) ×, 수정분개가 정확하다면 차변금액과 대변금액이 동일하므로 수정전시산표에 수정분개를 반영하더라도 수정후시간표의 차변합계와 대변합계는 일치하지 않는다. (2) '제4장 제1절 장부마감'의 [확인학습 2]를 참조하시오. (3) '제4절 재무제표의 작성'의 [확인학습 4]를 참조하시오.

제 4 절 재무제표의 작성

수정후시산표의 각 계정별 잔액을 이용하여 재무제표(financial statements)를 작성한다. 먼저 수정후시산표의 수익과 비용 계정을 이용하여 포괄손익계산서를 작성한다. 포괄손익계산서의 당기순이익은 자본변동표의 이익잉여금으로 누적시켜 자본변동표를 작성한다(①). 수정후시산표의 자산과 부채 계정, 그리고 자본변동표의 자본계정을 이용하여 재무상태표를 완성한다(②).

현금흐름표는 현금의 유입과 유출에 대한 정보를 제공하며 재무상태표의 기말현금과 일치한다(③). 현금흐름표는 현금유입액과 현금유출액에 대해 영업활동, 재무활동, 투자활동으로 구분하여 작성한다. 이에 대한 내용은 해당장에서 자세히 배우기로 하고 여기에서는 간단히 현금유입과 현금유출에 대해서만 나타내었다. (주)한국의 수정후시산표를 이용하여 재무제표를 작성하면 다음과 같다.

재무제표의 작성

포괄손익계산서

(주)한국	20×1. 3. 1~3. 31	(단위 : 원)
수익		
매　　출		₩4,500
비용		
보 험 료	₩50	
광 고 비	150	
임 차 료	1,500	
소 모 품 비	300	
급　　여	100	(2,100)
당기순이익		₩2,400

자본변동표

(주)한국	20×1. 3. 1~3. 31	(단위 : 원)
자본(3/1)		₩0
자 본 금		15,000
이익잉여금		2,400
자본(3/31)		₩17,400

①

재무상태표

(주)한국	20×1. 3. 31	(단위 : 원)
자산		
현　　금	₩16,500	
비　　품	5,000	
소 모 품	600	
매 출 채 권	1,000	
선급보험료	550	₩23,650
부채		
미 지 급 금	₩5,000	

②

미지급광고비	150		
선 수 수 익	1,000		
미지급급여	100	₩6,250	
자본			
자 본 금	₩15,000		
이익잉여금	2,400	₩17,400 ←	③
부채와 자본합계		₩23,650	

현금흐름표

(주)한국　　20×1. 3. 1～3. 31　　(단위 : 원)

현금(3/1)	₩0
현 금 유 입	19,500
현 금 유 출	(3,000)
현금(3/31)	₩16,500 ←

* 현금흐름표의 현금유입과 현금유출은 현금원장을 보면 쉽게 알 수 있다.

제3장에서 살펴본 수정분개부터 재무제표 작성까지의 과정을 요약하면 다음과 같다.

재무제표의 작성

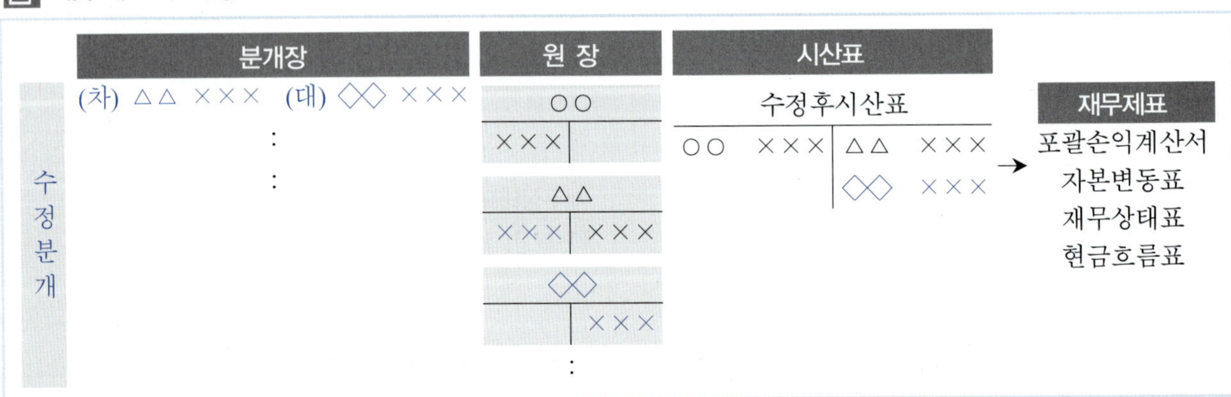

확인학습 4

• 해당문장의 진위여부 및 요구사항에 대해 답하시오.

(1) 현금흐름표의 기말현금은 기말 재무상태표의 현금과 일치한다. ( )

(2) 당기에 발생한 이익은 당기순이익을 말하며, 과거에서부터 현재까지 누적된 이익은 이익잉여금을 의미한다. ( )

(3) 자본변동표의 기말자본은 기말 재무상태표의 자본과 일치한다. ( )

(4) 아래의 수정후시산표를 이용하여 자산합계, 부채합계, 자본합계 그리고 당기순이익을 구하시오.

수정후시산표

현 금	₩8,200	미지급광고비	₩300
매 출 채 권	5,000	차 입 금	500
비 품	1,000	자 본 금	3,000
임 차 료	300	매 출	11,000
급 여	800	미지급이자	30
광 고 비	300	선 수 수 익	1,000
선급임차료	200	감가상각누계액	200
이 자 비 용	30		
감가상각비	200		
	₩16,030		₩16,030

해답

(1) ○ (2) ○ (3) ○ (4) 자산합계 ₩14,200＝부채합계 ₩1,830＋자본합계 ₩12,370, 당기순이익 ₩9,370, 감가상각누계액은 비품의 차감항목이므로 비품의 장부금액은 ₩800이다.

기출문제

1 (주)한국의 20×1년 말 소모품 관련 총계정원장은 다음과 같다. (2023 국가직 9급)

현 금

		5/1	100,000

소모품비

5/1	100,000	12/31	20,000

소모품

12/31	20,000		

(주)한국의 20×1년 회계처리에 관한 설명으로 옳지 않은 것은?

① 소모품과 관련하여 비용으로 인식한 금액은 ₩20,000이다.
② 소모품 관련 수정분개는 '(차) 소모품 20,000 (대) 소모품비 20,000'이다.
③ 기말 소모품 잔액은 ₩20,000이다.
④ 5월 1일 소모품 구입 시 지출한 현금 ₩100,000을 전액 비용으로 처리하였다.

2 (주)한국은 20×1년 7월 1일 창고를 임대하고 1년분 임대료 ₩300,000을 현금수령하여 임대료수익으로 회계처리하였다. (주)한국이 임대료와 관련하여 기말 수정분개를 하지 않은 경우, (주)한국의 재무제표에 미치는 영향에 대한 설명으로 옳은 것은? (단, 기간은 월할 계산한다) (2023 국가직 9급)

① 부채와 당기순이익이 모두 과대계상된다.
② 부채는 과소계상되고 당기순이익은 과대계상된다.
③ 자산과 당기순이익이 모두 과소계상된다.
④ 자산은 과소계상되고 당기순이익은 과대계상된다.

정답

1. ① 2. ②

3 (주)한국의 수정전시산표상 수익총액은 ₩800,000이며 비용총액은 ₩500,000이다. 다음의 결산 수정사항을 반영할 경우, (주)한국의 당기순이익은? (2023 국가직 9급)

- 당해연도에 이자수익 ₩60,000이 발생하였으나 장부에 반영하지 않았다.
- 당해연도에 발생한 급여 ₩80,000을 장부에 반영하지 않았다.
- 보험료 ₩120,000을 지급하면서 전액 자산으로 인식하였으나 이 중 다음연도에 해당하는 금액은 ₩90,000이다.
- 임대료 ₩240,000을 수취하면서 전액 수익으로 인식하였으나 당해연도에 해당하는 금액은 ₩80,000이다.

① ₩30,000　② ₩90,000
③ ₩110,000　④ ₩170,000

4 (주)한국은 20×1년 말 결산 중 다음 항목에 대한 기말 수정분개가 누락된 것을 발견하였다. 누락된 기말 수정분개가 20×1년 당기순이익에 미치는 영향은? (단, 기간은 월할 계산한다) (2022 국가직 9급)

- 20×1년 7월 1일 1년치 보험료 ₩120,000을 현금지급하고 전액 선급보험료로 처리하였다.
- 20×1년 1월 1일 자산으로 계상된 소모품 ₩200,000 중 12월 말 현재 보유하고 있는 소모품은 ₩100,000이다.
- 20×1년 3월 1일 사무실 일부를 임대하고 1년치 임대료 ₩240,000을 현금으로 수령하면서 전액 수익으로 처리하였다.

① ₩60,000 증가　② ₩100,000 증가
③ ₩60,000 감소　④ ₩200,000 감소

정답

3. ②　4. ④

5 (주)한국은 20×1년 12월 초 회계 관련 서비스업을 목적으로 설립되었다. 한 달 동안의 거래내역이 다음과 같을 때, 20×1년 당기순이익은? (2022 국가직 7급)

구 분	거래내역
12월 초	• 주식 1,000주(주당 액면가 ₩500)를 액면가로 발행하고 현금납입받다.
12월 중	• 일회성 광고를 하고, ₩150,000을 현금지급하다. • 회계자문용역을 제공하고, 용역대가 ₩1,200,000을 현금수취하다. • 회계교육용역을 제공하고, 용역대가 ₩500,000은 다음 달에 받기로 하다. • 사무실용 비품을 ₩100,000에 취득하고, 다음 달에 지급하기로 하다.
12월 말	• 당월분 전기사용료 ₩80,000을 현금지급하다. • 당월분 사무실 임차료 ₩200,000을 현금지급하다. • 당월분 직원급여 ₩300,000을 현금지급하다. • 당월분 비품 감가상각비 ₩2,500을 인식하다.

① ₩867,500 ② ₩870,000
③ ₩967,500 ④ ₩970,000

6 (주)한국의 20×1년 초 재무상태표상 자산총액은 ₩800,000, 부채총액은 ₩500,000이다. 다음 거래내역과 관련 결산조정사항을 반영한 20×1년 말 재무상태표상 자산총액과 부채총액을 바르게 연결한 것은? (단, 기간은 월할 계산한다) (2022 국가직 7급)

일 자	거래내역
3월 1일	1년치 화재보험료 ₩120,000을 현금지급하고 전액 비용 인식
8월 1일	1년치 건물임대료 ₩240,000을 현금수취하고 전액 수익 인식

	자산총액	부채총액		자산총액	부채총액
①	₩560,000	₩380,000	②	₩920,000	₩500,000
③	₩940,000	₩640,000	④	₩1,040,000	₩620,000

정답

5. ③ 6. ③

7 (주)한국의 수정후시산표상 자산, 부채, 수익, 비용, 자본금 금액이 다음과 같을 때, 기초 이익잉여금은? (2021 국가직 9급)

계정과목	금 액	계정과목	금 액
매 출	₩120,000	현 금	₩130,000
매 출 원 가	₩100,000	재 고 자 산	₩200,000
급 여	₩50,000	매 입 채 무	₩170,000
선 급 비 용	₩70,000	미 지 급 금	₩50,000
미지급비용	₩80,000	미 수 수 익	₩50,000
자 본 금	₩40,000	기초 이익잉여금	?

① ₩40,000 ② ₩110,000
③ ₩140,000 ④ ₩300,000

8 다음은 (주)한국과 관련된 거래이다. 기말 수정분개가 재무제표에 미치는 영향으로 옳은 것은? (단, 기간은 월할 계산한다) (2021 국가직 9급)

- 8월 1일 건물을 1년간 임대하기로 하고, 현금 ₩2,400을 수취하면서 임대수익으로 기록하였다.
- 10월 1일 거래처에 현금 ₩10,000을 대여하고, 1년 후 원금과 이자(연 이자율 4 %)를 회수하기로 하였다.
- 11월 1일 보험료 2년분 ₩2,400을 현금지급하고, 보험료로 회계처리하였다.

① 자산이 ₩2,100만큼 증가한다. ② 비용이 ₩200만큼 증가한다.
③ 수익이 ₩100만큼 증가한다. ④ 당기순이익이 ₩900만큼 증가한다.

9 다음 수정분개를 반영하지 못할 경우 재무상태와 손익에 미치는 영향으로 옳은 것은? (2021 지방직 9급)

종업원급여 미지급액	₩10,000
선급보험료(자산) 중 기간이 경과하여 실현된 금액	₩10,000
외상매출금 중 현금으로 회수된 금액	₩10,000
선수임대료(부채) 중 기간이 경과하여 실현된 금액	₩10,000
차입금 이자 미지급액	₩10,000

정답

7. ③ 8. ④ 9. ③

① 법인세차감전순이익은 ₩20,000 과소계상된다.
② 비용은 ₩30,000 과대계상된다.
③ 부채는 ₩10,000 과소계상된다.
④ 자산은 ₩30,000 과소계상된다.

10 (주)한국의 다음 기말 조정사항에 대한 수정분개가 당기순이익에 미치는 영향(증가 또는 감소)이 나머지 셋과 다른 것은? (2020 국가직 9급)

① 당기 7월 1일에 1년 만기 정기예금(연 6% 이자율)에 가입하고 현금 ₩1,000,000을 입금하였으나, 결산일까지 이자 수령일이 도래하지 않아 이자관련 회계처리는 하지 않았다.
② 비품에 대한 당기 감가상각비 ₩30,000을 회계처리하지 않았다.
③ 당기 11월 1일에 소모품을 ₩50,000에 현금으로 구입하고 자산으로 인식하였다. 기말 결산일에 미사용 소모품 ₩20,000이 남아 있음을 확인하였다.
④ 당기 4월 1일부터 회사 건물을 (주)민국에게 1년간 임대하고, 1개월에 ₩10,000씩 1년분 임대료 ₩120,000을 현금으로 받아 전액 수익으로 기록하였다.

11 다음은 (주)한국의 20×1년 12월 31일 현재의 수정후시산표 잔액이다.

계정과목	차 변	계정과목	대 변
현 금	₩20,000	매 입 채 무	₩20,000
매 출 채 권	₩10,000	차 입 금	₩100,000
재 고 자 산	₩5,000	감가상각누계액	₩50,000
토 지	₩100,000	대손충당금	₩2,000
건 물	₩200,000	자 본 금	?
매 출 원 가	₩10,000	이익잉여금	₩9,000
감가상각비	₩5,000	매 출	₩20,000
급 여	₩1,000		
합 계	₩351,000	합 계	₩351,000

(주)한국의 20×1년 12월 31일 현재 재무상태표의 이익잉여금과 자본총계는? (2020 국가직 9급)

	이익잉여금	자본총계		이익잉여금	자본총계
①	₩13,000	₩163,000	②	₩13,000	₩150,000
③	₩10,000	₩150,000	④	₩10,000	₩163,000

정답

10. ① 11. ①

12 (주)한국의 다음 거래에 대한 기말 수정분개로 옳지 않은 것은? (단, 모든 거래는 월할 계산한다)

(2019 국가직 9급)

구 분	거 래
㉠	12월 1일에 대여금의 향후 3개월분 이자수익 ₩9,000을 현금으로 수령하고 전액 선수수익으로 계상하였다.
㉡	소모품 ₩5,000을 현금 구입하고 소모품으로 계상하였다. 기말 실사 결과 소모품 재고는 ₩2,000이었다.
㉢	12월 1일에 향후 3개월분 이자비용 ₩3,000을 현금으로 지급하고 이를 전액 이자비용으로 계상하였다.
㉣	12월 1일에 비품 ₩6,000을 구입하였다. 비품의 내용연수는 5년, 잔존가치는 없으며 정액법으로 상각한다.

	차변		대변	
① ㉠	이자수익	3,000	선수수익	3,000
② ㉡	소모품비	3,000	소 모 품	3,000
③ ㉢	선급비용	2,000	이자비용	2,000
④ ㉣	감가상각비	100	감가상각누계액	100

13 다음은 창고임대업을 영위하는 (주)한국의 20×1년 결산 관련 자료이다.

계 정	내 용
보험료	• 기초 선급보험료 잔액 ₩3,000 • 7월 1일에 보험을 갱신하고 1년분 보험료 ₩12,000을 현금으로 지급하고 자산으로 회계처리함
임대료	• 기초 선수임대료 잔액 ₩3,000 • 4월 1일에 임대차계약을 갱신하고 1년분 임대료 ₩24,000을 현금으로 수령하고 수익으로 회계처리함

보험료와 임대료가 20×1년도 세전이익에 미치는 영향은? (단, 보험료와 임대료 이외의 다른 계정은 고려하지 않으며, 기간은 월할 계산한다) (2019 국가직 9급)

① ₩12,000 ② ₩15,000
③ ₩18,000 ④ ₩21,000

정답

12. ① 13. ①

14 (주)한국은 매월 말 결산을 하고 재무제표를 작성한다. (주)한국의 20×1년 3월 31일 수정전시산표상 총수익과 총비용은 각각 ₩10,000과 ₩4,500이다. 다음과 같은 수정분개사항이 있다고 할 때, 20×1년 3월 31일에 보고할 포괄손익계산서상 당기순이익은? (2019 국가직 7급)

- 직원의 3월 급여 ₩900이 발생하였으며 4월 10일에 지급될 예정이다.
- 3월 건물 임대료가 ₩500 발생하였으나 아직 현금으로 수취하지 못하였다.
- 건물에 대한 3월 감가상각비가 ₩400이다.
- 2월에 구입하여 자산으로 기록한 소모품 중 3월에 사용한 소모품은 ₩200이다.
- 2월에 선수수익으로 계상한 금액 중 3월에 제공한 용역이 ₩1,200이다.

---

① ₩4,500　　② ₩5,200
③ ₩5,700　　④ ₩6,100

15 기말 수정사항이 다음과 같을 때, 기말 수정분개가 미치는 영향으로 옳지 않은 것은? (2018 국가직 9급)

- 기중에 구입한 소모품 ₩1,000,000을 소모품비로 처리하였으나, 기말 현재 남아 있는 소모품은 ₩200,000이다. (단, 기초 소모품 재고액은 없다)
- 당기에 발생한 미수이자수익 ₩1,000,000에 대한 회계처리가 이루어지지 않았다.

---

① 당기순이익이 ₩800,000 증가한다.
② 자산총액이 ₩1,200,000 증가한다.
③ 부채총액은 변동이 없다.
④ 수정후잔액시산표의 차변합계가 ₩1,000,000 증가한다.

16 (주)서울은 12월 말 결산법인이며 〈보기〉는 기말 수정사항이다. 기말 수정분개가 (주)서울의 재무제표에 미치는 영향으로 가장 옳은 것은? (단, 법인세는 무시한다) (2018 서울시 9급)

- 3월 1일에 1년간 보험료 ₩300,000을 현금으로 지급하면서 전액 보험료로 기록하였다.
- 4월 1일에 소모품 ₩300,000을 현금으로 구입하면서 전액 소모품으로 기록하였다. 기말에 실시한 결과 소모품은 ₩70,000으로 확인되었다.
- 5월 1일에 1년간 건물 임대료로 ₩300,000을 수취하면서 전액 임대료수익으로 기록하였다.

정답

14. ③　15. ①　16. ③

① 자산이 ₩180,000만큼 증가한다. ② 부채가 ₩100,000만큼 감소한다.
③ 비용이 ₩180,000만큼 증가한다. ④ 당기순이익이 ₩80,000만큼 감소한다.

17 (주)한국은 2015년 3월 1일에 건물 임대 시 1년분 임대료 ₩360,000을 현금으로 수취하고 임대수익으로 처리하였으나 기말에 수정분개를 누락하였다. 그 결과 2015년도 재무제표에 미치는 영향으로 옳은 것은? (2017 지방직 9급)

① 자산총계 ₩60,000 과대계상 ② 자본총계 ₩60,000 과소계상
③ 부채총계 ₩60,000 과소계상 ④ 비용총계 ₩60,000 과대계상

18 (주)한국이 다음 결산수정사항들을 반영한 결과에 대한 설명으로 옳은 것은? (2017 국가직 7급)

〈수정전시산표 잔액〉

자 산	₩120,000	부 채	₩80,000
수 익	₩90,000	비 용	₩70,000

〈결산수정사항〉

- 당기 중 건물을 임대하면서 현금 ₩6,000을 받고 모두 수익으로 처리하였다. 이 중 당기에 해당하는 임대료는 ₩2,000이다.
- 당기 중 보험료 ₩5,000을 지급하면서 모두 자산으로 처리하였다. 이 중 다음연도에 해당하는 보험료는 ₩2,000이다.
- 차입금에 대한 당기 발생이자는 ₩1,000이다.
- 대여금에 대한 당기 발생이자는 ₩2,000이다.

① 수정후시산표상의 수익은 ₩92,000이다.
② 수정후시산표상의 비용은 ₩78,000이다.
③ 수정후시산표상의 당기순이익은 ₩14,000이다.
④ 수정후시산표상의 자산총액은 ₩121,000이다.

정답

17. ③ 18. ③

19 (주)한국은 보험업을 영위하는 회사이며, 보험상품을 판매시점에 전액 부채로 인식하는 회계처리방식을 선택하고 있다. (주)한국은 기중에 보험상품 ₩20,000을 (주)대한에 판매하였다. (주)한국과 맺은 보험계약과 관련하여 (주)대한이 수행한 결산수정분개는 다음과 같다. (주)한국이 (주)대한과 맺은 보험계약에 대해 수행해야 할 결산수정분개로 옳은 것은? (2017 국가직 7급)

(차변) 보험료비용	10,000	(대변) 선급보험료	10,000

	차변		대변	
①	선수보험료	10,000	보험료수익	10,000
②	보험료비용	10,000	선급보험료	10,000
③	보험료수익	10,000	선수보험료	10,000
④	선수보험료	10,000	선급보험료	10,000

20 (주)서울은 소모품을 구입할 때 자산으로 처리한 후, 결산일에 사용한 부분에 대하여 비용처리하는 방법을 사용하고 있다. 2017년 기초와 기말 소모품은 각각 ₩270,000과 ₩360,000이고 당기에 소모품 구매를 위해 현금으로 지급한 금액은 ₩700,000이다. 당기에 포괄손익계산서에 계상될 소모품비는 얼마인가? (2017 서울시 7급)

① ₩70,000
② ₩610,000
③ ₩700,000
④ ₩790,000

21 (주)한국의 2014년 12월 31일 결산 시 당기순이익 ₩400,000이 산출되었으나, 다음과 같은 사항이 누락되었다. 누락사항을 반영할 경우의 당기순이익은? (단, 법인세는 무시한다) (2016 국가직 9급)

- 기중 소모품 ₩50,000을 구입하여 자산으로 기록하였고 기말 현재 소모품 중 ₩22,000이 남아 있다.
- 2014년 12월분 급여로 2015년 1월 초에 지급 예정인 금액 ₩25,000이 있다.
- 2014년 7월 1일에 현금 ₩120,000을 은행에 예금하였다(연 이자율 10%, 이자지급일은 매년 6월 30일).
- 2014년도의 임차료 ₩12,000이 미지급 상태이다.

① ₩341,000
② ₩347,000
③ ₩353,000
④ ₩369,000

정답

19. ① 20. ② 21. ①

22 (주)한국의 2014년 12월 31일 결산 시 당기순이익 ₩400,000이 산출되었으나, 다음과 같은 사항이 누락되었다. 누락사항을 반영할 경우 옳지 않은 것은? (2015 국가직 9급)

- 4월 1일 1년간의 임차료 ₩120,000을 현금으로 지급하면서 전액을 임차료로 기록하였다.
- 12월에 급여 ₩20,000이 발생되었으나, 기말 현재 미지급 상태이다.

---

① 수정후시산표의 차변합계가 ₩50,000만큼 증가한다.
② 당기순이익이 ₩10,000만큼 증가한다.
③ 자산총액이 ₩30,000만큼 증가한다.
④ 부채총액이 ₩20,000만큼 증가한다.

23 (주)한국의 결산수정사항이 다음과 같은 경우, 기말 수정분개가 미치는 영향으로 옳지 않은 것은? (단, 법인세비용에 미치는 영향은 없다고 가정한다) (2015 지방직 9급)

- 4월 1일 1년간의 보험료 ₩12,000을 지급하고 전액을 선급보험료계정에 차기하였다.
- 당해 회계연도의 임대료수익 ₩6,000이 발생되었으나 12월 31일 현재 회수되지 않고 다음 달 말일에 회수할 예정이다.

---

① 수정후잔액시산표의 대변합계는 ₩6,000만큼 증가한다.
② 당기순이익이 ₩3,000만큼 증가한다.
③ 자산총액이 ₩3,000만큼 감소한다.
④ 부채총액은 변동이 없다.

24 (주)한국의 2012년 말 소모품 재고액은 ₩50,000이다. (주)한국은 2013년 중에 소모품 ₩100,000 어치를 현금으로 구입하고 이를 소모품비로 회계처리하였다. 2013년 말에 소모품 재고를 실사한 결과 ₩70,000의 소모품이 남아 있음을 확인하였다. 이와 관련하여 2013년 말의 결산수정분개로 옳은 것은? (2014 국가직 9급)

①	(차) 소 모 품	20,000	(대) 소모품비	20,000
②	(차) 소모품비	20,000	(대) 소 모 품	20,000
③	(차) 소 모 품	30,000	(대) 소모품비	30,000
④	(차) 소모품비	30,000	(대) 소 모 품	30,000

정답

22. ① 23. ② 24. ①

25 (주)한국의 수정전시산표상 소모품은 ₩160,000이고, 기말 현재 남아 있는 소모품이 ₩70,000이다. 수정분개로 옳은 것은? (2013 국가직 9급)

① (차) 소모품비 90,000 (대) 소 모 품 90,000
② (차) 소모품비 70,000 (대) 소 모 품 70,000
③ (차) 소 모 품 90,000 (대) 소모품비 90,000
④ (차) 소 모 품 70,000 (대) 소모품비 70,000

26 (주)한국의 2012년 12월 31일 수정전시산표와 추가적 정보는 다음과 같다. 수정분개로 옳은 것은? (2013 국가직 9급)

〈수정전시산표〉

계정과목	잔 액
매출채권	₩200,000
선수수익	₩60,000
선급임차료	₩120,000
선급보험료	₩24,000

〈추가적 정보〉
ㄱ. 2012년 12월 31일을 기준으로 선수수익의 3분의 1에 해당하는 용역을 제공하였다.
ㄴ. 2012년 9월 1일 1년분의 보험료를 지급하고, 선급보험료로 회계처리하였다.
ㄷ. 대금이 회수되지 않은 용역제공분 ₩6,000에 대하여 회계처리하지 않았다.
ㄹ. 6개월분의 선급임차료에 대한 거래는 2012년 10월 1일에 발생하였다.

① ㄱ : (차) 선수수익 20,000 (대) 매출원가 20,000
② ㄴ : (차) 선급보험료 8,000 (대) 보 험 료 8,000
③ ㄷ : (차) 현 금 6,000 (대) 용역매출 6,000
④ ㄹ : (차) 임 차 료 60,000 (대) 선급임차료 60,000

27 계정과목에 대한 설명으로 옳지 않은 것은? (2012 지방직 9급)

① 대여금 : 타인에게 현금을 대여했을 때 사용하는 계정으로, 자산계정이다.
② 대손충당금 : 기말 매출채권으로부터의 현금유입액의 현재가치를 나타내기 위해 사용하는 매출채권총액의 차감계정으로, 자산의 차감계정이다.

정답

25. ① 26. ④ 27. ③

③ 선급비용 : 비용으로 인식하기 전에 미리 대금을 지급한 경우에 사용하는 계정으로, 부채 계정이다.

④ 선수수익 : 수익으로 인식하기 전에 미리 대금을 수취한 경우에 사용하는 계정으로, 부채 계정이다.

28 (주)한국은 보험료를 1년 단위로 납부한다. 보험료 납부 시에 일괄적으로 보험료로 비용처리한 후, 기말 결산 시에 미경과분에 대하여 선급비용으로 수정분개 처리를 하지 않았다면 당기에 기업에 미치는 영향은? (2012 지방직 9급)

① 자산, 순이익, 자본의 과대계상

② 자산, 순이익, 자본의 과소계상

③ 부채의 과대계상, 순이익과 자본의 과소계상

④ 당기에 아무런 영향 없음

29 결산정리사항 중 당기순이익에 미치는 영향이 나머지와 다른 하나는? (2012 국가직 7급)

① 선급보험료 계상
② 선수임대료 계상
③ 대손상각비 계상
④ 미지급이자 계상

30 (주)대한의 회계담당자는 2011년 회계연도 말 결산조정분개 시 다음의 사항을 누락하여 재무제표를 작성하였다. 이들 누락이 재무제표에 미치는 영향으로 옳은 것은? (2012 국가직 7급)

- 기중에 구입한 소모품 ₩1,000,000을 소모품비로 처리하였으나 기말 현재 남아 있는 소모품은 ₩200,000이다.
- 2011년 3월 1일 3년분 보험료 ₩3,600,000을 지급하면서 선급보험료로 처리하였다.
- 2011년 12월 31일 현재 다음 달에 지급해야 할 12월분 급여 ₩5,000,000에 대한 회계처리가 이루어지지 않았다.
- 2011년 당기에 발생한 이자수익 ₩1,000,000에 대한 회계처리가 이루어지지 않았다.

① 수익 ₩1,000,000 과소계상, 비용 ₩5,800,000 과소계상

② 자산 ₩800,000 과소계상, 부채 ₩5,000,000 과소계상

③ 당기순이익 ₩4,800,000 과대계상, 자산 ₩800,000 과소계상

④ 자본 ₩1,000,000 과대계상, 부채 ₩5,000,000 과소계상

정답

28. ② 29. ① 30. ①

31 다음과 같은 누락사항을 반영하기 전 당기순이익이 ₩500,000인 경우, 수정후 당기순이익은?
(2011 국가직 9급)

보험료 중 선급분	₩10,000
이자비용 중 미지급분	₩13,000
비용으로 처리한 소모품 중 미사용액	₩18,000
가수금 중 거래처 외상대금 회수분	₩20,000

① ₩485,000 ② ₩505,000
③ ₩515,000 ④ ₩535,000

32 (주)한국의 재무상태표상 기말자산항목과 기말부채항목이 다음과 같을 경우 기말자본의 금액은?
(2011 국가직 9급)

상 품	₩500,000	선급비용	₩100,000
매입채무	₩120,000	비 품	₩200,000
미지급금	₩50,000	현 금	₩60,000
매출채권	₩140,000	선수수익	₩70,000

① ₩360,000 ② ₩560,000
③ ₩760,000 ④ ₩900,000

33 (주)한국은 기초 소모품이 ₩5,000이었고, 기중에 소모품 ₩6,000을 추가로 구입하고 자산으로 처리하였다. 기말에 남아 있는 소모품이 ₩3,000이라면, 소모품과 관련된 기말 수정분개는?
(2011 지방직 9급)

	차변		대변	
①	소모품비	8,000	소 모 품	8,000
②	소 모 품	3,000	소모품비	3,000
③	소모품비	3,000	소 모 품	3,000
④	소 모 품	8,000	소모품비	8,000

정답

31. ③ 32. ③ 33. ①

34 20×1년 5월 31일에 월말 결산수정분개를 하기 전에 (주)한국의 시산표상에 수익합계는 ₩7,000이고 비용합계는 ₩2,000이다. 수정전시산표에 반영되지 않은 다음의 결산수정항목들을 반영하여 산출한 20×1년 5월분 포괄손익계산서상의 당기순이익은? (2011 국가직 7급)

- 단기차입금에 대한 5월분 이자발생액이 ₩800이다.
- 5월 초의 선급보험료 중 5월분에 해당하는 금액은 ₩700이다.
- 전월에 선수용역수익으로 받은 금액 가운데 5월에 용역제공이 완료된 금액은 ₩700이다.
- 용역제공은 이미 완료됐지만 아직 받지 못한 금액이 ₩600이다.

① ₩4,800　　② ₩5,000
③ ₩5,100　　④ ₩5,200

정답

34. ①

정답해설

1 소모품비 원장의 잔액이 ₩80,000이므로, 소모품과 관련하여 비용으로 인식한 금액은 ₩80,000이다.

5/1	(차) 소 모 품 비	100,000	(대) 현 금	100,000
12/31	(차) 소 모 품	20,000	(대) 소 모 품 비	20,000

2 기말 수정분개를 하지 않은 경우, 임대료수익을 감소시키지 않았으므로 수익이 과대계상되어 있어 당기순이익이 과대계상되어 있고 다음 연도에 해당하는 임대료수익인 선수임대료를 기록하지 않았으므로 부채가 과소계상되어 있다.

7/1	(차) 현 금	300,000	(대) 임대료수익	300,000
12/31	(차) 임대료수익	150,000	(대) 선수임대료	150,000

3

구 분	수 익	비 용	당기순이익
수정전시산표	₩800,000	(₩500,000)	₩300,000
이 자 수 익	60,000		
급 여		(80,000)	
보 험 료		(30,000)	
임대료수익	(160,000)		
수정후시산표	₩700,000	(₩610,000)	₩90,000

[기중분개]

(차) 선급보험료	120,000	(대) 현 금	120,000
(차) 현 금	240,000	(대) 임대료수익	240,000

[수정분개]

(차) 미 수 이 자	60,000	(대) 이 자 수 익	60,000
(차) 급 여	80,000	(대) 미지급급여	80,000
(차) 보 험 료	30,000	(대) 선급보험료	30,000
(차) 임대료수익	160,000	(대) 선수임대료	160,000

4 누락된 기말 수정분개를 반영하였다면 당기순이익 ₩200,000이 감소한다.

구 분	수 익	비 용
보 험 료		₩60,000
소 모 품 비		100,000
임대료수익	(₩40,000)	
소계	(₩40,000)	₩160,000
당기순이익	(₩200,000)	

3/1	(차) 현 금	240,000	(대) 임대료수익	240,000
7/1	(차) 선급보험료	120,000	(대) 현 금	120,000
12/31	(차) 소 모 품 비	100,000	(대) 소 모 품	100,000
	(차) 임대료수익	40,000	(대) 선수임대료	40,000
	(차) 보 험 료	60,000	(대) 선급보험료	60,000

5

구 분	수 익	비 용
광 고 비		₩150,000
매 출	₩1,200,000	
매 출	500,000	
수도광열비		80,000
임 차 료		200,000
급 여		300,000
감가상각비		2,500
소계	₩1,700,000	₩732,500
당기순이익	₩967,500	

[12월 초]

(차) 현 금	500,000	(대) 자 본 금	500,000

[12월 중]

(차) 광 고 비	150,000	(대) 현 금	150,000
(차) 현 금	1,200,000	(대) 매 출	1,200,000
(차) 매 출 채 권	500,000	(대) 매 출	500,000
(차) 비 품	100,000	(대) 미 지 급 금	100,000

[12월 말]

(차) 수도광열비	80,000	(대) 현 금	80,000
(차) 임 차 료	200,000	(대) 현 금	200,000
(차) 급 여	300,000	(대) 현 금	300,000
(차) 감가상각비	2,500	(대) 감가상각누계액	2,500

6

구 분	자 산	부 채
20×1년 초	₩800,000	₩500,000
현금(3/1)	(120,000)	
현금(8/1)	240,000	
선급보험료(12/31)	20,000	
선수임대료(12/31)		140,000
20×1년 말	₩940,000	₩640,000

3/1	(차) 보 험 료	120,000	(대) 현 금	120,000
8/1	(차) 현 금	240,000	(대) 임 대 수 익	240,000
12/31	(차) 선급보험료	20,000	(대) 보 험 료*	20,000
	* ₩120,000×2/12=₩20,000			
	(차) 임 대 료*	140,000	(대) 선수임대료	140,000
	* ₩240,000×7/12=₩140,000			

7 수정후시산표의 각 계정별 잔액은 장부마감 전 잔액이므로, 수정후시산표의 이익잉여금은 당기순이익이 반영되지 않은 기초 이익잉여금이다.

수정후시산표

현 금	₩130,000	매 출	₩120,000
매출원가	100,000	매입채무	170,000
재고자산	200,000	미지급금	50,000
급 여	50,000	미지급비용	80,000
선급비용	70,000	자 본 금	40,000
미수수익	50,000	이익잉여금(기초)	?
	₩600,000		₩600,000

이익잉여금(기초) : ₩600,000−460,000=₩140,000

8

구 분	자 산	당기순이익	
		수 익	비 용
임 대 수 익		(₩1,400)	
이 자 수 익	₩100	100	
보 험 료	2,200		₩2,200
합 계	₩2,300	₩900	

8/1	(차) 현 금	2,400	(대) 임 대 수 익	2,400
10/1	(차) 대 여 금	10,000	(대) 현 금	10,000
11/1	(차) 보 험 료	2,400	(대) 현 금	2,400
12/31	(차) 임 대 수 익*	1,400	(대) 선수임대료	1,400
	* ₩2,400×7/12= ₩1,400			
	(차) 미 수 이 자	100	(대) 이 자 수 익*	100
	* ₩10,000×4%×3/12= ₩100			
	(차) 선급보험료	2,200	(대) 보 험 료*	2,200
	* ₩2,400×22/24= ₩2,200			

9 기말 수정분개를 하였을 경우 부채는 ₩10,000이 증가하지만, 이를 반영하지 않았으므로 부채가 과소계상되어 있다.

구 분	자 산	부 채	순이익	
			수 익	비 용
급 여		₩10,000		₩10,000
선급보험료	(₩10,000)			10,000
외상매출금	10,000			
	(10,000)			
선수임대료		(10,000)	₩10,000	
미지급이자		10,000		10,000
합 계	(₩10,000)	₩10,000	(₩20,000)	

(차) 급 여	10,000	(대) 미지급급여	10,000
(차) 보 험 료	10,000	(대) 선급보험료	10,000
(차) 선수임대료	10,000	(대) 임 대 수 익	10,000
(차) 이 자 비 용	10,000	(대) 미지급이자	10,000

10

	기말 수정분개				순이익
①	(차) 미 수 이 자	30,000	(대) 이 자 수 익	30,000	증가
②	(차) 감가상각비	30,000	(대) 감가상각누계액	30,000	감소
③	(차) 소 모 품 비	30,000	(대) 소 모 품	30,000	감소
④	(차) 임 대 료	30,000	(대) 선수임대료	30,000	감소

11 당기순이익 : 매출 ₩20,000－매출원가 ₩10,000－감가상각비 ₩5,000－급여 ₩1,000＝₩4,000
이익잉여금 : 기초 ₩9,000＋당기순이익 ₩4,000＝₩13,000
자본총계 : 자본금 ₩150,000＋이익잉여금 ₩13,000＝₩163,000

12

㉠ 12/1	(차) 현 금	9,000	(대) 선 수 수 익	9,000
12/31	(차) 선 수 수 익	3,000	(대) 이 자 수 익	3,000
	* 이자수익 : ₩9,000×1/3개월＝₩3,000			
㉡ 기중	(차) 소 모 품	5,000	(대) 현 금	5,000
12/31	(차) 소 모 품 비	3,000	(대) 소 모 품	3,000
㉢ 12/1	(차) 이 자 비 용	3,000	(대) 현 금	3,000
12/31	(차) 선 급 비 용	2,000	(대) 이 자 비 용	2,000
	* 이자비용 : ₩3,000×1/3개월＝₩1,000			
㉣ 12/1	(차) 비 품	6,000	(대) 현 금	6,000
12/31	(차) 감가상각비	3,000	(대) 이 자 수 익	3,000
	* 감가상각비 : ₩6,000÷5년×1/12개월＝₩100			

13

6/30	(차) 보 험 료	3,000	(대) 선급보험료	3,000
7/1	(차) 선급보험료	12,000	(대) 현 금	12,000
결산 시	(차) 보 험 료	6,000	(대) 선급보험료	6,000
	* 보험료 : ₩12,000×6/12개월＝₩6,000			
3/31	(차) 선수임대료	3,000	(대) 임대료수익	3,000
4/1	(차) 현 금	24,000	(대) 임대료수익	24,000
결산 시	(차) 임대료수익	6,000	(대) 선수임대료	6,000
	* 임대료 : ₩24,000×9/12개월＝₩18,000			

보험료 ₩9,000 증가와 임대료수익 ₩21,000 증가로 세전이익 ₩12,000 증가

14

수정전시산표 당기순이익	₩5,500
급 여	(900)
임 대 료	500
감가상각비	(400)
소 모 품 비	(200)
용 역 수 익	1,200
수정후시산표 당기순이익	₩5,700

결산 시	(차) 급 여	900	(대) 미지급급여	900
	(차) 미수임대료	500	(대) 임 대 료	500
	(차) 감가상각비	400	(대) 감가상각누계액	400
	(차) 소 모 품 비	200	(대) 소 모 품	200
	(차) 선 수 수 익	1,200	(대) 용 역 수 익	1,200

15

결산 시	(차) 소 모 품	200,000	(대) 소 모 품 비	200,000
	(차) 미 수 이 자	1,000,000	(대) 이 자 수 익	1,000,000

① 당기순이익이 ₩1,200,000 증가한다.

16

3/1	(차) 보 험 료	300,000	(대) 현 금	300,000
4/1	(차) 소 모 품	300,000	(대) 현 금	300,000
5/1	(차) 현 금	300,000	(대) 임대료수익	300,000
12/31	(차) 선급보험료	50,000	(대) 보 험 료	50,000
	* ₩300,000×2/12개월 = ₩50,000			
	(차) 소 모 품 비	230,000	(대) 소 모 품	230,000
	(차) 임대료수익	100,000	(대) 선수임대료	100,000
	* ₩300,000×4/12개월 = ₩100,000			

17

3/1	(차) 현 금	360,000	(대) 임대료수익	360,000
12/31	(차) 임대료수익	60,000	(대) 선수임대료	60,000
	* ₩360,000×2/12개월 = ₩60,000			

기말 수정분개를 누락했으므로 수익이 ₩60,000 과대계상되었고 부채가 ₩60,000 과소계상되었다.

18

	자 산	부 채	자 본	수 익	비 용
수정전시산표	₩120,000	₩80,000		₩90,000	₩70,000
㉠		4,000		(4,000)	
㉡	(3,000)				3,000
㉢		1,000			1,000
㉣	2,000			2,000	
수정후시산표	₩119,000	₩85,000		₩88,000	₩74,000

㉠	(차) 임 대 료	4,000	(대) 선수임대료	4,000
㉡	(차) 보 험 료	3,000	(대) 선급보험료	3,000
㉢	(차) 이 자 비 용	1,000	(대) 미지급이자	1,000
㉣	(차) 미 수 이 자	2,000	(대) 이 자 수 익	2,000

① 수정후시산표상의 수익은 ₩88,000이다.
② 수정후시산표상의 비용은 ₩74,000이다.
④ 수정후시산표상의 자산총액은 ₩119,000이다.

19 [보험상품 거래 시]

(주)한국	(차) 현 금	20,000	(대) 선수보험료	20,000
(주)대한	(차) 선급보험료	20,000	(대) 현 금	20,000

[결산수정분개]

(주)대한	(차) 보 험 료	10,000	(대) 선급보험료	10,000
(주)한국	(차) 선수보험료	10,000	(대) 보험료수익	10,000

20

기중	(차) 소 모 품	700,000	(대) 현 금	700,000
기말	(차) 소 모 품 비	610,000	(대) 소 모 품	610,000

소모품			
기 초	270,000	소 모 품 비	610,000
현 금	700,000	기 말	360,000
	970,000		970,000

포괄손익계산서에 계상될 소모품비는 ₩610,000이다.

21

결산 시 당기순이익	₩400,000
소모품비	(28,000)
급 여	(25,000)
이자수익	6,000
임 차 료	(12,000)
수정후시산표 당기순이익	₩341,000

결산 시	(차) 소모품비	28,000	(대) 소 모 품	28,000
	(차) 급 여	25,000	(대) 미지급급여	25,000
	(차) 미수이자	6,000	(대) 이자수익	6,000
	* 2014년 이자비용 : ₩1,200,000×10%×6/12개월＝₩6,000			
	(차) 임 차 료	12,000	(대) 미지급임차료	12,000

22

결산 시	(차) 선급임차료	30,000	(대) 임 차 료	30,000
	(차) 급 여	20,000	(대) 미지급급여	20,000

① 수정후시산표의 차변합계가 ₩20,000만큼 증가한다.

23

결산 시	(차) 보 험 료	9,000	(대) 선급보험료	9,000
	(차) 미수임대료	6,000	(대) 임대료수익	6,000

② 당기순이익이 ₩3,000만큼 감소한다.

24

기중	(차) 소모품비	100,000	(대) 현 금	100,000
기말	(차) 소 모 품	20,000	(대) 소모품비	20,000

25 수정전시산표상에 소모품이 ₩160,000이고 기말 현재 소모품 ₩70,000이 남아 있어 소모품 ₩90,000을 사용하였다.

기말	(차) 소모품비	90,000	(대) 소 모 품	90,000

26 추가적 정보에 대한 기말 수정분개는 아래와 같다.

㉠ (차) 선 수 수 익 20,000 (대) 수 익 20,000

* ₩60,000 × 1/3 = ₩20,000

㉡ (차) 보 험 료 8,000 (대) 선급보험료 8,000

* ₩24,000 × 4/12개월 = ₩8,000

㉢ (차) 매 출 채 권 6,000 (대) 용 역 매 출 6,000

27 선급비용은 나중에 발생할 비용을 미리 지급한 경우 사용하는 계정으로, 자산계정이다.

28 납부 시 (차) 보 험 료 ××× (대) 현 금 ×××

결산 시 (차) 선급보험료 ××× (대) 보 험 료 ×××

결산수정분개를 하지 않았으므로 자산이 과소계상, 비용이 과대계상, 당기순이익 과소계상은 자본의 과소계상

29 보험료 감소는 비용의 감소로 당기순이익이 증가한다.

① (차) 선급보험료 ××× (대) 보 험 료 ×××
② (차) 임 대 료 ××× (대) 선수임대료 ×××
③ (차) 대손상각비 ××× (대) 대손충당금 ×××
④ (차) 이 자 비 용 ××× (대) 미지급이자 ×××

30

	자 산	부 채	자 본	수 익	비 용
㉠	₩200,000				(₩200,000)
㉡	(1,000,000)				1,000,000
㉢		5,000,000			5,000,000
㉣	1,000,000			1,000,000	
과소계상	₩200,000	₩5,000,000		₩1,000,000	₩5,800,000

㉠ (차) 소 모 품 200,000 (대) 소 모 품 비 200,000

㉡ (차) 보 험 료 1,000,000 (대) 선급보험료 1,000,000

* 2014년 보험료 : ₩3,600,000 ÷ 3년 × 10/12개월 = ₩1,000,000

㉢ (차) 급 여 5,000,000 (대) 미지급급여 5,000,000

㉣ (차) 미 수 이 자 1,000,000 (대) 이 자 수 익 1,000,000

② 자산 ₩200,000 과소계상, 부채 ₩5,000,000 과소계상
③ 당기순이익 ₩4,800,000 과대계상, 자산 ₩200,000 과소계상
④ 자본 ₩4,800,000 과대계상, 부채 ₩5,000,000 과소계상

31

수정전 당기순이익	₩500,000
보험료 감소	10,000
이자비용 증가	(13,000)
소모품비 감소	18,000
수정후 당기순이익	₩515,000

(차) 선급보험료	10,000	(대) 보 험 료	10,000
(차) 이 자 비 용	13,000	(대) 미지급이자	13,000
(차) 소 모 품	18,000	(대) 소 모 품 비	18,000
(차) 가 수 금	20,000	(대) 매 출 채 권	20,000

32 자산 ₩1,000,000＝부채 ₩240,000＋자본 ?

	자 산	부 채	자 본
상 품	₩500,000		
선 급 비 용	100,000		
비 품	200,000		
현 금	60,000		
매 출 채 권	140,000		
매 입 채 무		₩120,000	
미 지 급 금		50,000	
선 수 수 익		70,000	
	₩1,000,000	₩240,000	₩ ?

33

구입 시	(차) 소 모 품	6,000	(대) 현 금	6,000
결산 시	(차) 소 모 품 비	8,000	(대) 소 모 품	8,000

소모품

기 초	5,000	소 모 품 비	8,000
현 금	6,000	기 말	3,000
	11,000		11,000

34

수정전시산표 당기순이익	₩5,000
이 자 비 용	(800)
보 험 료	(700)
용 역 수 익	700
용 역 수 익	600
수정후시산표 당기순이익	₩4,800

(차) 이 자 비 용	800	(대) 미지급이자	800
(차) 보 험 료	700	(대) 선급보험료	700
(차) 선수용역수익	700	(대) 용 역 수 익	700
(차) 미수용역수익	600	(대) 용 역 수 익	600

CHAPTER 4

장부의 마감과정

제 1 절 장부마감

포괄손익계산서의 수익과 비용 그리고 재무상태표의 자산, 부채, 자본은 각 계정별 원장의 잔액을 통해 측정된다. 재무제표 작성 이후에는 다음연도의 재무성과와 재무상태를 측정하기 위해 원장을 정리할 필요가 있는데, 이를 장부마감(closing the book)이라고 한다.

다음연도의 재무성과를 측정하기 위해서는 당기의 수익과 비용이 포함되지 않아야 하므로 수익과 비용 계정의 원장잔액을 제거하여야 한다. 수익과 비용 계정의 원장잔액을 제거하는 방법은 원장잔액을 '0'으로 만드는 것이다.

다음연도의 재무상태를 나타내기 위해서는 자산, 부채, 자본 계정의 원장잔액을 다음연도로 이월시켜야 한다. 자산, 부채, 자본 계정은 원장잔액을 차기이월로 표시하여 다음연도로 이월시킨다. 만약, 수익과 비용 계정처럼 자산, 부채, 자본의 원장잔액을 제거하면 다음연도 장부에 자산, 부채, 자본이 존재하지 않는 상태가 된다. 예를 들어, 매출채권(자산), 차입금(부채), 자본금(자본)의 잔액을 '0'으로 만들면 장부에 회수할 금액이 없고 상환해야 할 금액도 없으며 주주가 출자한 금액이 없다고 기록하는 것이다. 이러한 이유로 자산, 부채, 자본 계정의 원장잔액은 재무제표를 작성한 이후에 원장잔액을 이월시키는 과정이 필요하다.

장부를 마감하기 위해서는 원장잔액을 '0'으로 만드는 계정마감과 원장잔액을 다음연도로 이월시키는 계정이월에 대한 절차를 거쳐야 한다. 이를 위해 모든 원장에 대해 임시계정과 영구계정으로 구분할 필요가 있다.

임시계정(temporary accounts)은 단지 해당연도의 회계기간 동안에만 사용되는 계정을 의미하며 명목계정(nominal accounts)이라고도 한다. 이러한 계정에는 모든 수익과 비용 계정이 포함되고 재무제표 작성 이후 원장잔액을 제거하여 장부를 마감한다.

이와 반대로, 영구계정(permanent accounts)은 해당연도의 회계기간과 다음연도 또는 그 이후의 회계기간에 걸쳐서 사용되는 계정을 의미하며 실질계정(real accounts)이라고도 부른다. 이러한 계정에는 자산, 부채, 자본 계정이 포함되고 재무제표 작성 이후 계정을 제거하지 않고 원장잔액을 이월시켜 장부를 마감한다.

임시(명목)계정	영구(실질)계정
계정마감(잔액을 0으로)	계정이월(잔액을 이월)
수익계정 비용계정	자산계정 부채계정 자본계정

확인학습 1

• 해당문장의 진위여부 및 요구사항에 대해 답하시오.

(1) 원장잔액을 다음연도로 이월시키는 것을 계정마감이라고 한다. (　　)

(2) 수익계정과 비용계정은 실질계정으로서 계정을 마감한다. (　　)

(3) 다음 중 임시계정을 모두 고르시오.

• 매　　출	• 선수수익	• 미수수익
• 소 모 품	• 광　고　비	• 선급비용
• 감가상각누계액	• 이익잉여금	• 이자수익

해답

(1) ×, 계정이월이라고 한다. 계정마감은 원장잔액을 '0'으로 만드는 것이다. (2) ×, 수익계정과 비용계정은 임시계정(명목계정)으로서 계정을 마감한다. (3) 매출, 광고비, 이자수익

1. 임시계정의 장부마감

임시계정인 수익과 비용의 장부를 마감하기 위해서는 해당계정의 원장잔액을 먼저 확인하고 분개장으로 가서 해당계정의 원장잔액을 제거하는 분개를 한 후 분개장의 마감분개(closing entry)를 원장에 전기함으로써 원장잔액을 제거한다.

수익계정 잔액은 원장의 대변에 남아 있으므로 마감분개 시 차변에 수익계정과 잔액을 기록하고 상대계정으로 대변에 집합손익을 기록한다. 이후 마감분개의 수익계정을 원장에 전기하면 차변에 잔액만큼 기록되어 차변합계와 대변합계는 같아진다. 그 결과 수익계정의 원장잔액은 '0'이 된다.

비용계정 잔액은 원장의 차변에 남아 있으므로 마감분개 시 대변에 비용계정과 잔액을 기록하고 상대계정으로 차변에 집합손익을 기록한다. 이후 마감분개의 비용계정을 원장에 전기하면 대변에 잔액만큼 기록되어 차변합계와 대변합계는 같아진다. 그 결과 비용계정의 원장잔액은 '0'이 된다.

마감전 원장

수익계정	
	잔 액 ×××

비용계정	
잔 액 ×××	

마감분개

12/31	(차) 수 익 ×××	(대) 집 합 손 익 ×××
	(차) 집 합 손 익 ×××	(대) 비 용 ×××

마감후 원장

수익계정	
12/31 집 합 손 익 ×××	잔 액 ×××
×××	×××

비용계정	
잔 액 ×××	12/31 집 합 손 익 ×××
×××	×××

집합손익	
12/31 비 용 ×××	12/31 수 익 ×××

수익과 비용 계정을 집합손익계정으로 모두 대체하면 대변에 있는 집합손익은 수익에 대한 대체금액이고 차변에 있는 집합손익은 비용에 대한 대체금액을 나타낸다. 대변의 집합손익(수익)이 차변의 집합손익(비용)보다 크면 집합손익계정의 원장잔액이 대변에 남아 있어 당기순이익(net income)을 의미한다. 반대로 집합손익계정의 원장잔액이 차변에 남아 있는 경우 당기순손실(net loss)을 의미한다.

집합손익계정(income summary account)은 수익과 비용 계정을 마감하기 위한 임시계정이므로 다음연도로 이월되지 않도록 집합손익계정도 마감분개를 통해 제거하도록 한다. 집합손익계정 원장잔액이 대변에 있으면 마감분개 시 분개장의 차변에 집합손익을 기록하고 상대계정으로 대변에 이익잉여금(영구계정)을 기록한다.

마감전 원장

집합손익	
	잔 액 ×××

* '수익 > 비용'의 경우 잔액이 대변에 남음

마감 분개

12/31 (차) 집 합 손 익 ××× (대) 이익잉여금(자본) ×××

마감후 원장

집합손익	
12/31 이익잉여금 ×××	잔 액 ×××
×××	×××

이익잉여금	
	12/31 집 합 손 익 ×××

집합손익계정 원장잔액이 차변에 있으면 마감분개 시 분개장의 대변에 집합손익을 기록하고 상대계정으로 차변에 이익잉여금(영구계정)을 기록한다.

마감전 원장

집합손익	
잔 액 ×××	

* '수익 < 비용'의 경우 잔액이 차변에 남음

마감 분개

12/31 (차) 이익잉여금(자본) ××× (대) 집 합 손 익 ×××

마감후 원장

집합손익	
잔 액 ×××	12/31 이익잉여금 ×××
×××	×××

이익잉여금	
12/31 집 합 손 익 ×××	

집합손익계정까지 계정마감을 하면 수익과 비용 계정 그리고 집합손익계정 모두 원장의 차변합계와 대변합계가 동일해져 잔액은 모두 '0'이 된다. 다만, 잔액이 남아 있는 계정과목은 이익잉여금뿐이다. 이익잉여금(자본)은 영구계정이므로 잔액을 제거하지 않고 다음연도로 계정을 이월시킨다.

제3장에서 (주)한국의 재무제표 작성 시 포괄손익계산서의 당기순이익이 자본변동표를 거쳐 재무상태표의 이익잉여금으로 누적되는 것을 확인하였다. 즉, 수익과 비용은 당기순이익을 측정하기 위한 임시계정이고 당기순이익을 영구계정인 이익잉여금(자본)으로 대체함으로써 계정을 마감한다.

2. 영구계정의 장부마감

영구계정인 자산, 부채, 자본 계정은 잔액을 제거하지 않고 다음연도로 이월시킨다. 이월시키는 방법은 해당계정의 원장잔액을 차기이월로 표시하고 다음연도 기초시점에 전기이월로 표시한다.

자산계정은 원장의 잔액이 차변에 남아 있으므로 반대쪽인 대변에 잔액을 차기이월로 표기한다. 부채와 자본 계정은 원장의 잔액이 대변에 남아 있으므로 반대쪽인 차변에 잔액을 차기이월로 표기한다.

	자산계정		부채와 자본 계정	
마감전 원장	잔 액 ×××			잔 액 ×××

	자산계정		부채와 자본 계정	
마감후 원장	잔 액 ×××	12/31 차기이월 ×××	12/31 차기이월 ×××	잔 액 ×××
	×××	×××	×××	×××
	1/1 전기이월 ×××			1/1 전기이월 ×××

잔액을 반대쪽에 기록하면 차변합계와 대변합계가 동일하게 되는데, 이는 수익과 비용 계정처럼 잔액이 제거되었다는 것이 아니다. 장부를 마감하기 위해 합계를 일치시키고 합계액 밑에 두 줄(×××)로 표시함으로써 그 회계기간 기말까지 해당계정과 관련하여 발생한 거래를 모두 마감하였다는 의미이다. 잔액을 다음연도로 이월시키기 위해 원래 남아 있던 자리에 전기이월로 표기한다.

(주)한국의 거래를 통해 마감분개와 원장에 전기하는 과정을 살펴보기로 하자. 다음은 (주)한국의 마감분개를 하기 전 각 계정별 원장이다(제3장의 총계정원장).

총계정원장

현 금					
3/1	자 본 금	15,000	3/4	보 험 료	600
3/2	매 출	2,000	3/5	소 모 품	900
3/10	매 출	1,500	3/31	임 차 료	1,500
3/25	매출채권	1,000			

매 출					
3/31	선수수익	1,000	3/2	현 금	2,000
			3/10	현 금	1,500
				매출채권	2,000

비 품					
3/1	미지급금	5,000			

보험료					
3/4	현 금	600	3/31	선급보험료	550

소모품					
3/5	미 지 급 금	900	3/31	소 모 품 비	300

매출채권					
3/10	매 출	2,000	3/25	현 금	1,000

미지급금					
			3/1	비 품	5,000

미지급광고비					
			3/11	광 고 비	150

자본금					
			3/1	현 금	15,000

미지급급여					
			3/31	급 여	100

광고비					
3/11	미지급비용	150			

임차료					
3/31	현 금	1,500			

선수수익					
			3/31	매 출	1,000

선급보험료					
3/31	보 험 료	550			

소모품비					
3/31	소 모 품	300			

급 여					
3/31	미지급급여	100			

다음은 (주)한국의 수익과 비용 계정의 원장잔액을 제거하기 위한 마감분개이다.

분개장					
3/31	(차) 매 출	**4,500**	(대)	집 합 손 익	**4,500**
3/31	(차) 집 합 손 익	**2,100**	(대)	보 험 료	**50**
				광 고 비	**150**
				임 차 료	**1,500**
				소 모 품 비	**300**
				급 여	**100**
3/31	(차) 집 합 손 익	**2,400**	(대)	이익잉여금	**2,400**

(주)한국의 마감분개를 원장에 전기한 후 수익과 비용 계정의 잔액을 제거하고 자산, 부채, 자본 계정의 원장잔액은 다음연도로 이월시킨다.

총계정원장

현 금

3/1	자본금	15,000	3/4	보험료	600
3/2	매출	2,000	3/5	소모품	900
3/10	매출	1,500	3/31	임차료	1,500
3/25	매출채권	1,000	**3/31**	**차기이월**	**16,500**
		19,500			19,500
4/1	**전기이월**	**16,500**			

비 품

3/1	미지급금	5,000	**3/31**	**차기이월**	**5,000**
		5,000			5,000
4/1	**전기이월**	**5,000**			

소모품

3/5	미지급금	900	3/31	소모품비	300
			3/31	**차기이월**	**600**
		900			900
4/1	**전기이월**	**600**			

매출채권

3/10	매출	2,000	3/25	현금	1,000
			3/31	**차기이월**	**1,000**
		2,000			2,000
4/1	**전기이월**	**1,000**			

미지급급여

3/31	**차기이월**	**100**	3/31	급여	100
		100			100
			4/1	**전기이월**	**100**

자본금

3/31	**차기이월**	**15,000**	3/1	현금	15,000
		15,000			15,000
			4/1	**전기이월**	**15,000**

이익잉여금

3/31	**차기이월**	**2,400**	**3/31**	**집합손익**	**2,400**
		2,400			2,400
			4/1	**전기이월**	**2,400**

매 출

3/31	선수수익	1,000	3/2	현금	2,000
3/31	**집합손익**	**4,500**	3/10	현금	1,500
				매출채권	2,000
		5,500			5,500

보험료

3/4	현금	600	3/31	선급보험료	550
			3/31	**집합손익**	**50**
		600			600

선급보험료

3/31	보 험 료	550	**3/31**	**차기이월**	**550**
		550			550
4/1	**전기이월**	**550**			

미지급금

3/31	**차기이월**	**5,000**	3/1	비 품	5,000
		5,000			5,000
			4/1	**전기이월**	**5,000**

미지급광고비

3/31	**차기이월**	**150**	3/11	광 고 비	150
		150			150
			3/1	**전기이월**	**150**

선수수익

3/31	**차기이월**	**1,000**	3/31	매 출	1,000
		1,000			1,000
			4/1	**전기이월**	**1,000**

광고비

3/11	미지급비용	150	**3/31**	**집합손익**	**150**
		150			150

임차료

3/31	현 금	1,500	**3/31**	**집합손익**	**1,500**
		1,500			1,500

소모품비

3/31	소 모 품	300	**3/31**	**집합손익**	**300**
		300			300

급 여

3/31	미지급급여	100	**3/31**	**집합손익**	**100**
		100			100

집합손익

3/31	**보 험 료**	**50**	**3/31**	매 출	**4,500**
	광 고 비	**150**			
	임 차 료	**1,500**			
	소모품비	**300**			
	급 여	**100**			
3/31	**이익잉여금**	**2,400**			
		4,500			4,500

확인학습 2

• 해당문장의 진위여부 및 요구사항에 대해 답하시오.

(1) 마감분개 시 집합손익은 수익을 대체하거나 당기순손실이 발생할 때 대변에 기록된다. (　　)

(2) 임시계정의 원장은 집합손익으로 잔액을 제거하여 마감하고 영구계정은 차기이월시켜 마감한다. (　　)

(3) 수익과 비용 계정 잔액을 모두 제거한 후 집합손익의 잔액은 차기이월시킨다. (　　)

(4) 아래의 원장을 이용하여 마감분개를 하시오.

총계정원장

현금					
5/1	자본금	3,000	5/10	임차료	500
5/6	매출	3,000	5/20	급여	800
5/12	차입금	500	5/30	미지급금	1,000
5/18	매출	2,000			
5/31	매출채권	2,000			

매출채권					
5/18	매출	3,000	5/31	현금	2,000
5/31	매출	4,000			

비품					
5/3	미지급금	1,000			

미지급금					
5/30	현금	1,000	5/3	비품	1,000

미지급광고비					
			5/25	광고비	300

차입금					
			5/12	현금	500

임차료					
5/10	현금	500	5/31	선급임차료	200

급여					
5/20	현금	800			

광고비					
5/25	미지급광고비	300			

선급임차료					
5/31	임차료	200			

이자비용					
5/31	미지급이자	30			

미지급이자					
			5/31	이자비용	30

선수수익					
			5/31	매출	1,000

자본금

		5/1 현 금	3,000

감가상각비

5/31 감가상각누계액	200		

매 출

5/31 선 수 수 익	1,000	5/6 현 금	3,000
		5/18 현 금	2,000
		매 출 채 권	3,000
		5/31 매 출 채 권	4,000

감가상각누계액

		5/31 감가상각비	200

분개장

/ (차) (대)

/ (차) (대)

/ (차) (대)

(5) 마감분개를 원장에 전기한 후 장부를 마감하시오.

총계정원장

현 금

5/1 자 본 금	3,000	5/10 임 차 료	500
5/6 매 출	3,000	5/20 급 여	800
5/12 차 입 금	500	5/30 미 지 급 금	1,000
5/18 매 출	2,000		
5/31 매 출 채 권	2,000		

광고비

5/25 미지급광고비	300		

선급임차료

5/31 임 차 료	200		

매출채권

5/18 매 출	3,000	5/31 현 금	2,000
5/31 매 출	4,000		

이자비용

5/31 미지급이자	30		

비 품			
5/3 미지급금	1,000		

미지급금			
5/30 현 금	1,000	5/3 비 품	1,000

미지급광고비			
		5/25 광 고 비	300

차입금			
		5/12 현 금	500

자본금			
		5/1 현 금	3,000

매 출			
5/31 선수수익	1,000	5/6 현 금	3,000
		5/18 현 금	2,000
		매출채권	3,000
		5/31 매출채권	4,000

미지급이자			
		5/31 이자비용	30

선수수익			
		5/31 매 출	1,000

감가상각비			
5/31 감가상각누계액	200		

감가상각누계액			
		5/31 감가상각비	200

임차료

5/10 현	금	500	5/31	선급임차료	200

급 여

5/20 현	금	800			

해답

(1) ○ (2) ○ (3) ×, 집합손익은 임시계정이므로 잔액을 제거하기 위해 이익잉여금으로 대체한다.

(4) 마감분개

(차) 매 출	11,000	(대)	집 합 손 익	11,000
(차) 집 합 손 익	1,630	(대)	임 차 료	300
			급 여	800
			광 고 비	300
			이 자 비 용	30
			감가상각비	200
(차) 집 합 손 익	9,370	(대)	이익잉여금	9,370

(5) '제2절 마감후시산표'의 [확인학습 3]을 참조하시오.

제 2 절 마감후시산표

모든 장부를 마감한 후 원장의 잔액을 옮겨놓은 시산표를 마감후시산표(post-closing trial balance)라고 한다. 임시계정 잔액은 모두 제거되었기 때문에 마감후시산표는 영구계정인 자산, 부채, 자본 계정으로만 구성된다. 다음은 (주)한국의 마감후시산표를 나타내고 있다.

마감후시산표

현 금	₩16,500	미 지 급 금	₩5,000
비 품	5,000	미지급광고비	150
소 모 품	600	선 수 수 익	1,000
매 출 채 권	1,000	미지급급여	100
선급보험료	550	자 본 금	15,000
		이익잉여금	2,400
합계	₩23,650	합계	₩23,650

마감후시산표는 마감분개가 원장에 올바르게 전기되었는지 확인시켜주는 기능을 한다. 즉, 마감후시산표의 차변합계와 대변합계가 일치하는지 확인함으로써 알 수 있다. 그러나 마감후시산표가 모든 거래를 빠짐없이 기록하였다거나 원장에 정확히 전기하였다는 것을 증명하지는 않는다. 예를 들면, 거래를 분개하지 않아서 전기하지 않았거나 이중으로 거래를 분개하고 원장에 전기한 경우 마감후시산표의 차변합계와 대변합계는 일치한다. 앞에서 설명한 것처럼 모든 시산표(수정전, 수정후, 마감후)의 차변합계와 대변합계가 일치하더라도 이러한 한계점은 늘 지니고 있다. 마감분개부터 마감후시산표까지의 과정을 요약하면 다음과 같다.

장부의 마감과정

마감분개(수익비용)

분개장

(차) ◇◇ ××× (대) 집합손익 ×××

:

(차) 집합손익 ××× (대) 이익잉여금 ×××

원 장

○○

	×××	차기이월	×××
	×××		×××

△△

	×××		×××
차기이월	×××		
	×××		×××

:

◇◇

집합손익	×××		×××
	×××		×××

:

집합손익

이익잉여금	×××	◇◇	×××
	×××		×××

:

이익잉여금

차기이월	×××	집합손익	×××
	×××		×××

시산표

마감후시산표
(자산, 부채, 자본)

○○	×××	△△	×××
		이익잉여금	×××
	×××		×××

확인학습 3

• 해당문장의 진위여부 및 요구사항에 대해 답하시오.

(1) 마감후시산표에는 영구계정인 자산, 부채, 자본 계정의 잔액만 나타난다. (　　)

(2) 마감후시산표의 차변합계와 대변합계가 일치하더라도 오류가 있을 수 있다. (　　)

(3) 아래의 원장을 이용하여 마감후시산표를 작성하시오.

총계정원장

현 금

차변	금액	대변	금액
5/1 자본금	3,000	5/10 임차료	500
5/6 매출	3,000	5/20 급여	800
5/12 차입금	500	5/30 미지급금	1,000
5/18 매출	2,000		
5/31 매출채권	2,000	차기이월	**8,200**
	10,500		10,500
전기이월	**8,200**		

매출채권

차변	금액	대변	금액
5/18 매출	3,000	5/31 현금	2,000
5/31 매출	4,000	차기이월	**5,000**
	7,000		7,000
전기이월	**5,000**		

비 품

차변	금액	대변	금액
5/3 미지급금	1,000	차기이월	**1,000**
	1,000		1,000
전기이월	**1,000**		

미지급금

차변	금액	대변	금액
5/30 현금	1,000	5/3 비품	1,000
	1,000		1,000

미지급광고비

차변	금액	대변	금액
차기이월	**300**	5/25 광고비	300
	300		300
		전기이월	**300**

광고비

차변	금액	대변	금액
5/25 미지급광고비	300	집합손익	**300**
	300		300

선급임차료

차변	금액	대변	금액
5/31 임차료	200	차기이월	**200**
	200		200
전기이월	**200**		

이자비용

차변	금액	대변	금액
5/31 미지급이자	30	집합손익	**30**
	30		30

미지급이자

차변	금액	대변	금액
차기이월	**30**	5/31 이자비용	30
	30		30
		전기이월	**30**

선수수익

차변	금액	대변	금액
차기이월	**1,000**	5/31 매출	1,000
	1,000		1,000
		전기이월	**1,000**

차입금

차변	금액	대변	금액
차기이월	**500**	5/12 현금	500
	500		500
		전기이월	**500**

자본금

차변	금액	대변	금액
차기이월	**3,000**	5/1 현금	3,000
	3,000		3,000
		전기이월	**3,000**

매 출

차변	금액	대변	금액
5/31 선수수익	1,000	5/6 현금	3,000
		5/18 현금	2,000
		매출채권	3,000
집합손익	**11,000**	5/31 매출채권	4,000
	12,000		12,000

임차료

차변	금액	대변	금액
5/10 현금	500	5/31 선급임차료	200
		집합손익	**300**
	500		500

급 여

차변	금액	대변	금액
5/20 현금	800	**집합손익**	**800**
	800		800

감가상각비

차변	금액	대변	금액
5/31 감가상각누계액	200	**집합손익**	**200**
	200		200

감가상각누계액

차변	금액	대변	금액
차기이월	**200**	5/31 감가상각비	200
	200		200
		전기이월	**200**

집합손익

차변	금액	대변	금액
5/31 임차료	**300**	**5/31 매출**	**11,000**
급여	**800**		
광고비	**300**		
이자비용	**30**		
감가상각비	**200**		
5/31 이익잉여금	**9,370**		
	11,000		11,000

이익잉여금

차변	금액	대변	금액
차기이월	**9,370**	**집합손익**	**9,370**
	9,370		9,370
		전기이월	**9,370**

마감후시산표

해답

(1) ○ (2) ○

(3) 마감후시산표

마감후시산표

현 금	8,200	미지급광고비	300
매 출 채 권	5,000	차 입 금	500
비 품	1,000	자 본 금	3,000
선급임차료	200	미지급이자	30
		선 수 수 익	1,000
		감가상각누계액	200
		이익잉여금	9,370
	14,400		14,400

기출문제

1 다음은 (주)한국의 임차료와 지급어음의 장부마감 전 계정별 원장이다. 장부마감 시 각 계정별 원장에 기입할 내용으로 옳은 것은? (2016 국가직 9급)

임차료

현 금	50,000	선 급 비 용	40,000

지급어음

		외상매입금	50,000

① 임차료계정 원장의 차변에 차기이월 ₩10,000으로 마감한다.
② 임차료계정 원장의 대변에 집합손익 ₩10,000으로 마감한다.
③ 지급어음계정 원장의 대변에 차기이월 ₩50,000으로 마감한다.
④ 지급어음계정 원장의 차변에 집합손익 ₩50,000으로 마감한다.

정답

1. ②

정답해설

1 마감분개 (차) 집 합 손 익 10,000 (대) 임 차 료 10,000

임차료			
현 금	50,000	선 급 비 용	40,000
		집 합 손 익	10,000
	50,000		50,000

지급어음			
차 기 이 월	50,000	외상매입금	50,000
	50,000		50,000

임차료계정 원장의 대변에 집합손익 ₩10,000으로 마감한다.
지급어음계정 원장의 차변에 차기이월 ₩50,000으로 마감한다.

CHAPTER

5

회계순환과정과 정산표

제 1 절 회계순환과정

제 2 절 정산표

제 3 절 오류수정분개와 역분개

제 1 절 회계순환과정

지금까지의 거래기록과정을 요약하면 다음과 같다. 기중에 발생한 거래를 장부에 기록하고 기말에 정확한 수익과 비용 그리고 자산, 부채, 자본을 측정하기 위해 수정사항을 장부에 반영한 후 재무제표를 작성하였다. 마지막으로 다음연도의 거래를 기록하기 위해 장부를 마감하였다. 이와 같은 과정을 회계순환과정(accounting cycle)이라고 한다. 회계순환과정을 좀 더 쉽게 이해하기 위해 지금까지 설명한 장부기록과정을 3단계로 구분하였다.

[1단계] 회계기간 중에 발생한 거래를 분개장에 분개하고 원장에 전기한 후 기말시점에 개별원장의 잔액을 이용하여 수정전시산표를 작성한다.
[2단계] 회계기말에 기중에 발생한 거래를 수정하거나 기록하지 않은 거래를 수정분개하고 원장에 전기한 후 수정된 원장의 잔액을 이용하여 수정후시산표를 작성한다. 수정후시산표의 정확한 잔액을 이용하여 재무제표를 작성한다.
[3단계] 다음연도의 거래를 기록하기 위해 회계기말에 장부를 마감한다. 임시계정(수익, 비용)은 마감분개 후 원장에 전기함으로써 잔액을 제거하여 장부를 마감한다. 영구계정(자산, 부채, 자본)은 원장의 잔액을 다음연도로 이월시켜 장부를 마감한다.

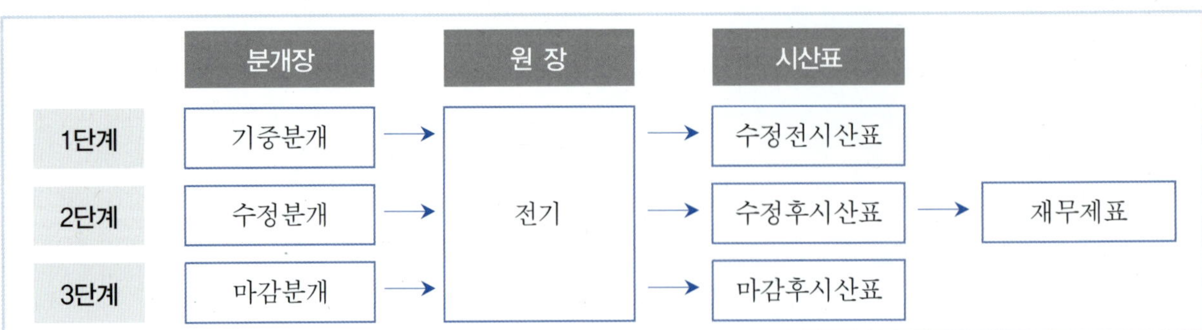

앞에서 살펴본 '제2장 거래의 기록과정'은 [1단계]에 해당하고 '제3장 거래의 수정과정'은 [2단계]에 해당한다. 마지막으로 '제4장 장부의 마감과정'은 [3단계]에 해당한다. 이 모든 과정을 요약하여 회계순환과정으로 나타내면 아래와 같다.

회계순환과정 요약

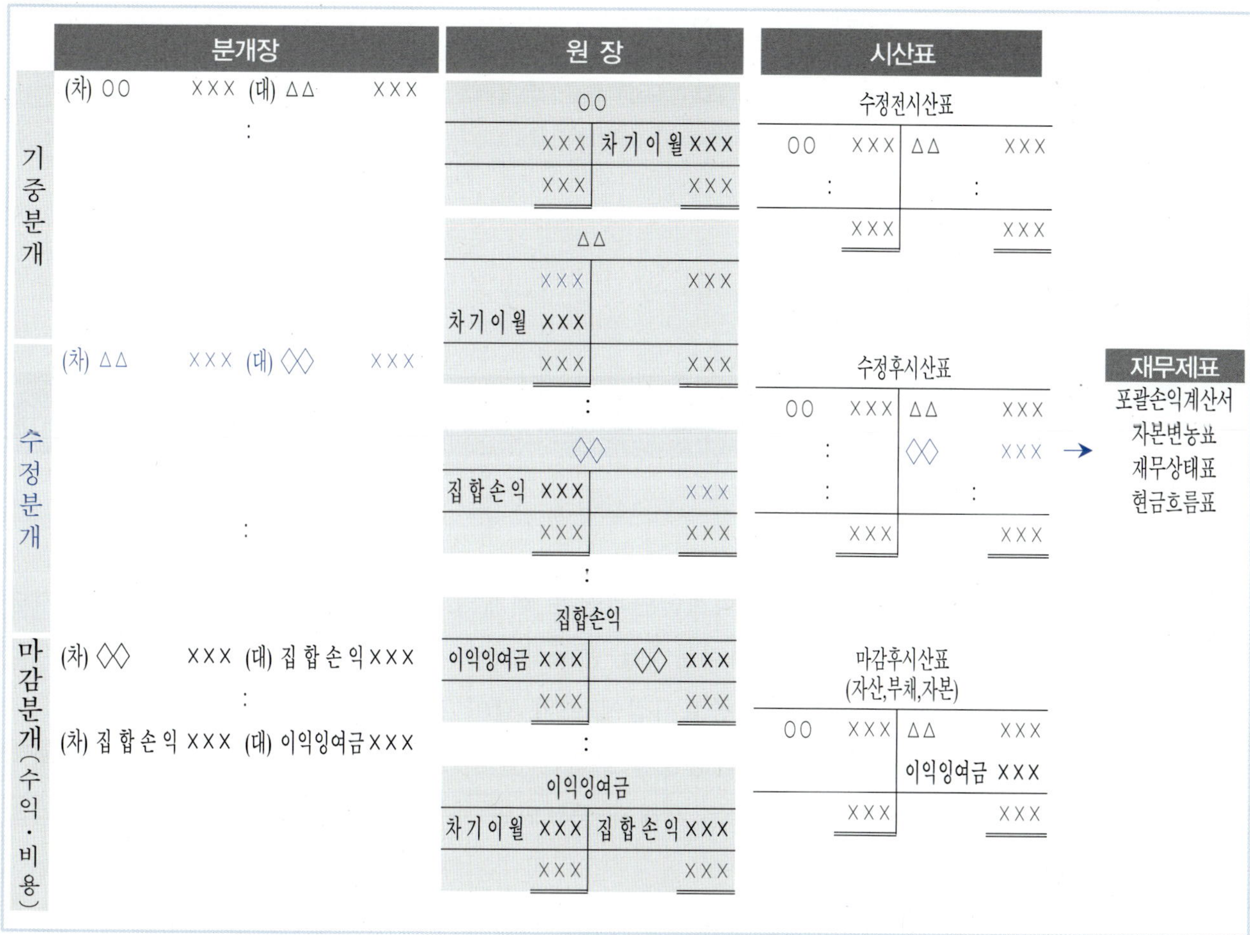

확인학습 1

• 회계순환과정을 순서대로 나열하시오.

① 기중거래 분개	② 수정분개	③ 마감분개
④ 기중분개 원장에 전기	⑤ 수정분개 원장에 전기	⑥ 마감분개 원장에 전기
⑦ 수정전시산표 작성	⑧ 수정후시산표 작성	⑨ 재무제표 작성
⑩ 마감후시산표 작성		

해답

①→④→⑦→②→⑤→⑧→⑨→③→⑥→⑩

제 2 절 정산표

지금까지 작성한 회계순환과정은 회계의 주요 장부인 분개장과 원장에 기중분개, 수정분개, 마감분개를 순차적으로 기록하여 시산표와 재무제표를 작성하였다. 회계기간 종료시점에 이와 같이 장부를 작성하기에는 시간이 소요되고 재무제표의 신뢰성을 확보하는 절차도 필요하다. 그러나 경영자는 회계기간 동안 발생한 모든 거래가 종료되면 재무성과와 재무상태를 신속히 파악하기를 원한다.

이를 위해, 기중거래가 종료되자마자 수정전시산표를 이용하여 신속히 재무성과와 재무상태를 파악할 수 있도록 정산표(worksheet)라는 양식을 활용한다. 정산표는 기중거래가 반영된 원장의 잔액만 파악이 되면 기말에 분개장과 원장에 기록해야 할 절차(수정분개와 마감분개)를 거치지 않고 포괄손익계산서와 재무상태표를 신속히 작성할 수 있도록 구성되어 있다.

정산표는 신속한 결산(가결산)을 위한 양식일 뿐 분개장이나 원장과 같은 회계장부는 아니다. 또한, 회계순환과정에서 반드시 거쳐야 하는 절차가 아니라 선택사항일 뿐이다. 정산표 양식과 작성순서는 아래와 같다.

정산표

계정과목	수정전시산표		수정분개		수정후시산표		포괄손익계산서		재무상태표	
	차 변	대 변	차 변	대 변	차 변	대 변	차 변	대 변	차 변	대 변
○○	×××				×××				×××	
△△		×××	×××			×××				×××
◇◇				×××		×××		×××		
:										

↑ ① 수정전시산표를 작성

↑ ② 수정사항을 반영

↑ ③ 수정후 잔액을 기입

↑ ④ 수정후시산표의 수익·비용과 자산·부채·자본 계정잔액을 기입
↑ ⑤ 포괄손익계산서의 순이익(순손실)을 재무상태표 대변(차변)에 기입

[1단계] 정산표의 수정전시산표를 작성하기 위해 기중거래가 반영된 원장의 계정과목을 정산표의 계정과목에 기입하고 원장잔액을 차변 또는 대변에 기록한다.

[2단계] 기말 수정사항을 수정분개에 반영한다. 수정사항을 기입하는 과정에 수정전시산표에 없는 계정과목은 추가로 기입하고 해당금액을 기록한다.

[3단계] 수정후시산표는 수정전시산표 금액에 수정분개 금액을 가산하거나 차감하여 기록한다. 예를 들어, 계정과목의 금액이 수정전시산표 차변(대변)에 기록되어 있고 수정분개도 차변(대변)에 기록된 경우 수정전시산표 차변(대변)금액에 수정분개 차변(대변)금액을 가산하여 수정후시산표 차변(대변)에 기록한다. 수정전시산표 차변(대변)에 기록되어 있고 반대로 수정분개는 대변(차변)에 기록된 경우 수정전시산표 차변(대변)금액에서 수정분개 대변(차변)금액을 차감하여 수정후시산표 차변(대변)에 잔액을 기록한다.

[4단계] 수정후시산표 잔액 중 수익과 비용에 해당하는 계정과목은 포괄손익계산서로 기록하고 자산, 부채, 자본에 해당하는 계정과목은 재무상태표로 기록한다.

[5단계] 포괄손익계산서의 차변합계와 대변합계의 차이를 계정과목에 당기순

이익(당기순손실)으로 기록하고 차변(대변)에 기록한다. 동시에 당기순이익(당기순손실) 금액을 재무상태표의 대변(차변)에 기록한다. 최종적으로 재무상태표의 차변합계와 대변합계가 일치하는지 확인하고 정산표를 완성한다.

지금까지 정산표 작성과정에 대해 살펴보았다. (주)한국의 거래를 이용하여 정산표를 단계별로 작성하면 다음과 같다. 정산표의 수정전시산표는 기중거래가 반영된 원장의 잔액(제2장의 총계정원장 참조)을 옮겨 적은 금액이다.

총계정원장

현 금

차변			대변		
3/1	자 본 금	15,000	3/4	보 험 료	600
3/2	매 출	2,000	3/5	소 모 품	900
3/10	매 출	1,500	3/31	임 차 료	1,500
3/25	매 출 채 권	1,000			

비 품

차변			대변		
3/1	미 지 급 금	5,000			

소모품

차변			대변		
3/5	미 지 급 금	900			

매출채권

차변			대변		
3/10	매 출	2,000	3/25	현 금	1,000

미지급금

차변			대변		
			3/1	비 품	5,000

미지급광고비

차변			대변		
			3/11	광 고 비	150

자본금

차변			대변		
			3/1	현 금	15,000

매 출

차변			대변		
			3/2	현 금	2,000
			3/10	현 금	1,500
				매 출 채 권	2,000

보험료

차변			대변		
3/4	현 금	600			

광고비

차변			대변		
3/11	미지급비용	150			

임차료

차변			대변		
3/31	현 금	1,500			

[1단계] 수정전시산표 작성

정산표

(주)한국 20×1. 3. 31 (단위 : 원)

계정과목	수정전시산표		수정분개		수정후시산표		포괄손익계산서		재무상태표	
	차 변	대 변	차 변	대 변	차 변	대 변	차 변	대 변	차 변	대 변
현 금	16,500									
비 품	5,000									
소 모 품	900									
매 출 채 권	1,000									
미 지 급 금		5,000								
미지급광고비		150								
자 본 금		15,000								
매 출		5,500								
보 험 료	600									
광 고 비	150									
임 차 료	1,500									
합계	25,650	25,650								

↑ 원장에 잔액이 있는 모든 계정을 기입한다.

↑ 기입한 계정과목의 잔액을 기입한다.

[2단계] 수정사항 반영

정산표

(주)한국 20×1. 3. 31 (단위 : 원)

계정과목	수정전시산표		수정분개		수정후시산표		포괄손익계산서		재무상태표	
	차 변	대 변	차 변	대 변	차 변	대 변	차 변	대 변	차 변	대 변
현 금	16,500									
비 품	5,000									
소 모 품	900			③ 300						
매 출 채 권	1,000									
미 지 급 금		5,000								
미지급광고비		150								
자 본 금		15,000								
매 출		5,500	① 1,000							
보 험 료	600			② 550						
광 고 비	150									
임 차 료	1,500									
합계	25,650	25,650								
선 수 수 익				① 1,000						
선급보험료			② 550							
소 모 품 비			③ 300							
급 여			④ 100							
미지급급여				④ 100						
합계			1,950	1,950						

↑ 수정분개 시 새로운 계정과목을 추가한다.

↑ 해당계정에 수정금액을 기입하고 관련 수정분개를 확인할 수 있도록 번호를 표기한다.

[수정사항] (제3장의 수정분개)

① (주)한국은 3월 2일 아파트 청소용역을 계약하면서 2개월에 해당하는 청소용역비 ₩2,000을 받았다. 3월에 해당하는 용역비는 ₩1,000이다(거래3).

② (주)한국은 3월 4일 보험료로 1년분 ₩600을 지급하였다. 3월에 해당하는 보험료는 ₩50이다(거래4).

③ (주)한국은 3월 5일 소모품 ₩900을 현금으로 구입하였다. 3월에 사용한 소모품은 ₩300이다(거래5).

④ (주)한국은 3월 16일 종업원을 채용하였으며 급여는 한 달 후부터 매월 15일에 ₩200을 지급한다(거래8).

[3단계] 수정후시산표 작성

정산표

(주)한국 20×1. 3. 31 (단위 : 원)

계정과목	수정전시산표		수정분개		수정후시산표		포괄손익계산서		재무상태표	
	차 변	대 변	차 변	대 변	차 변	대 변	차 변	대 변	차 변	대 변
현 금	16,500				16,500					
비 품	5,000				5,000					
소 모 품	900			③ 300	600					
매 출 채 권	1,000				1,000					
미 지 급 금		5,000				5,000				
미지급광고비		150				150				
자 본 금		15,000				15,000				
매 출		5,500	① 1,000			4,500				
보 험 료	600			② 550	50					
광 고 비	150				150					
임 차 료	1,500				1,500					
합계	25,650	25,650								
선 수 수 익				① 1,000		1,000				
선급보험료			② 550		550					
소 모 품 비			③ 300		300					
급 여			④ 100		100					
미지급급여				④ 100		100				
합계			1,950	1,950	25,750	25,750				

↑ 수정전시산표 금액에 수정분개의 금액을 반영하여 기입한다.

[수정분개 반영]
- 수정전시산표와 수정분개의 금액이 같은 쪽에 있으면 두 금액을 더해서 수정후시산표에 기록한다.
- 수정전시산표와 수정분개의 금액이 서로 반대쪽에 있으면 수정전시산표 금액에서 수정분개 금액을 차감한 잔액을 수정후시산표에 기록한다.

[4단계] 포괄손익계산서와 재무상태표 작성

정산표

(주)한국 　　　　　　　　　　20×1. 3. 31 　　　　　　　　　　(단위 : 원)

계정과목	수정전시산표		수정분개		수정후시산표		포괄손익계산서		재무상태표	
	차 변	대 변	차 변	대 변	차 변	대 변	차 변	대 변	차 변	대 변
현　　금	16,500				16,500				16,500	
비　　품	5,000				5,000				5,000	
소 모 품	900			③ 300	600				600	
매 출 채 권	1,000				1,000				1,000	
미 지 급 금		5,000				5,000				5,000
미지급광고비		150				150				150
자 본 금		15,000				15,000				15,000
매　　출		5,500	① 1,000			4,500		4,500		
보 험 료	600			② 550	50		50			
광 고 비	150				150		150			
임 차 료	1,500				1,500		1,500			
합계	25,650	25,650								
선 수 수 익				① 1,000		1,000				1,000
선급보험료			② 550		550				550	
소 모 품 비			③ 300		300		300			
급　　여			④ 100		100		100			
미지급급여				④ 100		100				100
합계			1,950	1,950	25,750	25,750	2,100	4,500	23,650	21,250

↑ ↑

수정후시산표의 수익과 비용 계정 잔액을 포괄손익계산서에 기록하고 자산, 부채, 자본 계정 잔액을 재무상태표에 기록한다.

[5단계] 당기순이익(순손실)을 자본으로 대체

정산표

(주)한국 20×1. 3. 31 (단위 : 원)

계정과목	수정전시산표		수정분개		수정후시산표		포괄손익계산서		재무상태표	
	차 변	대 변	차 변	대 변	차 변	대 변	차 변	대 변	차 변	대 변
현 금	16,500				16,500				16,500	
비 품	5,000				5,000				5,000	
소 모 품	900			③ 300	600				600	
매 출 채 권	1,000				1,000				1,000	
미 지 급 금		5,000				5,000				5,000
미지급광고비		150				150				150
자 본 금		15,000				15,000				15,000
매 출		5,500	① 1,000			4,500		4,500		
보 험 료	600			② 550	50		50			
광 고 비	150				150		150			
임 차 료	1,500				1,500		1,500			
합계	25,650	25,650								
선 수 수 익				① 1,000		1,000				1,000
선급보험료			② 550		550				550	
소 모 품 비			③ 300		300		300			
급 여			④ 100		100		100			
미지급급여				④ 100		100				100
합계			1,950	1,950	25,750	25,750	2,100	4,500	23,650	21,250
당기순이익							2,400			2,400
합계							4,500	4,500	23,650	23,650

포괄손익계산서의 차변과 대변 금액의 차이를 계정과목에 당기순이익(당기순손실)으로 기록하고 차변(대변)에 금액을 기록한다.
당기순이익(당기순손실)은 자본을 증가(감소)시키므로 재무상태표의 대변(차변)으로 보낸다.
* 마감분개 : (차) 집 합 손 익 ××× (대) 이익잉여금 ×××
(자본)

확인학습 2

• 해당문장의 진위여부 및 요구사항에 대해 답하시오.

(1) 회계순환과정 중 정산표 작성은 필수절차이다. (　　)

(2) 어떤 계정과목에 대한 금액이 수정전시산표에는 차변에 그리고 수정분개에서는 대변에 있는 경우 수정후시산표에는 대변에 금액이 기록된다. (　　)

(3) 수정전시산표와 수정분개 모두 차변에 금액이 기록된 경우 가산하여 수정후시산표의 차변에 기록하고 모두 대변에 금액이 기록된 경우 차감하여 수정후시산표의 대변에 기록한다. (　　)

(4) 기중거래에 대한 원장과 기말 수정사항은 아래와 같다. 원장을 이용하여 정산표를 완성하시오.

총계정원장

현 금

5/1 자 본 금	3,000	5/10 임 차 료	500
5/6 매 출	3,000	5/20 급 여	800
5/12 차 입 금	500	5/30 미 지 급 금	1,000
5/18 매 출	2,000		
5/31 매 출 채 권	2,000		

차입금

		5/12 현 금	500

자본금

		5/1 현 금	3,000

매출채권

5/18 매 출	3,000	5/31 현 금	2,000

매 출

		5/6 현 금	3,000
		5/18 현 금	2,000
		매 출 채 권	3,000

비 품

5/3 미 지 급 금	1,000		

임차료

5/10 현 금	500		

미지급금

5/30 현 금	1,000	5/3 비 품	1,000

급 여

5/20 현 금	800		

미지급광고비

		5/25 광 고 비	300

광고비

5/25 미지급광고비	300		

[기말 수정사항]

① 현금으로 지급한 임차료에는 6월에 해당하는 ₩200이 포함되어 있다.

② 차입금에서 발생한 5월분 이자는 ₩30이다.

③ 용역매출에는 6월에 제공해야 할 ₩1,000이 포함되어 있다.

④ 5월 말 현재 완료되지 않은 용역제공 발생분 ₩4,000이 있으며 용역대가는 6월에 받는다.

⑤ 비품에 대한 5월 감가상각비는 ₩200이다.

정산표

(주)한국 20×1. 5. 31 (단위 : 원)

계정과목	수정전시산표		수정분개		수정후시산표		포괄손익계산서		재무상태표	
	차 변	대 변	차 변	대 변	차 변	대 변	차 변	대 변	차 변	대 변

해답

(1) ×, 정산표 작성은 선택사항이다. (2) ×, 수정전시산표 차변잔액인 경우 자산과 비용 계정인데 수정후시산표상의 자산과 비용이 대변에 기록된 경우 잔액이 음수(−)라는 의미이므로 틀린 문장이다. (3) ×, 수정전시산표와 수정분개에서 모두 같은 쪽에 기록되었으면 가산하고 서로 다른 쪽에 기록되었으면 차감하여 수정후시산표에 기록한다.

(4) 정산표

정산표

(주)한국 20×1. 5. 31 (단위 : 원)

계정과목	수정전시산표		수정분개		수정후시산표		포괄손익계산서		재무상태표	
	차 변	대 변	차 변	대 변	차 변	대 변	차 변	대 변	차 변	대 변
현 금	8,200				8,200				8,200	
매 출 채 권	1,000		④ 4,000		5,000				5,000	
비 품	1,000				1,000				1,000	
미지급광고비		300				300				300
차 입 금		500				500				500
자 본 금		3,000				3,000				3,000
매 출		8,000	③ 1,000	④ 4,000		11,000		11,000		
임 차 료	500			① 200	300		300			
급 여	800				800		800			
광 고 비	300				300		300			
합계	11,800	11,800								
선급임차료			① 200		200				200	
이 자 비 용			② 30		30		30			
미지급이자				② 30		30				30
선 수 수 익				③ 1,000		1,000				1,000
감가상각비			⑤ 200		200		200			
감가상각누계액				⑤ 200		200				200
합계			5,430	5,430	16,030	16,030	1,630	11,000	14,400	5,030
당기순이익							9,370			9,370
합계							11,000	11,000	14,400	14,400

제 3 절 오류수정분개와 역분개

1. 오류수정분개

거래를 분개하는 과정에 가끔 오류(errors)가 발생할 수 있다. 이러한 오류를 분개장에서 발견하였을 경우 거래가 정확히 기록될 수 있도록 수정해야 한다. 오류에 대한 수정은 기존에 기록된 거래를 지우고 다시 기록하는 것이 아니라 분개를 통해 수정한다. 이를 오류수정분개(correcting entries)라고 한다. 기존 거래를 직접 수정하지 않고 분개를 통해 수정하는 이유는 최초의 기록을 훼손하지 않고 수정한 근거를 남겨놓음으로써 장부에 대한 신뢰성을 높일 수 있기 때문이다.

오류수정분개를 설명하기에 앞서, 회계순환과정에서 배운 기말 수정분개(adjusting entries)와의 차이를 구별할 필요가 있다. 첫 번째로, 기말 수정분개는 회계순환과정상 필수적인 반면 오류수정분개는 오류가 없다면 생략해도 된다. 두 번째로, 기말 수정분개는 회계기간의 기말시점에만 분개하고 전기한다. 하지만 오류수정분개는 오류가 발견되는 어느 시점이든지 오류를 수정하는 분개를 하여야 한다. 마지막으로, 기말 수정분개는 항상 재무상태표 요소(자산, 부채, 자본)와 포괄손익계산서 요소(수익, 비용)에 영향을 준다. 그러나 오류수정분개는 어떠한 조합이든지 상관없이 수정에 필요한 모든 조합이 가능하다. 오류수정분개는 마감분개를 하기 전에 반드시 먼저 원장에 전기하여야 한다.

오류를 수정하는 방법으로는 두 가지가 있다. 첫 번째로, 오류분개와 정확한 분개의 계정과목과 금액을 확인하고 계정과목에 오류가 있으면 계정과목을 제거하거나 추가하는 수정을 하고 금액에 오류가 있으면 금액을 차감하거나 가산하는 수정을 한다. 계정과목과 금액 둘 다 문제가 있는 경우 모두 수정하는 분개를 한다. 두 번째로, 기존의 오류분개를 취소시키기 위해 반대로 분개하여 오류분개의 영향을 제거하고 정확하게 기록했어야 할 분개를 새로 기록하는 방법이 있다. 다음의 (예시 1)과 (예시 2)를 통해 오류를 수정하는 과정을 살펴보자.

예시 1

(주)한국은 10월 5일 고객으로부터 외상으로 판매한 상품 중 ₩500을 회수하고 차변에 현금 ₩500 그리고 대변에 매출 ₩500으로 기록하였다. (주)한국은 10월 10일 고객으로부터 남아 있는 외상을 모두 회수하면서 오류를 발견하였다.

[방법1]

오류분개(10/5)

(차) 현금	500	(대) 매출	500

정확한 분개(10/5)

(차) 현금	500	(대) 매출채권	500

↓

오류수정분개(10/10)

(차) 매출	500	(대) 매출채권	500

[방법2]

오류분개(10/5)

(차) 현금	500	(대) 매출	500

↓

취소분개(10/10)

(차) 매출	500	(대) 현금	500

정확한 분개(10/10)

(차) 현금	500	(대) 매출채권	500

10월 5일 정확한 분개는 차변에 현금 ₩500 그리고 대변에 매출채권 ₩500으로 기록하여야 하는데, 대변에 매출채권이 아닌 매출로 기록하는 오류가 발생하였다. [방법1]은 오류분개와 정확한 분개를 비교한 후 잘못 기록한 매출 ₩500을 차변으로 기록하여 제거하고 정확한 계정과목인 매출채권 ₩500을 대변에 기록한다. [방법2]는 오류분개의 취소분개로 차변에 매출 ₩500 그리고 대변에 현금 ₩500을 기록함으로써 오류분개의 영향을 제거한 후 정확한 분개를 기록한다.

예시 2

(주)한국은 10월 15일 비품 ₩4,500을 외상으로 취득하고 차변에 비품 ₩450 그리고 대변에 미지급금 ₩450으로 기록하였다. (주)한국은 10월 25일 거래처로부터 대금지급 요구를 받고서 오류를 발견하였다.

[방법1]

오류분개(10/15)			
(차) 비 품	450	(대) 미 지 급 금	450

정확한 분개(10/15)			
(차) 비 품	4,500	(대) 미 지 급 금	4,500

↓

오류수정분개(10/25)			
(차) 비 품	4,050	(대) 미 지 급 금	4,050

[방법2]

오류분개(10/15)			
(차) 비 품	450	(대) 미 지 급 금	450

↓

취소분개(10/25)			
(차) 미 지 급 금	450	(대) 비 품	450

정확한 분개(10/25)			
(차) 비 품	4,500	(대) 미 지 급 금	4,500

10월 15일 정확한 분개는 차변에 비품 ₩4,500 그리고 대변에 미지급금 ₩4,500이다. 그러나 금액을 기록할 때 ₩4,500이 아닌 ₩450으로 기록하여 ₩4,050을 과소계상하는 오류가 발생하였다. [방법1]은 오류분개와 정확한 분개를 비교한 후 부족하게 기록한 비품과 매출채권 ₩4,050을 추가적으로 기록하는 분개를 한다. [방법2]는 오류분개를 취소시키는 분개로 차변에 미지급금 ₩450 그리고 대변에 비품 ₩450을 기록하여 오류분개의 영향을 제거한 후 정확한 분개를 새로 기록한다.

2. 역분개

위의 두 예시에서 기존의 오류분개를 취소시키기 위해 반대로 분개하는 [방법2]에 대해 살펴보았다. 이러한 분개를 역분개(reversing entries)라고 한다. 역분개는 오류분개를 제거하기 위해 사용되어지기도 하지만, 실무에서는 다음 연도 기초에 수정분개를 역분개하기도 한다. 역분개하는 방법은 수정분개를 정확히 반대로 분개하면 된다. 이러한 역분개는 회계순환과정에서 요구되는 단계가 아니며 실무편의상 장부기록과정의 선택사항이다.

예시 3

(주)한국의 회계기간은 1년이고 결산일은 12월 31일이다. (주)한국은 20×1년 10월 1일 건물을 빌려주고 1년 후 임대료 ₩600을 받기로 계약하였다. 1년분 임대료는 20×1. 10. 1~20×2. 9. 30에 해당하는 수익이다. 20×1년에 수익으로 인식해야 할 임대료는 ₩150(=₩600×3/12개월)이다. 20×1년과 20×2년에 해당하는 임대료를 나타내면 아래와 같다.

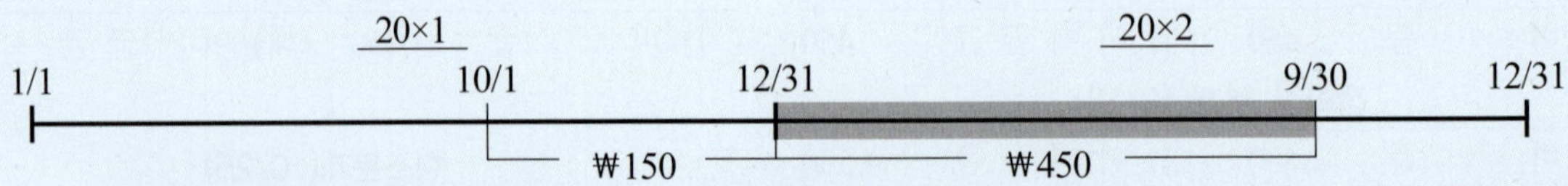

	역분개를 하지 않은 경우				역분개를 하는 경우			
20×1. 12.31	(차) 미수임대료	150	(대) 임 대 료	150	(차) 미수임대료	150	(대) 임 대 료	150
20×2. 1. 1	–				(차) 임 대 료	150	(대) 미수임대료	150
9.30	(차) 현 금	600	(대) 미수임대료	150	(차) 현 금	600	(대) 임 대 료	600
			임 대 료	450				

역분개를 하지 않은 경우

미수임대료

12/31 임 대 료	150	차기이월	150
	150		150
전기이월	150	9/30 현 금	150

임대료

		9/30 현 금	450

역분개를 하는 경우

미수임대료

12/31 임 대 료	150	차기이월	150
	150		150
전기이월	150	1/1 임 대 료	150

임대료

1/1 미수임대료	150	9/30 현 금	600

역분개를 하지 않은 경우 20×2년 9월 30일 1년분 임대료 ₩600 수취 시 20×1년분 미수임대료 ₩150을 감소시키고 20×2년도에 해당하는 임대료 ₩450을 수익으로 인식한다. 그 결과 임대료수익은 20×1년도에 ₩150 그리고 20×2년도에 ₩450으로 인식된다.

역분개를 하는 경우 20×2년 1월 1일 임대료 ₩150을 차변으로, 미수임대료 ₩150을 대변으로 분개하고 20×2년 9월 30일 현금 ₩600을 수취 시 모두 임대료로 인식한다. 그 결과 임대료수익은 20×1년도에 ₩150 그리고 20×2년도에 ₩450으로 인식된다. 이와 같이 역분개를 하여도 자동적으로 전기분과 당기분에 대한 임대료가 정확하게 기록된다.

예시 4

(주)한국의 회계기간은 1년이고 결산일은 12월 31일이다. (주)한국은 은행으로부터 20×1년 11월 1일 연이자 6%로 ₩10,000을 차입하여 6개월 후에 상환하기로 하였다. 6개월에 해당하는 이자는 ₩300(= ₩600×6/12개월)이며 20×1년에 인식해야 할 이자비용은 ₩100(= ₩300×2/6개월)이다. 20×1년과 20×2년에 해당하는 이자비용을 나타내면 아래와 같다.

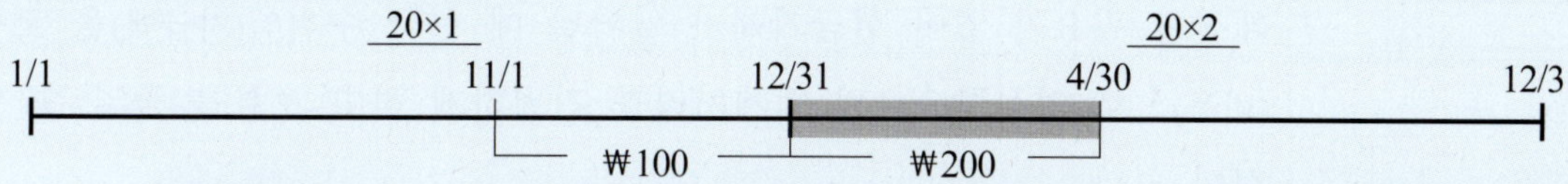

	역분개를 하지 않은 경우				역분개를 하는 경우			
20×1. 12.31	(차) 이 자 비 용	100	(대) 미지급이자	100	(차) 이 자 비 용	100	(대) 미지급이자	100
20×2. 1. 1		–			(차) 미지급이자	100	(대) 이 자 비 용	100
4.30	(차) 미지급이자	100	(대) 현 금	300	(차) 이 자 비 용	300	(대) 현 금	300
	이 자 비 용	200						

역분개를 하지 않은 경우

미지급이자

차변		대변	
차 기 이 월	100	12/31 이 자 비 용	100
	100		100
4/30 현 금	100	전 기 이 월	100

이자비용

차변		대변	
4/30 현 금	200		

역분개를 하는 경우

미지급이자

차변		대변	
차 기 이 월	100	12/31 이 자 비 용	100
	100		100
1/1 이 자 비 용	100	전 기 이 월	100

이자비용

차변		대변	
4/30 현 금	300	1/1 미지급이자	100

역분개를 하지 않은 경우 20×2년 4월 30일 6개월분 이자 ₩600 지급 시 20×1년분 미지급이자 ₩100을 감소시키고 20×2년도에 해당하는 이자비용 ₩200을 비용으로 인식한다. 그 결과 이자비용은 20×1년도 ₩100 그리고 20×2년도 ₩200으로 인식된다.

역분개를 하는 경우 20×2년 1월 1일 이자비용 ₩100을 대변으로, 미지급이자 ₩100을 차변으로 분개하고 20×2년 4월 30일 현금 ₩300을 지급 시 모두 이자비용으로 인식한다. 그 결과 이자비용은 20×1년도에 ₩100 그리고 20×2년도에 ₩200으로 인식된다. 이와 같이 역분개를 하여도 자동적으로 전기분과 당기분에 대한 이자비용이 정확하게 기록된다.

회계실무에서는 이와 같은 수익과 비용이 한 건이 아니라 여러 건이며 기간도 다양해 거래 건별로 종료일을 일일이 기억하고 있다가 인식해야 하는 번거로움이 있고 실수로 누락할 가능성도 있다. 발생항목(미수수익, 미지급비용)의 역분개는 거래가 종료되는 시점마다 당기분에 해당하는 수익과 비용을 계산할 필요가 없이 현금거래가 일어날 때 현금 수취액(지급액)을 모두 수익(비용)으로 인식함으로써 회계처리를 간편하게 하고 오류를 줄일 수 있는 장점이 있다.

다음으로 이연항목에 대한 역분개를 살펴보도록 한다.

예시 5

(주)한국의 회계기간은 1년이고 결산일은 12월 31일이다. (주)한국은 20×1년 10월 1일 건물을 1년간 임대하는 계약을 체결하고 1년분 임대료 ₩600을 현금으로 받았다. 1년분 임대료는 20×1. 10. 1∼20×2. 9. 30에 해당하는 수익이다. 20×1년에 수익으로 인식해야 할 임대료는 ₩150(=₩600×3/12개월)이다. 20×1년과 20×2년에 해당하는 임대료를 나타내면 아래와 같다.

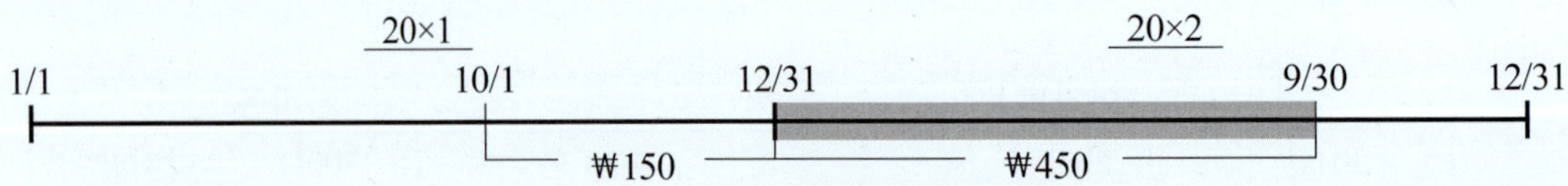

	역분개를 하지 않은 경우				역분개를 하는 경우			
20×1. 10. 1	(차) 현 금	600	(대) 임 대 료	600	(차) 현 금	600	(대) 임 대 료	600
12.31	(차) 임 대 료	450	(대) 선수임대료	450	(차) 임 대 료	450	(대) 선수임대료	450
20×2. 1. 1	–				(차) 선수임대료	450	(대) 임 대 료	450
9.30	(차) 선수임대료	450	(대) 임 대 료	450	–			

선수임대료

	차기이월	450	12/31	임대료	450
		450			450
9/30	임대료	450		전기이월	450

선수임대료

	차기이월	450	12/31	임대료	450
		450			450
1/1	임대료	450		전기이월	450

임대료

			9/30	선수임대료	450

임대료

			1/1	선수임대료	450

역분개를 하지 않은 경우 20×2년 9월 30일에 기간경과분 9개월분에 대한 선수임대료를 감소시키고 20×2년에 해당하는 임대료를 수익으로 인식한다. 역분개를 하는 경우 20×2년 1월 1일 임대료 ₩450을 대변으로, 선수임대료 ₩450을 차변으로 분개하고 20×2년 9월 30일 아무런 회계처리를 하지 않아도 임대료 9개월분이 20×2년의 수익으로 포함된다.

예시 6

(주)한국의 회계기간은 1년이고 결산일은 12월 31일이다. (주)한국은 청소용역 시 고객의 기물 파손에 대한 변상을 대비해 20×1년 9월 1일에 1년분 보험료 ₩300을 현금으로 납부하였다. 1년분 보험료는 20×1. 9. 1~20×2. 8. 31에 해당하는 비용이므로 20×1년에 비용으로 인식해야 할 보험료는 ₩100(=₩300×4/12개월)이다. 20×1년과 20×2년에 해당하는 보험료를 나타내면 아래와 같다.

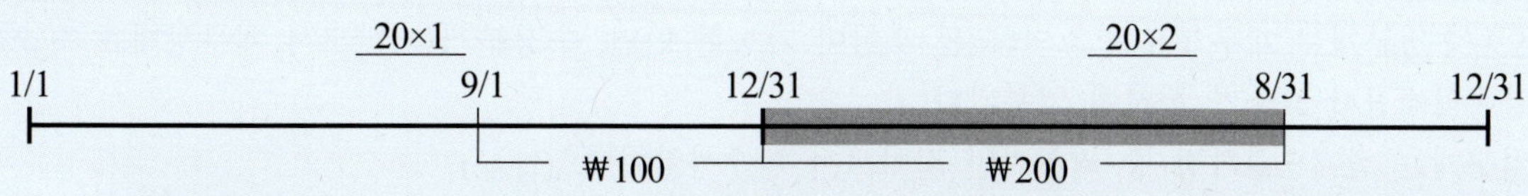

	역분개를 하지 않은 경우				역분개를 하는 경우			
20×1. 9. 1	(차) 보험료	300	(대) 현금	300	(차) 보험료	300	(대) 현금	300
12.31	(차) 선급보험료	200	(대) 보험료	200	(차) 선급보험료	200	(대) 보험료	200
20×2. 1. 1	–				(차) 보험료	200	(대) 선급보험료	200
8.31	(차) 보험료	200	(대) 선급보험료	200	–			

선급보험료

날짜	적요	금액	날짜	적요	금액
12/31	보 험 료	200		차 기 이 월	200
		200			200
	전 기 이 월	200	8/31	보 험 료	200

보험료

날짜	적요	금액	날짜	적요	금액
8/31	선급보험료	200			

선급보험료

날짜	적요	금액	날짜	적요	금액
12/31	보 험 료	200		차 기 이 월	200
		200			200
	전 기 이 월	200	1/1	보 험 료	200

보험료

날짜	적요	금액	날짜	적요	금액
1/1	선급보험료	200			

역분개를 하지 않은 경우 20×2년 8월 31일에 기간경과분 8개월분에 대한 선급보험료를 감소시키고 20×2년에 해당하는 보험료를 비용으로 인식한다. 역분개를 하는 경우 20×2년 1월 1일 선급보험료 ₩200을 대변으로, 보험료 ₩200을 차변으로 분개하고 20×2년 8월 31일 아무런 회계처리를 하지 않아도 보험료 8개월분이 20×2년의 비용으로 포함된다.

이연항목(선수수익, 선급비용)의 경우에도 다음연도 1월 1일에 일괄적으로 수정분개를 반대로 분개함으로써 거래별로 종료일이 다른 수익과 비용에 대한 누락을 줄일 수 있다.

확인학습 3

• 해당문장의 진위여부 및 요구사항에 대해 답하시오.

(1) 수정분개와 오류수정분개는 기말에 수정사항을 수정하기 위한 분개이다. (　　)

(2) 오류수정분개는 재무제표 요소의 모든 조합이 가능한 반면, 수정분개는 반드시 재무상태표 요소와 포괄손익계산서 요소가 동시에 기록된다. (　　)

(3) 역분개는 회계순환과정 중 최종적인 절차로서 필수사항이다. (　　)

(4) 아래의 오류사항에 대해 오류수정분개를 하시오.

① 고객으로부터 상품 ₩2,000을 외상으로 판매하였으나 분개 시 다음과 같이 기록하였다.

(차)	현 금	2,000	(대)	매 출	2,000

② 비품 ₩690을 외상으로 구입하면서 다음과 같이 기록하였다.

(차)	비 품	960	(대)	미 지 급 금	960

(5) 마감후시산표에서 발생항목과 관련된 계정과목에 대해 역분개하시오.

마감후시산표

현 금	8,200	미지급광고비	300
매 출 채 권	1,000	차 입 금	500
비 품	1,000	자 본 금	3,000
선급임차료	200	미지급이자	30
미수임대료	4,000	선 수 수 익	1,000
		감가상각누계액	200
		이익잉여금	9,370
	14,400		14,400

해답

(1) ×, 오류수정분개는 기말 수정사항이 아니고 어느 시점이든 오류가 발견된 경우 오류를 수정하는 분개이다. (2) ○ (3) ×, 선택사항이다.

(4) 오류수정분개

①	(차) 매 출 채 권	2,000	(대) 현 금	2,000
②	(차) 미 지 급 금	270	(대) 비 품	270

(5) 발생항목에 대한 역분개

(차) 임 대 수 익	4,000	(대) 미수임대료	4,000
(차) 미지급광고비	300	(대) 광 고 비	300
(차) 미지급이자	30	(대) 이 자 비 용	30

CHAPTER

6

상품매매기업의 회계순환과정

제 1 절 상품거래의 기록

1. 상품매매업

제5장까지 살펴본 (주)한국의 회계순환과정은 서비스기업에 대한 거래기록과정이다. (주)한국의 주된 영업활동이 고객에게 청소용역을 제공하는 것처럼 서비스업은 용역을 제공하고 수익으로 매출을 인식하는 업종이다. 여기에서는 주된 영업활동이 상품을 매입해서 고객에게 판매하는 상품매매기업에 대한 회계처리과정을 살펴보기로 한다.

상품매매업(merchandising)은 소매업과 도매업으로 구분되어지며, 소매업(retailers)은 소비자에게 직접 상품을 판매하는 업종을 그리고 도매업(wholesalers)은 대량의 상품을 구입하여 소매업에 납품하는 업종이다. 이러한 업종은 수익의 주요 원천이 상품판매이며 판매로 수취한 금액을 매출(sales)로 인식하고 판매한 상품의 원가를 매출원가(cost of goods sold)로 인식한다. 상품 이외의 거래에 대한 기록은 서비스기업과 동일하게 회계처리하면 된다.

상품매매기업의 당기순이익을 산출하는 과정은 다음과 같다. 상품판매로 인한 이익이 얼마인지 파악하기 위해 매출에서 매출원가를 직접 차감하여 매출총이익(gross profit)을 산출하고 상품판매와 직접적으로 관련이 없는 비용은 영업비용(operating expenses)으로 인식한다.

서비스기업	
매　　출	×××
영 업 비 용	(×××)
당기순이익	×××

상품매매기업	
매　　출	×××
매 출 원 가	(×××)
매출총이익	×××
영 업 비 용	(×××)
당기순이익	×××

상품매매기업은 상품의 판매가격에서 원가가 차지하는 비율이 낮을수록 매출총이익이 증가하고 원가비율이 높을수록 매출총이익이 감소한다. 이러한 정보는 당기순이익이 매출원가와 영업비용 중 어느 비용에 의해 영향을 더 받고 있는지 확인할 수 있다. 만약, 매출원가 비중이 높아 이익이 낮다면, 상품을 납품하는 거래처와 납품가격에 대한 조정이나 동일상품에 대해 더 낮은 납품가격을 제시하는 납품업체로 거래처를 변경할 수도 있다. 영업비용 비중이 높은 경우 기업 내부의 비효율적인 지출을 확인하여 개선하도록 노력할 수도 있다.

상품매매업의 주된 영업활동이 상품을 매입하여 판매하는 업종이므로 판매한 상품에 대한 매출원가를 별도로 보고할 필요가 있다. 이러한 매출원가에 대한 정보는 경영자나 회계정보이용자에게 모두 유용한 정보를 제공할 수 있으므로 매출에서 직접 차감하여 매출총이익을 보고한다.

2. 상품판매에 대한 수익인식

상품과 관련된 구입과 판매에 대한 회계처리에 대해 살펴보자. 예를 들어, (주)한국이 상품을 ₩1,000에 구입하여 ₩1,200에 판매하였다고 하자. 기존에 해오던 방법대로 회계처리를 하면 다음과 같다.

[취득 시]	(차) 상 품	1,000	(대) 현 금	1,000
[판매 시]	(차) 현 금	1,200	(대) 상 품	1,000
			상품판매이익	200

이와 같이 회계처리를 할 경우 현금잔액 ₩200과 판매이익 ₩200만 남게 되고 상품판매로 발생한 매출(수익)이 얼마인지 그리고 판매된 상품의 원가(비용)가 얼마인지 알 수가 없다. 또한, 다른 회사와의 비교가능성도 감소시킨다. 예를 들어, (주)대한이 상품을 ₩600에 구입하여 ₩800에 판매하였다고 하자. 앞의 방법대로 회계처리하면 다음과 같다.

[취득 시]	(차) 상 품	600	(대) 현 금		600
[판매 시]	(차) 현 금	800	(대) 상 품		600
			상품판매이익		200

마찬가지로 (주)대한의 경우도 현금잔액 ₩200과 판매이익 ₩200만 남게 되고 상품판매로 발생한 매출(수익)이 얼마인지 그리고 판매된 상품의 원가(비용)가 얼마인지 알 수가 없다. 이와 같이 회계처리할 경우 회계정보이용자 입장에서는 두 회사의 판매이익이 ₩200으로 동일하게 보고되어 마치 성과에 차이가 없는 것으로 판단할 수 있다. 그러나 상품판매로 인한 두 회사의 이익률은 아래와 같이 다르다.

(주)한국			(주)대한	
매출총이익	₩200	=	매출총이익	₩200
매 출	₩1,000	>	매 출	₩800
이 익 률	20%	<	이 익 률	25%

(주)대한의 이익률이 (주)한국보다 5% 더 높게 나타나 (주)대한의 성과가 더 우수하다. 즉, 두 회사 모두 ₩100의 매출이 발생한 경우 (주)대한은 ₩25의 이익이 남는 반면 (주)한국은 ₩20의 이익이 남는다. 이처럼 상품판매 시 매출이 기록되었을 경우 두 기업의 성과에 대한 비교가능성이 높아짐을 알 수 있다. 위의 회계처리를 상품판매 시 매출로 기록하면 다음과 같다.

(주)한국

(차) 현 금	1,200	(대) 상 품	1,000
		상품판매이익	200
	↓		
(차) 현 금	1,200	(대) 매 출	1,200

(주)대한

(차) 현 금	800	(대) 상 품	600
		상품판매이익	200
	↓		
(차) 현 금	800	(대) 매 출	800

상품판매로부터 발생한 수익을 매출로 기록해야 하는 이유를 두 기업의 사례를 통해 알아보았다. 그러나 상품판매로 인한 매출총이익은 매출액에서 판매된 상품의 원가를 차감하여야 산출할 수 있으므로 판매한 상품의 원가를 인식하는 방법에 대해 살펴보기로 한다.

3. 상품판매에 대한 원가인식

상품의 원가흐름(flow of costs)은 기초상품에 당기매입액을 가산한 판매가능상품에서 기중에 판매된 상품은 매출원가로 배분하고 기말까지 판매되지 않은 상품은 기말상품으로 배분하는 것을 의미한다.

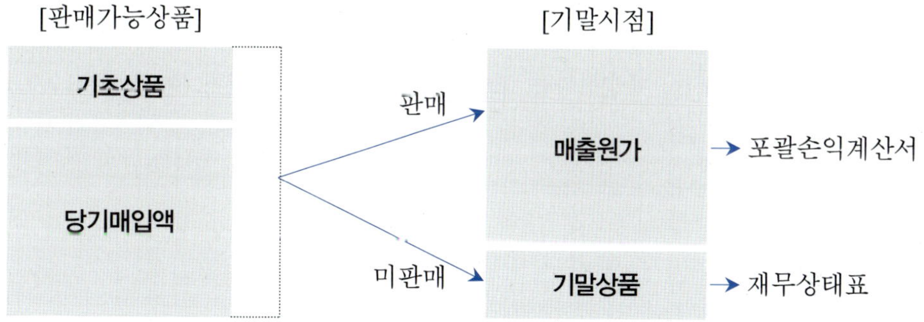

기초상품(beginning goods)은 전년도에 판매되지 않아 당기로 이월된 상품의 원가를 말하며, 당기매입액(cost of goods purchased)은 판매하기 위해 당기에 구입한 상품의 원가이다. 기초상품과 당기매입액의 합은 한 회계기간 동안 판매할 수 있는 판매가능한 상품의 원가(the cost of goods available for sale)를 의미한다. 판매가능상품에서 회계기간 동안 판매된 상품의 원가는 매출원가(cost of goods sold)로 포괄손익계산서에 비용으로 기록하고 판매되지 않은 기말상품(ending goods)은 다음연도로 이월시키기 위해 재무상태표에 자산으로 기록한다. 상품매매업의 기초상품과 기말상품은 일반적으로 기초재고와 기말재고라고도 한다. 이러한 기초재고와 기말재고는 재무상태표의 재고자산계정

(inventory account)으로 표기된다.

상품과 같은 재고자산에 대한 원가의 흐름을 장부에 기록하는 방법으로 계속기록법과 실지재고조사법이 있으며, 기업은 두 방법 중 하나를 선택하여 장부에 기록한다.

확인학습 1

• 해당문장의 진위여부 및 요구사항에 대해 답하시오.

(1) 기초상품과 당기매입액의 합은 판매가능상품이다. ( )

(2) 판매가능상품은 기말시점에 매출원가나 기말상품으로 대체된다. ( )

(3) 매출원가와 기말상품은 재무상태표에 보고된다. ( )

(4) 아래의 자료를 이용하여 매출원가를 구하시오.

• 기 초 상 품	₩3,000	• 당기매입액	₩8,000	• 기 말 상 품	₩5,000

해답

(1) ○ (2) ○ (3) ×, 매출원가는 포괄손익계산서에 보고된다. (4) ₩6,000

제 2 절 계속기록법

계속기록법(perpetual inventory system)은 상품의 매입 또는 판매 시마다 원가를 계속 기록하는 방법이다. 상품을 매입할 때는 차변에 상품의 취득원가를 기록하여 자산을 증가시키고 대변에 현금(또는 매입채무)을 기록한다.

상품을 판매할 때는 차변에 수취한 현금(또는 매출채권)을 기록하고 대변에 매출을 기록하여 수익을 인식한다. 동시에 판매된 상품의 원가를 인식하기 위해 차변에 상품의 원가를 매출원가로 기록하고 대변에 판매된 상품을 기록하여 자산을 감소시킨다. 계속기록법에 의한 상품의 취득과 판매에 대한 회계처리를 나타내면 다음과 같다.

[취득 시]	(차) 상　　품	×××	(대) 현금(매입채무)	×××
[판매 시]	(차) 현금(매출채권)	×××	(대) 매　　출	×××
	(차) 매출원가	×××	(대) 상　　품	×××

상품거래를 계속기록법으로 기록할 경우 상품매입 시 상품을 증가시키고 상품판매 시 상품을 감소시켜 상품계정의 원장잔액은 현재 남아 있는 재고를 나타낸다. 또한, 판매된 상품의 원가를 매출원가로 기록함으로써 기말시점의 매출원가 원장을 통해 회계기간 중 팔린 상품의 원가를 확인할 수 있다. 그 결과 기말시점에서 판매되지 않고 남아 있는 기말상품재고액은 다음과 같이 추정할 수 있다.

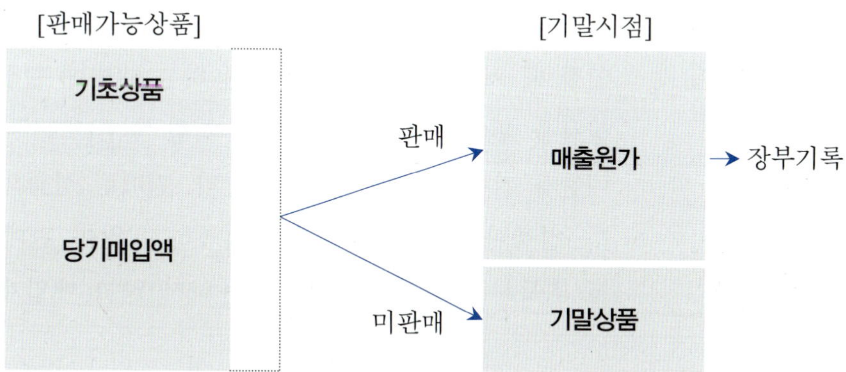

기초상품 + 당기매입액 − 매출원가 = 기말상품

계속기록법은 상품의 매입과 판매 시마다 상품계정을 사용함으로써 장부상의 상품계정 잔액을 언제든지 확인할 수 있어 재고를 관리하는 데 유용하다. 또한, 포괄손익계산서의 매출총이익은 매출원가계정의 잔액을 이용하여 바로 산출할 수 있다는 장점이 있다. 그러나 판매할 때마다 일일이 상품의 원가를 확인하여 매출원가로 기록해야 하는 번거로움이 있다. 이러한 번거로움을 해소하기 위해 상품거래 시 원가를 기록하지 않는 실지재고조사법이 개발되었다.

제 3 절 실지재고조사법

실지재고조사법(periodic inventory system)은 기말시점에 판매되지 않고 남아 있는 기말상품을 실제로 조사하는 방법이다. 즉, 기중에 상품의 매입 또는 판매 시마다 원가를 기록하지 않고 기말시점에 남아 있는 상품을 파악한 후 매출원가를 추정하는 방법이다.

상품거래에 대한 실지재고조사법의 회계처리는 다음과 같다. 상품을 매입할 때 차변에 매입계정을 사용하고 대변에 현금(또는 매입채무)을 기록한다. 상품을 판매할 때는 차변에 수취한 현금(또는 매출채권)을 기록하고 대변에 매출을 기록하여 수익을 인식한다. 판매된 상품의 매출원가는 기록하지 않는다. 상품판매 시 매출원가를 기록하지 않아 판매된 상품이 감소되지 않으므로 취득시점에 상품계정을 사용하지 않고 매입계정을 사용한다.

[취득 시]	(차) 매　　입	×××	(대) 현금(매입채무)	×××
[판매 시]	(차) 현금(매출채권)	×××	(대) 매　　출	×××

실지재고조사법에서는 기중에 매출원가를 기록하지 않아 기말시점에 매출원가를 파악할 수 없다. 그 결과 포괄손익계산서의 매출총이익을 산출할 수 없으므로 기말시점에 매출원가를 추정하는 기말 수정분개를 하여야 한다.

기말시점에서의 판매된 상품의 매출원가는 다음과 같이 추정할 수 있다.

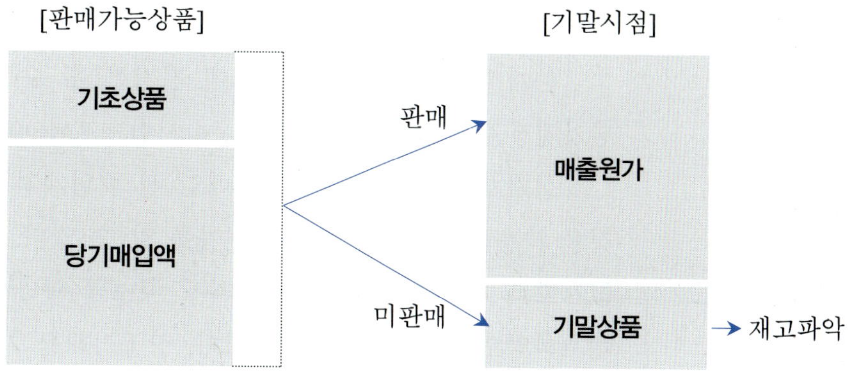

기초상품 + 당기매입액 − 기말상품 = 매출원가

기말시점에 남아 있는 기말상품재고액을 파악한 후 매출원가를 추정하기 위해 수정분개를 하면 다음과 같다. 먼저, 전년도에 팔지 못하고 넘어온 기초상품과 당기에 매입한 상품은 모두 팔린 것으로 가정하고 대변에 기록하여 제거시키고 차변에 매출원가를 기록한다. 기말재고로 남아 있는 상품은 매출원가에 포함시키지 않아야 하므로 매출원가를 대변에 기록하여 감소시키고 기말상품을 차변에 기록한다.

[수정분개]	(차) 매 출 원 가	×××	(대) 상품(기초)	×××
	(차) 매 출 원 가	×××	(대) 매　　입	×××
	(차) 상품(기말)	×××	(대) 매 출 원 가	×××

위의 수정분개를 아래 하나의 분개로도 나타낼 수 있다. 기초상품과 당기매입상품은 기말시점에 팔리거나 팔리지 않은 상태로 있어야 하므로 모두 제거하고 기말에 남아 있는 상품을 파악하여 기말상품으로 기록한 후 나머지는 모두 팔린 것으로 가정하여 매출원가로 기록한다.

[수정분개]	(차) 상품(기말)	×××	(대) 상품(기초)	×××
	(차) 매 출 원 가	×××	(대) 매　　입	×××

분개장의 수정분개를 원장에 전기한 후 수정후시산표를 작성하여 매출원가계정을 포괄손익계산서에 포함시킴으로써 매출총이익을 산출할 수 있다.

실지재고조사법은 상품의 매입 시 매입계정을 사용하고 판매 시 매출계정을 사용하므로 기중에 매출원가를 알 수 없다. 또한, 매출원가를 파악할 수 없으므로 기중에 실제 창고에 가서 재고를 파악하기 전까지는 현재시점에의 재고파악도 어렵다는 단점이 있다. 상품거래를 기록하는 데 간편하다는 장점은 있지만 재고관리를 위한 목적으로는 계속기록법이 더 우수한 방법이라고 할 수 있다. 지금은 상품매매와 관련해 상품입고와 상품판매에 대한 기록이 전산화되어 실질적으로 계속기록법이 적용되고 있으며 재고파악을 위해 실지재고조사법도 함께 실시하고 있다.

확인학습 2

• 해당문장의 진위여부 및 요구사항에 대해 답하시오.

(1) 계속기록법은 상품을 구입하거나 판매할 때마다 원가를 기록하므로 기중에 상품재고를 알 수 없다. (　　)

(2) 실지재고조사법은 상품을 구입하거나 판매할 때마다 원가를 기록하지 않으므로 기중에 상품재고를 알 수 없다. (　　)

(3) 기말시점에 계속기록법은 장부상의 매출원가를 파악하여 기말재고를 추정하고 실지재고조사법은 실제 남아 있는 상품을 파악하여 매출원가를 추정한다. (　　)

(4) 상품매입 시 계속기록법은 매입으로 기록하고 실지재고조사법은 상품으로 기록한다. (　　)

(5) 계속기록법과 실지재고조사법은 상품을 판매할 때마다 판매가에서 원가를 차감한 상품판매이익을 기록한다. (　　)

해답

(1) ×, 상품원장의 잔액을 통해 알 수 있다. (2) ○ (3) ○ (4) ×, 계속기록법은 상품으로 기록하고 실지재고조사법은 매입으로 기록한다. (5) ×, 두 방법 모두 판매 시에는 매출로 인식한다.

제 4 절 계속기록법과 실지재고조사법의 비교

앞서 상품의 취득과 판매 시 장부에 기록하는 방법에 대해 설명하였다. 여기에서는 (주)한국의 상품거래에 대한 (예시 1)을 이용하여 계속기록법과 실지재고조사법을 적용하였을 경우 장부에 기록되는 과정을 비교해보도록 한다. 다음은 (주)한국의 상품과 관련된 거래이다.

예시 1

(주)한국의 20×1년도 상품거래는 다음과 같다. (단, 전년도에서 이월된 현금은 ₩4,000이다)

1월 1일 : 전년도에 미판매된 상품은 5개(단가 @100)이다.
2월 10일 : 상품 30개(단가 @100)를 현금으로 구입하다.
5월 1일 : 상품 20개를 판매하고 현금 ₩2,500을 받다.
12월 31일 : 기말에 남아 있는 상품의 수량은 15개이다.

1. 기중 상품거래의 기록

기중에 발생한 상품거래를 분개장에 분개하고 원장에 전기한 후 원장의 계정별 잔액을 이용하여 수정전시산표를 작성하면 다음과 같다.

계속기록법으로 기록한 경우 상품 구입과 판매 시 모두 상품계정을 사용하고 판매된 상품에 대해서는 매출원가로 대체한다. 수정전시산표의 상품계정 ₩1,500은 기중에 발생한 상품거래를 모두 반영한 후의 원장잔액이므로 기말상품이 된다. 매출원가는 상품판매 시 판매된 상품의 원가를 나타낸다.

실지재고조사법으로 기록한 경우 상품구입 시 매입계정을 사용하고 판매된 상품에 대해서는 매출원가를 기록하지 않는다. 수정전시산표의 상품계정 ₩500은 기중에 발생한 상품거래에 대해 매입계정을 사용하였으므로 기초상품이다. 매입계정 원장잔액은 상품구입 시 기록하였으므로 기중에 구입한 모든 상품의 취득원가를 나타낸다. 매출원가는 상품판매 시 기록하지 않았으므로 수정전시산표에 계정과목이 나타나지 않는다.

계속기록법

2. 10	(차) 상 품	3,000	(대) 현 금	3,000
5. 1	(차) 현 금	2,500	(대) 매 출	2,500
	(차) 매 출 원 가	2,000	(대) 상 품	2,000

현 금

1/1 전 기 이 월	4,000	2/10 상 품	3,000
5/1 매 출	2,500		

상 품

1/1 전 기 이 월	500	5/1 매 출 원 가	2,000
2/10 현 금	3,000		

매 출

		5/1 현 금	2,500

매출원가

5/1 상 품	2,000		

수정전시산표

현 금	3,500	매 출	2,500
상 품(기말)	1,500		
매 출 원 가	2,000		

실지재고조사법

(차) 매 입	3,000	(대) 현 금	3,000
(차) 현 금	2,500	(대) 매 출	2,500

현 금

1/1 전 기 이 월	4,000	2/10 매 입	3,000
5/1 매 출	2,500		

상 품

1/1 전 기 이 월	500		

매 입

2/10 현 금	3,000		

매 출

		5/1 현 금	2,500

수정전시산표

현 금	3,500	매 출	2,500
상 품(기초)	500		
매 입	3,000		

확인학습 3

• 해당문장의 진위여부 및 요구사항에 대해 답하시오.

(1) 계속기록법과 실지재고조사법으로 기록한 경우 수정전시산표의 상품계정은 기초상품을 나타낸다. ( )

(2) 아래의 거래에 대해 계속기록법과 실지재고조사법으로 분개하시오.

- 3월 기초상품은 ₩3,000(60개)이다.
- 3월 10일 상품 200개를 ₩10,000에 구입하다.
- 3월 20일 상품 160개를 ₩20,000에 판매하다.

계속기록법

/ (차) (대)
/ (차) (대)
/ (차) (대)

실지재고조사법

/ (차) (대)
/ (차) (대)
/ (차) (대)

(3) 위 (2)의 분개를 원장에 전기하시오.

계속기록법	실지재고조사법

(4) 위 (3)의 원장을 이용하여 수정전시산표를 작성하시오.

계속기록법	실지재고조사법
수정전시산표	수정전시산표

해답

(1) ×, 계속기록법의 경우 상품거래에 대해 모두 상품계정을 사용하므로 수정전시산표의 상품계정은 기말상품이다.

(2) 분개

	계속기록법				실지재고조사법			
3/10	(차) 상 품	10,000	(대) 현 금	10,000	(차) 매 입	10,000	(대) 현 금	10,000
3/20	(차) 현 금	20,000	(대) 매 출	20,000	(차) 현 금	20,000	(대) 매 출	20,000
	(차) 매출원가	8,000	(대) 상 품	8,000				

(3) '제4절 2. 기말 수정분개의 기록'의 [확인학습 4]를 참조하시오.
(4) '제4절 2. 기말 수정분개의 기록'의 [확인학습 4]를 참조하시오.

2. 기말 수정분개의 기록

기말 수정사항에 대한 수정분개를 분개장에 분개하고 원장에 전기한 후 원장의 계정별 잔액을 이용하여 수정후시산표를 작성하면 다음과 같다.

계속기록법으로 기록한 경우 상품거래에 대해 모두 상품계정을 사용하여 반영하였으므로 상품계정 원장잔액이 곧 기말상품이다. 또한, 상품판매시 매출원가를 기록하였으므로 매출원가계정 원장잔액이 판매한 상품의 매출원가를 나타낸다. 계속기록법에서는 기말시점에 기말상품과 매출원가 모두 원장에 나타나므로 수정분개를 할 필요가 없다. 그 결과 수정전시산표와 수정후시산표의 계정과목과 금액이 동일하다.

	계속기록법	실지재고조사법
12.31	분개 없음	(차) 매출원가 500 (대) 상품(기초) 500 (차) 매출원가 3,000 (대) 매입 3,000 (차) 상품(기말) 1,500 (대) 매출원가 1,500

계속기록법

현 금

1/1	전기이월	4,000	2/10	상품	3,000
5/1	매출	2,500			

상 품

1/1	전기이월	500	5/1	매출원가	2,000
2/10	현금	3,000			

매 출

			5/1	현금	2,500

매출원가

5/1	상품	2,000			

실지재고조사법

현 금

1/1	전기이월	4,000	2/10	매입	3,000
5/1	매출	2,500			

상 품

1/1	전기이월	500	12/31	매출원가	500
12/31	매출원가	1,500			

매 입

2/10	현금	3,000	12/31	매출원가	3,000

매 출

			5/1	현금	2,500

매출원가

12/31	상품(기초)	500	12/31	상품(기말)	1,500
12/31	매입	3,000			

수정후시산표 (계속기록법)

현금	3,500	매출	2,500
상품(기말)	1,500		
매출원가	2,000		

수정후시산표 (실지재고조사법)

현금	3,500	매출	2,500
상품(기말)	1,500		
매출원가	2,000		

실지재고조사법으로 기록한 경우 상품구입 시 매입계정을 사용하고 판매된 상품에 대해서는 매출원가를 기록하지 않는다. 기말시점에 포괄손익계산서와 재무상태표를 작성하기 위해서는 매출원가와 기말상품에 대한 수정분개를 해야 한다. 실지재고조사법에서는 상품거래와 관련하여 상품계정을 사용하지 않으므로 수정전시산표의 상품계정은 기초상품을 의미하고 수정후

시산표의 상품계정은 기말상품을 나타낸다. 또한, 매출원가계정은 상품판매 시 매출원가를 기록하지 않았으므로 수정전시산표에는 나타나지 않고 기말 수정분개 시 분개장에 기록되므로 수정후시산표에는 나타난다.

수정전시산표의 상품과 매출원가 계정은 계속기록법과 실지재고조사법 간에 차이가 있지만 수정분개 후 수정후시산표에는 동일하게 나타난다.

확인학습 4

• 해당문장의 진위여부 및 요구사항에 대해 답하시오.

(1) 실지재고조사법으로 기록한 경우 기말 수정전시산표상의 상품은 기말상품이다. (　　)

(2) 계속기록법으로 기록한 경우 기말에 수정분개를 할 필요가 없다. (　　)

(3) 계속기록법으로 기록하든 실지재고조사법으로 기록하든 수정후시산표는 동일하다. (　　)

(4) 아래의 수정전시산표를 참조하여 기말 수정분개를 하시오.

계속기록법

수정전시산표

현　금	10,000	매　출	20,000
상　품	5,000		
매출원가	8,000		

실지재고조사법

수정전시산표

현　금	10,000	매　출	20,000
상　품	3,000		
매　입	10,000		

• 3월 말 창고에 남아 있는 상품은 ₩5,000이다.

계속기록법

/　(차)　　　　(대)
/　(차)　　　　(대)
/　(차)　　　　(대)

실지재고조사법

/　(차)　　　　(대)
/　(차)　　　　(대)
/　(차)　　　　(대)

(5) 위 (4)의 수정분개를 원장에 전기하시오.

계속기록법

현 금	
3/20 매 출 20,000	3/10 상 품 10,000

상 품	
3/1 전기이월 3,000	3/20 매출원가 8,000
3/10 현 금 10,000	

매 출	
	3/20 현 금 20,000

매출원가	
3/20 상 품 8,000	

실지재고조사법

현 금	
3/20 매 출 20,000	3/10 매 입 10,000

상 품	
3/1 전기이월 3,000	

매 출	
	3/20 현 금 20,000

매 입	
3/20 현 금 10,000	

(6) 위 (5)의 원장을 이용하여 수정후시산표를 작성하시오.

계속기록법

수정후시산표

실지재고조사법

수정후시산표

해답

(1) ×, 기중에 상품계정을 사용하지 않으므로 기초상품이다. (2) ○ (3) ○

(4) 수정분개

계속기록법	실지재고조사법			
3/31 분개 없음	(차) 매 출 원 가	3,000	(대) 상품(기초)	3,000
	(차) 매 출 원 가	10,000	(대) 매 입	10,000
	(차) 상품(기말)	5,000	(대) 매 출 원 가	5,000

(5) '제4절 4. 마감분개의 기록'의 [확인학습 6]을 참조하시오.

(6) '제4절 4. 마감분개의 기록'의 [확인학습 6]을 참조하시오.

3. 포괄손익계산서와 재무상태표 작성

수정후시산표의 계정별 잔액을 이용하여 포괄손익계산서와 재무상태표를 작성하면 다음과 같다. 포괄손익계산서의 매출은 ₩2,500이고 매출원가는 ₩2,000으로 매출총이익은 ₩500이다. 재무상태표의 상품은 ₩1,500으로 기말 현재 남아 있는 재고를 나타낸다.

포괄손익계산서

(주)한국 20×1. 1. 1～12. 31 (단위 : 원)

매 출	₩2,500
매 출 원 가	(2,000)
매출총이익	₩500
:	:

재무상태표

(주)한국 20×1. 12. 31 (단위 : 원)

자산	
현 금	₩3,500
상 품	1,500
:	:

상품의 기초상품과 당기매입액이 기중거래를 통해 기말시점의 매출원가와 기말상품으로 배부되는 과정은 다음과 같다. 기초상품 ₩500과 당기매입액 ₩3,000 중 기중에 판매된 상품 ₩2,000은 포괄손익계산서의 매출원가로 그리고 미판매된 상품 ₩1,500은 기말상품으로 배분된다. 기초재고와 당기매입액의 합계 ₩3,500은 한 해 동안 판매할 수 있는 판매가능상품으로 기말시점에 배분된 매출원가와 기말상품의 합계 ₩3,500과 동일하다.

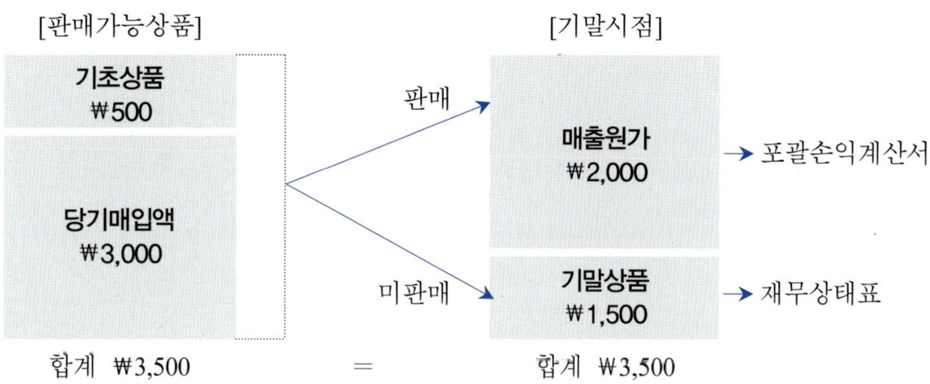

확인학습 5

• 수정후시산표를 이용하여 포괄손익계산서와 재무상태표를 작성하시오.

수정후시산표

차변	금액	대변	금액
현 금	10,000	매 출	20,000
상품(기말)	5,000		
매 출 원 가	8,000		

포괄손익계산서

(주)한국 20×1. 3. 1～3. 31 (단위 : 원)

재무상태표

(주)한국	20×1. 3. 31	(단위 : 원)

해 답

포괄손익계산서와 재무상태표

포괄손익계산서	
매 출	₩20,000
매출원가	(8,000)
매출총이익	₩12,000

재무상태표	
자산	
현 금	₩10,000
상 품	5,000

4. 마감분개의 기록

재무제표를 작성한 이후에는 수익과 비용 항목이 다음연도로 이월되지 않도록 원장의 잔액을 제거하는 마감분개를 하여야 한다.

기말 수정분개를 반영한 원장잔액은 계속기록법과 실지재고조사법 간 차이가 없으므로 두 방법 모두 마감분개는 동일하다. 임시계정인 수익과 비용 항목은 마감분개를 원장에 전기함으로써 원장잔액을 제거하여 장부를 마감한다. 영구계정인 자산, 부채, 자본은 원장잔액을 다음연도로 이월시켜 장부를 마감한다.

	계속기록법				실지재고조사법			
12.31	(차) 매 출	2,500	(대) 집합손익	2,500	(차) 매 출	2,500	(대) 집합손익	2,500
	(차) 집합손익	2,000	(대) 매출원가	2,000	(차) 집합손익	2,000	(대) 매출원가	2,000
	(차) 집합손익	500	(대) 이익잉여금	500	(차) 집합손익	500	(대) 이익잉여금	500

현금					
1/1	전기이월	4,000	2/10	상품	3,000
5/1	매출	2,500	**12/31**	**차기이월**	**3,500**
		6,500			6,500
1/1	**전기이월**	**3,500**			

상품					
1/1	전기이월	500	5/1	매출원가	2,000
2/10	현금	3,000	**12/31**	**차기이월**	**1,500**
		3,500			3,500
1/1	**전기이월**	**1,500**			

매출					
12/31	**집합손익**	**2,500**	5/1	현금	2,500
		2,500			2,500

매출원가					
5/1	상품	2,000	**12/31**	**집합손익**	**2,000**
		2,000			2,000

집합손익					
12/31	**매출원가**	**2,000**	**12/31**	**매출**	**2,500**
12/31	**이익잉여금**	**500**			
		2,500			2,500

이익잉여금					
12/31	**차기이월**	**500**	**12/31**	**집합손익**	**500**
		500			500
			1/1	**전기이월**	**500**

현금					
1/1	전기이월	4,000	2/10	매입	3,000
5/1	매출	2,500	**12/31**	**차기이월**	**3,500**
		6,500			6,500
1/1	**전기이월**	**3,500**			

상품					
1/1	전기이월	500	12/31	매출원가	500
12/31	매출원가	1,500	**12/31**	**차기이월**	**1,500**
		2,000			2,000
1/1	**전기이월**	**1,500**			

매입					
2/10	현금	3,000	12/31	매출원가	3,000
		3,000			3,000

매출					
12/31	**집합손익**	**2,500**	5/1	현금	2,500
		2,500			2,500

매출원가					
12/31	상품(기초)	500	12/31	상품(기말)	1,500
12/31	매입	3,000	**12/31**	**집합손익**	**2,000**
		3,500			3,500

집합손익					
12/31	**매출원가**	**2,000**	**12/31**	**매출**	**2,500**
12/31	**이익잉여금**	**500**			
		2,500			2,500

이익잉여금					
12/31	**차기이월**	**500**	**12/31**	**집합손익**	**500**
		500			500
			1/1	**전기이월**	**500**

마감후시산표

현 금	3,500	이익잉여금	500
상 품	1,500		

마감후시산표

현 금	3,500	이익잉여금	500
상 품	1,500		

확인학습 6

• 다음의 요구사항에 대해 답하시오.

(1) 수정분개를 전기한 아래의 원장을 이용하여 마감분개를 하시오.

계속기록법

현 금

3/20	매 출	20,000	3/10	상 품	10,000

상 품

3/1	전기이월	3,000	3/20	매출원가	8,000
3/10	현 금	10,000			

매 출

			3/20	현 금	20,000

매출원가

3/20	상 품	8,000			

실지재고조사법

현 금

3/20	매 출	20,000	3/10	매 입	10,000

상 품

3/1	전기이월	3,000	3/31	매출원가	3,000
	매출원가	5,000			

매 출

			3/20	현 금	20,000

매 입

3/20	현 금	10,000	3/31	매 입	10,000

매출원가

3/31	상품(기초)	3,000	3/31	상품(기말)	5,000
3/31	매 입	10,000			

분개장

/	(차)	(대)
/	(차)	(대)
/	(차)	(대)

(2) 위 (1)의 마감분개를 아래의 원장에 전기하고 장부를 마감하시오.

계속기록법

현 금

날짜	적요	금액	날짜	적요	금액
3/20	매출	20,000	3/10	상품	10,000

상 품

날짜	적요	금액	날짜	적요	금액
3/1	전기이월	3,000	3/20	매출원가	8,000
3/10	현금	10,000			

매 출

날짜	적요	금액	날짜	적요	금액
			3/20	현금	20,000

매출원가

날짜	적요	금액	날짜	적요	금액
3/20	상품	8,000			

실지재고조사법

현 금

날짜	적요	금액	날짜	적요	금액
3/20	매출	20,000	3/10	매입	10,000

상 품

날짜	적요	금액	날짜	적요	금액
3/1	전기이월	3,000	3/31	매출원가	3,000
	매출원가	5,000			

매 출

날짜	적요	금액	날짜	적요	금액
			3/20	현금	20,000

매 입

날짜	적요	금액	날짜	적요	금액
3/20	현금	10,000	3/31	매입	10,000

매출원가

날짜	적요	금액	날짜	적요	금액
3/31	상품(기초)	3,000	3/31	상품(기말)	5,000
3/31	매입	10,000			

(3) 위 (2)의 원장을 이용하여 마감후시산표를 작성하시오.

마감후시산표

해답

(1) 마감분개

3/31	(차) 매 출	20,000	(대) 집 합 손 익	20,000
	(차) 집 합 손 익	8,000	(대) 매 출 원 가	8,000
	(차) 집 합 손 익	12,000	(대) 이익잉여금	12,000

(2) 마감분개를 원장에 전기 후 장부를 마감

계속기록법

현 금

3/20	매 출	20,000	3/10	상 품	10,000
			3/31	차 기 이 월	10,000
		20,000			20,000
4/1	전 기 이 월	10,000			

상 품

3/1	전 기 이 월	3,000	3/20	매 출 원 가	8,000
3/10	현 금	10,000	3/31	차 기 이 월	5,000
		13,000			13,000
4/1	전 기 이 월	5,000			

매 출

3/31	집 합 손 익	20,000	3/20	현 금	20,000
		20,000			20,000

실지재고조사법

현 금

3/20	매 출	20,000	3/10	상 품	10,000
			3/31	차 기 이 월	10,000
		20,000			20,000
4/1	전 기 이 월	10,000			

상 품

3/1	전 기 이 월	3,000	3/31	매 출 원 가	3,000
3/31	매 출 원 가	5,000	3/31	차 기 이 월	5,000
		8,000			8,000
4/1	전 기 이 월	5,000			

매 출

3/31	집 합 손 익	20,000	3/20	현 금	20,000
		20,000			20,000

매 입

3/20	현 금	10,000	3/31	매 입	10,000
		10,000			10,000

매출원가			
3/20 상 품	8,000	3/31 집합손익	8,000
	8,000		8,000

매출원가			
3/31 상품(기초)	3,000	3/31 상품(기말)	5,000
3/31 매 입	10,000	3/31 집합손익	8,000
	13,000		13,000

집합손익			
3/31 매출원가	8,000	3/31 매 출	20,000
3/31 이익잉여금	12,000		
	20,000		20,000

집합손익			
3/31 매출원가	8,000	3/31 매 출	20,000
3/31 이익잉여금	12,000		
	20,000		20,000

이익잉여금			
3/31 차기이월	12,000	3/31 집합손익	12,000
	12,000		12,000
		4/1 전기이월	12,000

이익잉여금			
3/31 차기이월	12,000	3/31 집합손익	12,000
	12,000		12,000
		4/1 전기이월	12,000

(3) 마감후시산표 작성

마감후시산표

현 금	10,000	이익잉여금	12,000
상 품	5,000		

5. 정산표 작성

앞서 (주)한국의 상품거래에 대해 분개장, 원장, 시산표를 작성하여 포괄손익계산서와 재무상태표를 완성하였다. 이전 회계순환과정에서 설명하였듯이 기중거래가 마무리되면 회사의 재무성과와 재무상태를 신속히 파악하기 위해 정산표를 이용하여 가결산을 하게 된다. (주)한국의 상품거래와 관련된 계정과목을 이용하여 정산표를 작성하면 다음과 같다.

먼저, 계속기록법으로 상품거래를 기록하는 경우 수정전시산표의 상품계정 ₩1,500은 기말상품을 나타내고 상품판매 시 원가를 기록하였으므로 매출원가 ₩2,000도 기록되어 있다. 기중거래의 기록을 통해 기말상품과 매출원가를 구할 수 있으므로 기말에 상품과 관련된 수정사항이 없어 수정전시산표의 계정과목과 금액이 그대로 수정후시산표로 넘어간다. 수정후시산표의 계정별 잔액을 포괄손익계산서(매출, 매출원가)와 재무상태표(상품)로 옮겨 정산표를 완성한다.

[계속기록법]

정산표

계정과목	수정전시산표		수정분개		수정후시산표		포괄손익계산서		재무상태표	
	차 변	대 변	차 변	대 변	차 변	대 변	차 변	대 변	차 변	대 변
현 금	3,500				3,500				3,500	
상 품	1,500				1,500				1,500	
매 출		2,500				2,500		2,500		
매출원가	2,000				2,000		2,000			

실지재고조사법으로 상품거래를 기록하는 경우 수정전시산표의 상품계정 ₩500은 기초상품을 나타내고 기중에 상품구입 시 매입계정을 사용하였으므로 매입 ₩3,000이 기록되어 있다. 수정전시산표에는 기말상품과 매출원가가 나타나 있지 않으므로 기초상품과 매입을 기말에 매출원가와 기말상품으로 배분하는 수정분개를 해야 한다. 수정분개를 반영한 수정후시산표의 상품과 매출원가의 계정과목과 금액은 계속기록법의 수정후시산표와 동일하게 나타난다. 수정후시산표의 계정별 잔액을 포괄손익계산서(매출, 매출원가)와 재무상태표(상품)로 옮겨 정산표를 완성한다.

[실지재고조사법]

정산표

계정과목	수정전시산표		수정분개		수정후시산표		포괄손익계산서		재무상태표	
	차 변	대 변	차 변	대 변	차 변	대 변	차 변	대 변	차 변	대 변
현 금	3,500				3,500				3,500	
상 품	500		③ 1,500	① 500	1,500				1,500	
매 입	3,000			② 3,000						
매 출		2,500				2,500		2,500		
매출원가			① 500 ② 3,000	③ 1,500	2,000		2,000			

확인학습 7

• 해당문장의 진위여부 및 요구사항에 대해 답하시오.

(1) 계속기록법의 경우 상품과 매출원가는 수정전시산표와 수정후시산표의 금액이 동일하다. (　　)

(2) 실지재고조사법의 경우 상품은 수정전시산표와 수정후시산표의 금액이 동일하다. (　　)

(3) 실지재고조사법의 경우 매출원가는 수정전시산표에 나타나지 않지만 수정후시산표에는 나타난다. (　　)

(4) 실지재고조사법의 경우 매입은 수정전시산표에 나타나지만 수정후시산표에는 나타나지 않는다. (　　)

(5) 아래의 원장을 이용하여 정산표를 작성하시오.

계속기록법

현 금			
3/20 매 출	20,000	3/10 상 품	10,000

상 품			
3/1 전기이월	3,000	3/20 매출원가	8,000
3/10 현 금	10,000		

매 출			
		3/20 현 금	20,000

매출원가			
3/20 상 품	8,000		

실지재고조사법

현 금			
3/20 매 출	20,000	3/10 매 입	10,000

상 품			
3/1 전기이월	3,000		

매 출			
		3/20 현 금	20,000

매 입			
3/20 현 금	10,000		

• 3월 말 창고에 남아 있는 상품은 ₩5,000이다.

[계속기록법]

정산표

계정과목	수정전시산표		수정분개		수정후시산표		포괄손익계산서		재무상태표	
	차 변	대 변	차 변	대 변	차 변	대 변	차 변	대 변	차 변	대 변

[실지재고조사법] **정산표**

계정과목	수정전시산표		수정분개		수정후시산표		포괄손익계산서		재무상태표	
	차 변	대 변	차 변	대 변	차 변	대 변	차 변	대 변	차 변	대 변

해 답

(1) ○ (2) ×, 실지재고조사법의 경우 수정전시산표에는 기초상품이, 수정후시산표에는 기말상품이 기록된다. (3) ○ (4) ○

(5) 정산표

[계속기록법] **정산표**

계정과목	수정전시산표		수정분개		수정후시산표		포괄손익계산서		재무상태표	
	차 변	대 변	차 변	대 변	차 변	대 변	차 변	대 변	차 변	대 변
현 금	10,000				10,000				10,000	
상 품	5,000				5,000				5,000	
매 출		20,000				20,000		20,000		
매 출 원 가	8,000				8,000		8,000			

[실지재고조사법] **정산표**

계정과목	수정전시산표		수정분개		수정후시산표		포괄손익계산서		재무상태표	
	차 변	대 변	차 변	대 변	차 변	대 변	차 변	대 변	차 변	대 변
현 금	10,000				10,000				10,000	
상 품	3,000		③ 5,000	① 3,000	5,000				5,000	
매 입	10,000			② 10,000						
매 출		20,000				20,000		20,000		
매 출 원 가			① 3,000	③ 5,000	8,000		8,000			
			② 10,000							

제 5 절 종합예제

지금까지 상품매매기업의 상품거래를 계속기록법과 실지재고조사법으로 장부에 기록하는 과정을 살펴보았다. 제5장 서비스기업의 회계순환과정을 살펴본 것처럼 상품매매기업에 대한 전반적인 회계순환과정을 상품거래를 포함하여 다시 한 번 반복하여 익히도록 한다. 다음은 계속기록법을 적용하고 있는 (주)한국의 20×1년 기중거래와 기말 수정사항을 나타내고 있다.

상품매매기업의 거래

거래일	기중거래
10월 1일	주주로부터 출자금으로 ₩50,000을 받아 (주)한국을 설립하다.
10월 2일	사무실 1년분 임차료 ₩2,400을 현금으로 지급하면서 비용으로 기록하다.
10월 4일	사무용 비품 ₩3,000을 외상으로 구입하다.
10월 8일	소모품 ₩600을 현금으로 구입하다.
10월 10일	상품 ₩6,000(단가@100)을 현금으로 매입하다.
10월 20일	상품 30개를 ₩4,500에 판매하고 현금으로 받다.
11월 1일	상품운반 시 파손을 대비해 1년분 보험료 ₩1,200을 지급하면서 자산으로 기록하다.
11월 8일	비품 외상구입 대금 중 ₩2,000을 현금으로 지급하다.
11월 15일	상품 20개를 ₩3,000에 외상으로 판매하다.
11월 25일	상품 ₩2,000(단가@100)을 외상으로 매입하다.
12월 10일	종업원의 11월분 급여 ₩1,200을 현금으로 지급하다.
12월 16일	외상으로 매입한 상품 중 ₩1,000을 현금으로 지급하다.
12월 24일	외상으로 판매한 상품대금 중 ₩1,500을 현금으로 수취하다.

결산일	수정사항
12월 31일	(1) 20×1년에 해당하는 임차료는 3개월분이다. (2) 비품의 내용연수는 3년이고 잔존가치는 없으며 정액법으로 감가상각한다. (3) 기말 현재 남아 있는 소모품은 ₩200이다. (4) 20×1년에 해당하는 보험료는 2개월분이다. (5) 종업원에 대한 12월분 급여는 다음연도 1월 10일에 지급한다. (6) 기말 현재 실제로 남아 있는 상품은 30개이다.

1. 기중거래의 기록

1.1 기중거래를 분개장에 분개

날짜	차변	금액	대변	금액
10. 1	(차) 현 금	50,000	(대) 자 본 금	50,000
10. 2	(차) 임 차 료	2,400	(대) 현 금	2,400
10. 4	(차) 비 품	3,000	(대) 미 지 급 금	3,000
10. 8	(차) 소 모 품	600	(대) 현 금	600
10. 10	(차) 상 품	6,000	(대) 현 금	6,000
10. 20	(차) 현 금	4,500	(대) 매 출	4,500
	(차) 매 출 원 가	3,000	(대) 상 품	3,000
11. 1	(차) 선급보험료	1,200	(대) 현 금	1,200
11. 8	(차) 미 지 급 금	2,000	(대) 현 금	2,000
11. 15	(차) 매 출 채 권	3,000	(대) 매 출	3,000
	(차) 매 출 원 가	2,000	(대) 상 품	2,000
11. 25	(차) 상 품	2,000	(대) 매 입 채 무	2,000
12. 10	(차) 급 여	1,200	(대) 현 금	1,200
12. 16	(차) 매 입 채 무	1,000	(대) 현 금	1,000
12. 24	(차) 현 금	1,500	(대) 매 출 채 권	1,500

1.2 기중분개를 원장에 전기

현 금

10/1	자 본 금	50,000	10/2	임 차 료	2,400
10/20	매 출	4,500	10/8	소 모 품	600
12/24	매 출 채 권	1,500	10/10	상 품	6,000
			11/1	선급보험료	1,200
			11/8	미 지 급 금	2,000
			12/10	급 여	1,200
			12/16	매 입 채 무	1,000

미지급금

11/8	현 금	2,000	10/4	비 품	3,000

매입채무

12/16	현 금	1,000	11/25	상 품	2,000

자본금

			10/1	현 금	50,000

비 품					
10/4	미지급금	3,000			

소모품					
10/8	현 금	600			

상 품					
10/10	현 금	6,000	10/20	매출원가	3,000
11/25	매입채무	2,000	11/15	매출원가	2,000

선급보험료					
11/1	현 금	1,200			

매출채권					
11/15	매 출	3,000	12/24	현 금	1,500

매 출					
			10/20	현 금	4,500
			11/15	매출채권	3,000

임차료					
10/2	현 금	2,400			

매출원가					
10/20	상 품	3,000			
11/15	상 품	2,000			

급 여					
12/10	현 금	1,200			

1.3 수정전시산표 작성

수정전시산표			
현 금	₩41,600	미지급금	₩1,000
비 품	3,000	매입채무	1,000
소 모 품	600	자 본 금	50,000
상 품	3,000	매 출	7,500
선급보험료	1,200		
매출채권	1,500		
임 차 료	2,400		
매출원가	5,000		
급 여	1,200		
	₩59,500		₩59,500

2. 거래의 수정과정

2.1 수정사항을 분개장에 분개

12. 31	(차) 선급임차료	1,800	(대) 임 차 료	1,800
12. 31	(차) 감가상각비	250	(대) 감가상각누계액	250
12. 31	(차) 소모품비	400	(대) 소 모 품	400
12. 31	(차) 보 험 료	200	(대) 선급보험료	200
12. 31	(차) 급 여	1,200	(대) 미지급급여	1,200
12. 31	분개 없음			

2.2 수정분개를 원장에 전기

현 금

10/1	자 본 금	50,000	10/2	임 차 료	2,400
10/20	매 출	4,500	10/8	소 모 품	600
12/24	매출채권	1,500	10/10	상 품	6,000
			11/1	선급보험료	1,200
			11/8	미지급금	2,000
			12/10	급 여	1,200
			12/16	매입채무	1,000

비 품

10/4	미지급금	3,000			

소모품

10/8	현 금	600	12/31	소모품비	400

상 품

10/10	현 금	6,000	10/20	매출원가	3,000
11/25	매입채무	2,000	11/15	매출원가	2,000

매 출

			10/20	현 금	4,500
			11/15	매출채권	3,000

임차료

10/2	현 금	2,400	12/31	선급임차료	1,800

매출원가

10/20	상 품	3,000			
11/15	상 품	2,000			

급 여

12/10	현 금	1,200			
12/31	미지급급여	1,200			

선급임차료

12/31	임 차 료	1,800			

선급보험료

11/1	현 금	1,200	12/31	보 험 료	200

매출채권

11/15	매 출	3,000	12/24	현 금	1,500

미지급금

11/8	현 금	2,000	10/4	비 품	3,000

매입채무

12/16	현 금	1,000	11/25	상 품	2,000

자본금

			10/1	현 금	50,000

감가상각비

12/31	감가상각누계액	250			

감가상각누계액

			12/31	감가상각비	250

소모품비

12/31	소 모 품	400			

보험료

12/31	선급보험료	200			

미지급급여

			12/31	급 여	1,200

2.3 수정후시산표 작성

수정후시산표

현 금	₩41,600	미 지 급 금	₩1,000
비 품	3,000	매 입 채 무	1,000
소 모 품	200	자 본 금	50,000
상 품	3,000	매 출	7,500
선급보험료	1,000	감가상각누계액(비품)	250
매 출 채 권	1,500	미지급급여	1,200
임 차 료	600		
매 출 원 가	5,000		
급 여	2,400		
선급임차료	1,800		
감가상각비(비품)	250		
소 모 품 비	400		
보 험 료	200		
	₩60,950		₩60,950

3. 재무제표 작성

포괄손익계산서

(주)한국	20×1. 10. 1～12. 31		(단위 : 원)
매출			₩7,500
매출원가			(5,000)
매출총이익			₩2,500
영업비용			
임 차 료		₩600	
급 여		2,400	
감가상각비		250	
소 모 품 비		400	
보 험 료		200	(₩3,850)
당기순손실			**(₩1,350)**

자본변동표

(주)한국	20×1. 10. 1～12. 31	(단위 : 원)
자본(10/1)		₩0
자 본 금		50,000
결 손 금		**(1,350)**
자본(12/31)		₩48,650

재무상태표

(주)한국	20×1. 12. 31		(단위 : 원)
자산			
현 금		₩41,600	
비 품	₩3,000		
감가상각누계액	(250)	2,750[2)]	
소 모 품		200	
상 품		3,000	
선급보험료		1,000	
매 출 채 권		1,500	
선급임차료		1,800	₩51,850

부채		
미 지 급 금	₩1,000	
매 입 채 무	1,000	
미지급급여	1,200	₩3,200
자본		
자 본 금	₩50,000	
결 손 금[1]	(1,350)	₩48,650
부채와 자본합계		₩51,850

현금흐름표

(주)한국	20×1. 10. 1~12. 31	(단위 : 원)
현금(10/1)		₩0
현 금 유 입		56,000
현 금 유 출		(14,400)
현금(12/31)		₩41,600

1) 포괄손익계산서의 당기순이익은 이익잉여금으로 기록되지만 당기순손실은 결손금으로 기록된다.

2) 재무상태표의 감가상각누계액은 해당자산인 비품의 차감항목으로 기록함으로써 기말 현재 비품의 장부금액은 ₩2,750임을 알 수 있다.

4. 장부의 마감과정

4.1 임시계정(수익 · 비용)의 마감분개

분개장					
12/31	(차) 매 출	**7,500**	(대) 집 합 손 익		**7,500**
12/31	(차) 집 합 손 익	**8,850**	(대) 매 출 원 가		**5,000**
			임 차 료		**600**
			급 여		**2,400**
			감가상각비		**250**
			소 모 품 비		**400**
			보 험 료		**200**
12/31	(차) 결손금(이익잉여금)	**1,350**	(대) 집 합 손 익		**1,350**

4.2 마감분개를 원장에 전기 및 장부마감

현 금

10/1	자 본 금	50,000	10/2	임 차 료	2,400
10/20	매 출	4,500	10/8	소 모 품	600
12/24	매 출 채 권	1,500	10/10	상 품	6,000
			11/1	선급보험료	1,200
			11/8	미 지 급 금	2,000
			12/10	급 여	1,200
			12/16	매 입 채 무	1,000
			12/31	**차 기 이 월**	**41,600**
		56,000			56,000
1/1	**전 기 이 월**	**41,600**			

비 품

10/4	미 지 급 금	3,000	**12/31**	**차 기 이 월**	**3,000**
		3,000			3,000
1/1	**전 기 이 월**	**3,000**			

소모품

10/8	현 금	600	12/31	소 모 품 비	400
			12/31	**차 기 이 월**	**200**
		600			600
1/1	**전 기 이 월**	**200**			

상 품

10/10	현 금	6,000	10/20	매 출 원 가	3,000
11/25	매 입 채 무	2,000	11/15	매 출 원 가	2,000
			12/31	**차 기 이 월**	**3,000**
		8,000			8,000
1/1	**전 기 이 월**	**3,000**			

매 출

12/31	**집 합 손 익**	**7,500**	10/20	현 금	4,500
			11/15	매 출 채 권	3,000
		7,500			7,500

임차료

10/2	현 금	2,400	12/31	선급임차료	1,800
			12/31	**집 합 손 익**	**600**
		2,400			2,400

매출원가

10/20	상 품	3,000	**12/31**	**집 합 손 익**	**5,000**
11/15	상 품	2,000			
		5,000			5,000

급 여

12/10	현 금	1,200	**12/31**	**집 합 손 익**	**2,400**
12/31	미지급급여	1,200			
		2,400			2,400

선급임차료

12/31	임 차 료	1,800	**12/31**	**차 기 이 월**	**1,800**
		1,800			1,800
1/1	**전 기 이 월**	**1,800**			

감가상각비

12/31	감가상각누계액	250	**12/31**	**집 합 손 익**	**250**
		250			250

선급보험료

11/1	현　금	1,200	12/31	보 험 료	200
			12/31	**차기이월**	**1,000**
		1,200			1,200
1/1	**전기이월**	**1,000**			

매출채권

11/15	매　출	3,000	12/24	현　금	1,500
			12/31	**차기이월**	**1,500**
		3,000			3,000
1/1	**전기이월**	**1,500**			

미지급금

11/8	현　금	2,000	10/4	비　품	3,000
12/31	**차기이월**	**1,000**			
		3,000			3,000
			1/1	**전기이월**	**1,000**

매입채무

12/16	현　금	1,000	11/25	상　품	2,000
12/31	**차기이월**	**1,000**			
		2,000			2,000
			1/1	**전기이월**	**1,000**

자본금

12/31	**차기이월**	**50,000**	10/1	현　금	50,000
		50,000			50,000
			1/1	**전기이월**	**50,000**

감가상각누계액

12/31	**차기이월**	**250**	12/31	감가상각비	250
		250			250
			1/1	**전기이월**	**250**

소모품비

12/31	소 모 품	400	**12/31**	**집합손익**	**400**
		400			400

보험료

12/31	선급보험료	200	**12/31**	**집합손익**	**200**
		200			200

미지급급여

12/31	**차기이월**	**1,200**	12/31	급　여	1,200
		1,200			1,200
			1/1	**전기이월**	**1,200**

집합손익

12/31	**매출원가**	**5,000**	**12/31**	**매　출**	**7,500**
	임 차 료	**600**		**결 손 금**	**1,350**
	급　여	**2,400**		**(이익잉여금)**	
	감가상각비	**250**			
	소모품비	**400**			
	보 험 료	**200**			
		8,850			8,850

결손금(이익잉여금)					
12/31	**집 합 손 익**	**1,350**	**12/31**	**차 기 이 월**	**1,350**
		1,350			1,350
1/1	**전 기 이 월**	**1,350**			

4.3 마감후시산표 작성

마감후시산표			
현 금	₩41,600	미 지 급 금	₩1,000
비 품	3,000	매 입 채 무	1,000
소 모 품	200	자 본 금	50,000
상 품	3,000	감가상각누계액(비품)	250
선급보험료	1,000	미지급급여	1,200
매 출 채 권	1,500		
선급임차료	1,800		
결손금(이익잉여금)	1,350		
	₩53,450		₩53,450

5. 정산표 작성

정산표

(주)한국 20×1. 12. 31 (단위 : 원)

계정과목	수정전시산표		수정분개		수정후시산표		포괄손익계산서		재무상태표	
	차 변	대 변	차 변	대 변	차 변	대 변	차 변	대 변	차 변	대 변
현 금	41,600				41,600				41,600	
비 품	3,000				3,000				3,000	
소 모 품	600			③ 400	200				200	
상 품	3,000				3,000				3,000	
선급보험료	1,200			④ 200	1,000				1,000	
매 출 채 권	1,500				1,500				1,500	
미 지 급 금		1,000				1,000				1,000
매 입 채 무		1,000				1,000				1,000
자 본 금		50,000				50,000				50,000
매 출		7,500				7,500		7,500		
임 차 료	2,400			① 1,800	600		600			
매 출 원 가	5,000				5,000		5,000			
급 여	1,200		⑤ 1,200		2,400		2,400			
합계	59,500	59,500								
선급임차료			① 1,800		1,800				1,800	
감가상각비			② 250		250		250			
감가상각누계액				② 250		250				250
소 모 품 비			③ 400		400		400			
보 험 료			④ 200		200		200			
미지급급여				⑤ 1,200		1,200				1,200
합계			3,850	3,850	60,950	60,950	8,850	7,500	52,100	53,450
당기순손실								1,350	1,350	
합계							8,850	8,850	53,450	53,450

확인학습 8

- 다음은 실지재고조사법을 적용하고 있는 (주)한국의 20×1년도 거래내용이다. 기중분개(검정색), 수정분개(파랑색), 마감분개와 장부마감(Bold체)을 색으로 구별하여 회계순환과정 순서에 따라 분개장과 원장에 기입하고 시산표와 재무제표를 작성하시오.

거래일	기중거래
10월 1일	주주로부터 출자금으로 ₩50,000을 받아 (주)한국을 설립하다.
10월 2일	사무실 1년분 임차료 ₩2,400을 현금으로 지급하면서 비용으로 기록하다.
10월 4일	사무용 비품 ₩3,000을 외상으로 구입하다.
10월 8일	소모품 ₩600을 현금으로 구입하다.
10월 10일	상품 ₩6,000(단가@100)을 현금으로 매입하다.
10월 20일	상품 30개를 ₩4,500에 판매하고 현금으로 받다.
11월 1일	상품운반 시 파손을 대비해 1년분 보험료 ₩1,200을 지급하면서 자산으로 기록하다.
11월 8일	비품 외상구입 대금 중 ₩2,000을 현금으로 지급하다.
11월 15일	상품 20개를 ₩3,000에 외상으로 판매하다.
11월 25일	상품 ₩2,000(단가@100)을 외상으로 매입하다.
12월 10일	종업원의 11월분 급여 ₩1,200을 현금으로 지급하다.
12월 16일	외상으로 매입한 상품 중 ₩1,000을 현금으로 지급하다.
12월 24일	외상으로 판매한 상품대금 중 ₩1,500을 현금으로 수취하다.

결산일	수정사항
12월 31일	(1) 20×1년에 해당하는 임차료는 3개월분이다. (2) 비품의 내용연수는 3년이고 잔존가치는 없으며 정액법으로 감가상각한다. (3) 기말 현재 남아 있는 소모품은 ₩200이다. (4) 20×1년에 해당하는 보험료는 2개월분이다. (5) 종업원에 대한 12월분 급여는 다음연도 1월 10일에 지급한다. (6) 기말 현재 실제로 남아 있는 상품은 30개이다.

분개장

[기중분개]

/ (차) (대)
/ (차) (대)
/ (차) (대)
/ (차) (대)
/ (차) (대)
/ (차) (대)
/ (차) (대)
/ (차) (대)
/ (차) (대)
/ (차) (대)
/ (차) (대)
/ (차) (대)
/ (차) (대)

[수정분개]

/ (차) (대)
/ (차) (대)
/ (차) (대)
/ (차) (대)
/ (차) (대)
/ (차) (대)

[마감분개]

/ (차) (대)
/ (차) (대)

/ (차) (대)

총계정원장

현 금	

총계정원장

집합손익

시산표

수정전시산표

수정후시산표

마감후시산표

재무제표

포괄손익계산서

자본변동표

재무상태표

현금흐름표

정산표

계정과목	수정전시산표		수정분개		수정후시산표		포괄손익계산서		재무상태표	
	차 변	대 변	차 변	대 변	차 변	대 변	차 변	대 변	차 변	대 변

해답

분개장

[기중분개]

날짜	차변	금액	대변	금액
10/1	(차) 현 금	50,000	(대) 자 본 금	50,000
10/2	(차) 임 차 료	2,400	(대) 현 금	2,400
10/4	(차) 비 품	3,000	(대) 미 지 급 금	3,000
10/8	(차) 소 모 품	600	(대) 현 금	600
10/10	(차) 매 입	6,000	(대) 현 금	6,000
10/20	(차) 현 금	4,500	(대) 매 출	4,500
11/1	(차) 선급보험료	1,200	(대) 현 금	1,200
11/8	(차) 미 지 급 금	2,000	(대) 현 금	2,000
11/15	(차) 매 출 채 권	3,000	(대) 매 출	3,000
11/25	(차) 매 입	2,000	(대) 매 입 채 무	2,000
12/10	(차) 급 여	1,200	(대) 현 금	1,200
12/16	(차) 매 입 채 무	1,000	(대) 현 금	1,000
12/24	(차) 현 금	1,500	(대) 매 출 채 권	1,500

[수정분개]

날짜	차변	금액	대변	금액
12/31	(차) 선급임차료	1,800	(대) 임 차 료	1,800
12/31	(차) 감가상각비	250	(대) 감가상각누계액	250
12/31	(차) 소 모 품 비	400	(대) 소 모 품	400
12/31	(차) 보 험 료	200	(대) 선급보험료	200
12/31	(차) 급 여	1,200	(대) 미지급급여	1,200
12/31	(차) 매 출 원 가	8,000	(대) 매 입	8,000
	상품(기말)	3,000	매 출 원 가	3,000

[마감분개]

날짜	차변	금액	대변	금액
12/31	(차) 매 출	**7,500**	(대) 집 합 손 익	**7,500**
12/31	(차) 집 합 손 익	**8,850**	(대) 매 출 원 가	**5,000**
			임 차 료	**600**
			급 여	**2,400**
			감가상각비	**250**
			소 모 품 비	**400**
			보 험 료	**200**
12/31	(차) 결손금(이익잉여금)	**1,350**	(대) 집 합 손 익	**1,350**

총계정원장

현 금

날짜	적요	금액	날짜	적요	금액
10/1	자 본 금	50,000	10/2	임 차 료	2,400
10/20	매 출	4,500	10/8	소 모 품	600
12/24	매 출 채 권	1,500	10/10	매 입	6,000
			11/1	선급보험료	1,200
			11/8	미 지 급 금	2,000
			12/10	급 여	1.200
			12/16	매 입 채 무	1,000
			12/31	**차 기 이 월**	**41,600**
		56,000			56,000
1/1	**전 기 이 월**	**41,600**			

비 품

날짜	적요	금액	날짜	적요	금액
10/4	미 지 급 금	3,000	**12/31**	**차 기 이 월**	**3,000**
		3,000			3,000
1/1	**전 기 이 월**	**3,000**			

소모품

날짜	적요	금액	날짜	적요	금액
10/8	현 금	600	12/31	소 모 품 비	400
			12/31	**차 기 이 월**	**200**
		600			600
1/1	**전 기 이 월**	**200**			

매 입

날짜	적요	금액	날짜	적요	금액
10/10	현 금	6,000	12/31	매 출 원 가	8,000
11/25	매 입 채 무	2,000			
		8,000			8,000

선급보험료

날짜	적요	금액	날짜	적요	금액
11/1	현 금	1,200	12/31	보 험 료	200
			12/31	**차 기 이 월**	**1,000**
		1,200			1,200
1/1	**전 기 이 월**	**1,000**			

임차료

날짜	적요	금액	날짜	적요	금액
10/2	현 금	2,400	12/31	선급임차료	1,800
			12/31	**집 합 손 익**	**600**
		2,400			2,400

급 여

날짜	적요	금액	날짜	적요	금액
12/10	현 금	1,200	**12/31**	**집 합 손 익**	**2,400**
12/31	미지급급여	1,200			
		2,400			2,400

선급임차료

날짜	적요	금액	날짜	적요	금액
12/31	임 차 료	1,800	**12/31**	**차 기 이 월**	**1,800**
		1,800			1,800
1/1	**전 기 이 월**	**1,800**			

감가상각비

날짜	적요	금액	날짜	적요	금액
12/31	감가상각누계액	250	**12/31**	**집 합 손 익**	**250**
		250			250

감가상각누계액

날짜	적요	금액	날짜	적요	금액
12/31	**차 기 이 월**	**250**	12/31	감가상각비	250
		250			250
			1/1	**전 기 이 월**	**250**

소모품비

날짜	적요	금액	날짜	적요	금액
12/31	소 모 품	400	**12/31**	**집 합 손 익**	**400**
		400			400

보험료

날짜	적요	금액	날짜	적요	금액
12/31	선급보험료	200	**12/31**	**집 합 손 익**	**200**
		200			200

매출채권

11/15	매 출	3,000	12/24	현 금	1,500
			12/31	**차 기 이 월**	**1,500**
		3,000			3,000
1/1	**전 기 이 월**	**1,500**			

미지급금

11/8	현 금	2,000	10/4	비 품	3,000
12/31	**차 기 이 월**	**1,000**			
		3,000			3,000
			1/1	**전 기 이 월**	**1,000**

매입채무

12/16	현 금	1,000	11/25	매 입	2,000
12/31	**차 기 이 월**	**1,000**			
		2,000			2,000
			1/1	**전 기 이 월**	**1,000**

자본금

12/31	**차 기 이 월**	**50,000**	10/1	현 금	50,000
		50,000			50,000
			1/1	**전 기 이 월**	**50,000**

매 출

12/31	**집 합 손 익**	**7,500**	10/20	현 금	4,500
			11/15	매 출 채 권	3,000
		7,500			7,500

미지급급여

12/31	**차 기 이 월**	**1,200**	12/31	급 여	1,200
		1,200			1,200
			1/1	**전 기 이 월**	**1,200**

매출원가

12/31	매 입	8,000	12/31	상 품	3,000
			12/31	**집 합 손 익**	**5,000**
		8,000			8,000

상 품

12/31	매 출 원 가	3,000	**12/31**	**차 기 이 월**	**3,000**
		3,000			3,000
1/1	**전 기 이 월**	**3,000**			

집합손익

12/31	**매 출 원 가**	**5,000**	**12/31**	**매 출**	**7,500**
	임 차 료	**600**		**결 손 금**	**1,350**
	급 여	**2,400**		(이익잉여금)	
	감가상각비	**250**			
	소 모 품 비	**400**			
	보 험 료	**200**			
		8,850			8,850

결손금(이익잉여금)

12/31	**집 합 손 익**	**1,350**	**12/31**	**차 기 이 월**	**1,350**
		1,350			1,350
1/1	**전 기 이 월**	**1,350**			

시산표

수정전시산표

차변	금액	대변	금액
현 금	₩41,600	미 지 급 금	₩1,000
비 품	3,000	매 입 채 무	1,000
소 모 품	600	자 본 금	50,000
매 입	8,000	매 출	7,500
선급보험료	1,200		
매 출 채 권	1,500		
임 차 료	2,400		
급 여	1,200		
	₩59,500		₩59,500

수정후시산표

차변	금액	대변	금액
현 금	₩41,600	미 지 급 금	₩1,000
비 품	3,000	매 입 채 무	1,000
소 모 품	200	자 본 금	50,000
선급보험료	1,000	매 출	7,500
매 출 채 권	1,500	감가상각누계액(비품)	250
임 차 료	600	미지급급여	1,200
급 여	2,400		
선급임차료	1,800		
감가상각비(비품)	250		
소 모 품 비	400		
보 험 료	200		
매 출 원 가	5,000		
상 품	3,000		
	₩60,950		₩60,950

마감후시산표

차변	금액	대변	금액
현 금	₩41,600	미 지 급 금	₩1,000
비 품	3,000	매 입 채 무	1,000
소 모 품	200	자 본 금	50,000
상 품	3,000	감가상각누계액(비품)	250
선급보험료	1,000	미지급급여	1,200
매 출 채 권	1,500		
선급임차료	1,800		
결손금(이익잉여금)	1,350		
	₩53,450		₩53,450

재무제표

포괄손익계산서

(주)한국	20×1. 10. 1～12. 31		(단위 : 원)
매출			₩7,500
매출원가			(5,000)
매출총이익			₩2,500
영업비용			
임 차 료		₩600	
급 여		2,400	
감가상각비		250	
소 모 품 비		400	
보 험 료		200	(₩3,850)
당기순손실			**(₩1,350)**

자본변동표

(주)한국	20×1. 10. 1～12. 31	(단위 : 원)
자본(10/1)		₩0
자 본 금		50,000
결 손 금		**(1,350)**
자본(10/31)		₩48,650

재무상태표

(주)한국	20×1. 12. 31		(단위 : 원)
자산			
현 금		₩41,600	
비 품	₩3,000		
감가상각누계액	(250)	2,750	
소 모 품		200	
상 품		3,000	
선급보험료		1,000	
매 출 채 권		1,500	
선급임차료		1,800	₩51,850
부채			
미 지 급 금		₩1,000	
매 입 채 무		1,000	
미지급급여		1,200	₩3,200
자본			
자 본 금		₩50,000	
결 손 금		(1,350)	₩48,650
부채와 자본합계			₩51,850

현금흐름표

(주)한국	20×1. 10. 1～12. 31	(단위 : 원)
현금(10/1)		₩0
현 금 유 입		56,000
현 금 유 출		(14,400)
현금(10/31)		₩41,600

정산표

계정과목	수정전시산표		수정분개		수정후시산표		포괄손익계산서		재무상태표	
	차 변	대 변	차 변	대 변	차 변	대 변	차 변	대 변	차 변	대 변
현 금	41,600				41,600				41,600	
비 품	3,000				3,000				3,000	
소 모 품	600			③ 400	200				200	
매 입	8,000			⑥ 8,000						
선급보험료	1,200			④ 200	1,000				1,000	
매 출 채 권	1,500				1,500				1,500	
미 지 급 금		1,000				1,000				1,000
매 입 채 무		1,000				1,000				1,000
자 본 금		50,000				50,000				50,000
매 출		7,500				7,500		7,500		
임 차 료	2,400			① 1,800	600		600			
급 여	1,200		⑤ 1,200		2,400		2,400			
합계	59,500	59,500								
선급임차료			① 1,800		1,800				1,800	
감가상각비			② 250		250		250			
감가상각누계액				② 250		250				250
소 모 품 비			③ 400		400		400			
보 험 료			④ 200		200		200			
미지급급여				⑤ 1,200		1,200				1,200
매 출 원 가			⑥ 8,000	⑦ 3,000	5,000		5,000			
상 품			⑦ 3,000		3,000				3,000	
합계			14,850	14,850	60,950	60,950	8,850	7,500	52,100	53,450
당기순손실								1,350	1,350	
합계							8,850	8,850	53,450	53,450

기출문제

1 다음은 상품매매기업인 (주)한국의 재고자산에 대한 자료이다. 실지재고조사법에 따른 결산수정분개로 옳은 것은? (2023 국가직 9급)

기초상품재고액	₩1,000	당기상품매입액	₩6,000
기말상품재고액	₩2,000		

①	(차) 상품	2,000	(대) 매입	7,000
	매출원가	5,000		
②	(차) 매입	5,000	(대) 매출원가	5,000
③	(차) 매입	6,000	(대) 매출원가	7,000
	상품	1,000		
④	(차) 상품	2,000	(대) 상품	1,000
	매출원가	5,000	매입	6,000

2 (주)한국은 상품을 외상매출하고 거래대금을 지급받지 않는 대신 거래상대방에게 상환해야 할 같은 금액의 채무를 변제하였다. 이 거래가 (주)한국의 자산, 부채, 수익 및 순이익에 미치는 영향을 옳게 짝지은 것은? (단, 판매한 상품의 매출원가는 거래대금의 80%이고 재고자산은 계속기록법을 적용한다) (2020 국가직 7급)

	자산	부채	수익	순이익
①	감소	감소	증가	증가
②	불변	감소	불변	증가
③	증가	불변	증가	불변
④	감소	불변	증가	불변

정답

1. ④ 2. ①

3 수정전시산표와 수정후시산표의 비교를 통한 수정분개 추정으로 옳지 않은 것은?

(2017 국가직 9급)

구 분	계정과목	수정전시산표	수정후시산표
㉠	이 자 비 용	₩3,000	₩5,000
	미지급이자	₩1,000	₩3,000
㉡	상 품	₩1,500	₩2,500
	매 입	₩6,000	₩0
	매 출 원 가	₩0	₩5,000
㉢	선급보험료	₩2,400	₩1,200
	보 험 료	₩2,000	₩3,200
㉣	선수임대수익	₩1,800	₩1,200
	임 대 수 익	₩1,500	₩2,100

	차변		대변	
①	㉠ 이 자 비 용	2,000	미지급이자	2,000
②	㉡ 매 출 원 가	6,000	매 입	7,000
	상 품	1,000		
③	㉢ 보 험 료	1,200	선급보험료	1,200
④	㉣ 선수임대수익	600	임 대 수 익	600

4 회계기말에 행할 결산수정사항이 아닌 것은? (2016 국가직 9급)

① 기중에 사용된 소모품 금액을 소모품계정으로부터 소모품비계정으로 대체한다.
② 거래 중인 회사의 부도로 대손이 확정된 매출채권에 대해 대손충당금과 상계처리한다.
③ 건물에 대한 감가상각비를 인식한다.
④ 실지재고조사법에 따라 상품에 대한 매출원가를 인식한다.

정답

3. ② 4. ②

5 다음의 자료를 이용하여 행한 수정분개로 옳지 않은 것은? (2016 국가직 9급)

수정전시산표 항목		수정분개사항	
상 품	₩100,000	기말 상품재고액	₩300,000
매 입	₩600,000		
소 모 품	₩200,000	소모품 기말재고액	₩50,000
소 모 품 비	₩0		
임 차 료	₩100,000	기말 미경과 임차료	₩50,000
선급임차료	₩0		
감가상각비	₩0	당기 건물 감가상각비	₩100,000
감가상각누계액-건물	₩100,000		

① (차) 상 품	200,000	(대) 매 입	600,000
매 출 원 가	400,000		
② (차) 소 모 품 비	150,000	(대) 소 모 품	150,000
③ (차) 임 차 료	50,000	(대) 선급임차료	50,000
④ (차) 감가상각비	100,000	(대) 감가상각누계액	100,000

6 다음은 (주)한국의 2012년 12월 31일 종료되는 회계연도의 수정전시산표의 계정 일부이다.

선급보험료	₩60,000	이 자 수 익	₩40,000
임 차 료	₩30,000	소 모 품 비	₩5,000
상 품	₩100,000	매 입	₩800,000

다음 자료를 고려하여 결산수정분개를 완료했을 때, 당기순이익에 미치는 영향은?
(2013 국가직 7급)

- 선급보험료는 2012년 12월 1일에 6개월분 화재보험료를 현금지급한 것이다.
- 이자수익은 2012년 10월 1일에 6개월분의 선이자를 현금으로 받은 것이다.
- 임차료는 2012년 11월 1일에 3개월분 임차료를 현금지급한 것이다.
- 결산일 현재 미사용한 소모품은 ₩2,000이다.
- 기말 실지재고조사 결과 상품재고는 ₩120,000이다.

① ₩782,000 감소 ② ₩798,000 감소
③ ₩812,000 감소 ④ ₩828,000 감소

정답

5. ③ 6. ②

정답해설

1

(차) 상품(기말)	2,000	(대) 상품(기초)	1,000
매 출 원 가	5,000	매 입	6,000

또는,

(차) 매 출 원 가	1,000	(대) 상품(기초)	1,000
매 출 원 가	6,000	매 입	6,000
상품(기말)	2,000	매 출 원 가	2,000

2

(차) 매 출 채 권	×××	(대) 매 출	×××	자산증가와 수익증가
매 출 원 가	×××	상 품	×××	비용증가와 자산감소
(차) 미 지 급 금	×××	(대) 매 출 채 권	×××	부채감소와 자산감소

3 ㉡ 수정전시산표에 매입계정 잔액이 있으므로 실지재고조사법을 사용하고 있다. 수정전시산표의 상품은 기초잔액을 나타낸다.

결산 시	(차) 상품(기말)	2,500	(대) 상품(기초)	1,500
	매 출 원 가	5,000	매 입	6,000

4 대손확정은 기말 수정사항이 아니다. 기말에 대손충당금을 설정할 때 기말 수정분개를 행한다.

①	(차) 소 모 품 비	×××	(대) 소 모 품	×××
③	(차) 감가상각비	×××	(대) 감가상각누계액	×××
④	(차) 상품(기말)	×××	(대) 상품(기초)	×××
	매 출 원 가	×××	매 입	×××

5 ③ 수정전시산표상에 임차료로 ₩100,000이 비용으로 기록되어 있고 기말시점에 미경과한 임차료가 ₩50,000이므로 과대계상된 임차료 ₩50,000을 감소시키는 수정분개를 해야 한다.

결산 시	(차) 선급임차료	50,000	(대) 임 차 료	50,000

6

보 험 료	(₩10,000)
이자수익	(20,000)
임 차 료	10,000
소모품비	2,000
매출원가	(780,000)
당기순이익에 미치는 영향	(₩798,000)

(차)	보 험 료	10,000	(대)	선급보험료	10,000
	* 2012년 보험료 : ₩60,000 × 1/6개월 = ₩10,000				
(차)	이자수익	20,000	(대)	선수이자	20,000
	* 2012년 이자수익 : ₩40,000 × 3/6개월 = ₩20,000				
(차)	선급임차료	10,000	(대)	임 차 료	10,000
	* 2012년 임차료 : ₩30,000 × 2/3개월 = ₩20,000				
(차)	소 모 품	2,000	(대)	소모품비	2,000
(차)	상품(기말)	120,000	(대)	상품(기초)	100,000
	매출원가	780,000		매 입	800,000

CHAPTER

7

재무제표

제 1 절 재무상태표

지금까지 회계순환과정에서 제시한 재무제표는 회계정보를 산출하는 과정을 보여주기 위해 간략하게 작성하였다. 그러나 재무제표를 보고하기 위해서는 일정한 형식과 양식에 따라 작성하여 보고하여야 한다. 이와 같이 작성할 경우 회계정보이용자가 재무제표를 이해하고 기업간 또는 기간간 비교하는 데 유용하게 이용할 수 있다.

재무제표는 두 기간을 비교하는 형식으로 작성한다. 재무제표 요소와 각 계정과목별로 전기와 당기의 금액을 표시함으로써 전년 대비 재무상태와 재무성과가 호전되었는지 또는 악화되었는지 비교할 수 있다. 이러한 정보는 회계정보이용자에게 재무상태의 추세를 비교할 수 있게 함으로써 의사결정에 유용한 정보를 제공한다.

(주)한국의 재무상태표를 두 기간으로 비교표시하면 다음과 같다.

재무상태표

(주)한국 (단위 : 원)

	20×1. 12. 31		20×0. 12. 31	
자산				
현 금		₩41,600		×××
비 품	₩3,000		×××	×××
감가상각누계액	(250)	₩2,750	(×××)	×××
소 모 품		200		×××
상 품		3,000		×××
선급보험료		1,000		×××
매 출 채 권		1,500		×××
선급임차료		1,800		×××
		₩51,850		×××
:		:		:

재무상태표(statement of financial position)는 특정시점에서 기업의 재무상태를 나타내는 재무제표로서 자산, 부채, 자본으로 구성되어 있다.

자산(asset)은 유동성(결산일로부터 미래 현금흐름의 유입을 1년 이내 실현)에 따라 유동자산(current assets)과 비유동자산(non-current assets)으로 구분되며, 유동자산으로는 현금및현금성자산, 매출채권, 재고자산 등이 있다. 비유동자산은 유형자산, 무형자산, 기타비유동자산 등으로 분류되며 해당자산별로 성격이 유사한 세부계정과목으로 구성되어 있다.

예를 들어, (주)한국의 자산총액을 ₩51,850으로 표기하는 것보다 유동자산 ₩49,100(현금, 소모품, 상품, 선급보험료, 매출채권, 선급임차료)과 비유동자산 ₩2,750(비품)으로 분류하면 1년 이내에 현금흐름을 창출할 수 있는 자산에 대한 유동성을 정보로서 제공할 수 있다. 이러한 유동성은 회계정보이용자가 회사에 대한 미래 현금흐름의 유동성을 예측할 수 있게 함으로써 더 유용한 정보가 될 수 있다.

부채(liability)는 자산과 마찬가지로 유동부채와 비유동부채로 구분된다. 구분기준은 1년 이내에 상환 또는 지급 여부이다.

자본(equity)은 ① 자본청구권 보유자와의 거래(자본금, 자본잉여금, 자본조정)와 ② 영업활동으로부터 발생한 손익(이익잉여금, 기타포괄손익누계액)으로 구분하여 표시한다. 즉, 기업간 자본구성항목을 비교할 수 있도록 함으로써 회계정보이용자의 의사결정에 유용한 정보를 제공할 수 있다.

(주)한국의 재무상태표에 표기한 자산을 유동자산과 비유동자산으로 구분하여 나타내면 다음과 같다.

재무상태표

(주)한국	20×1. 12. 31		(단위 : 원)
자산			
유동자산			
현　　금		₩41,600	
소 모 품		200	
상　　품		3,000	
선급보험료		1,000	
매 출 채 권		1,500	
선급임차료		1,800	₩49,100
비유동자산			
비　　품		₩3,000	
감가상각누계액		(250)	₩2,750
			₩51,850

국제회계기준에서는 재무제표 요소의 보고순서에 대해 언급하고 있지 않다. 예를 들면, 지금까지 재무상태표를 자산, 부채, 자본 순으로 표기하여 왔으나 자산, 자본, 부채 순으로 표기해도 무방하다. 또한, 자산의 유동자산과 비유동자산의 순서도 자율적으로 표기할 수 있다. 다만, 회계정보이용자에게 유용한 정보를 제공한다면 분류표시나 유동성에 따른 순서로 표기할 수도 있다.

다음은 일반적으로 사용되어지는 재무상태표의 양식을 나타낸다.

재무상태표

회사명 (단위 : 원)

	20×2년		20×1년	
자산				
유동자산		×××		×××
현금및현금성자산	×××		×××	
매 출 채 권	×××		×××	
재 고 자 산	×××		×××	
:	×××		×××	
비유동자산		×××		×××
유형자산				
건 물	×××		×××	
토 지	×××		×××	
:	×××		×××	
무형자산				
영 업 권	×××		×××	
:	×××		×××	
기타비유동자산				
:	×××		×××	
자산총계		×××		×××
부채		×××		×××
유동부채				
매 입 채 무	×××		×××	
단기차입금	×××		×××	
미 지 급 금	×××		×××	
:	×××		×××	
비유동부채				
장기차입금	×××		×××	
:	×××		×××	
자본		×××		×××
자 본 금	×××		×××	
자본잉여금	×××		×××	
자 본 조 정				
이익잉여금	×××		×××	
기타포괄손익누계액	×××		×××	
부채 및 자본총계		×××		×××

제 2 절 포괄손익계산서

포괄손익계산서(statement of profit or loss and other comprehensive income)는 일정 기간 동안 기업의 재무성과를 나타내는 재무제표로서 수익과 비용으로 구성되어 있다. 재무성과는 수익에서 비용을 차감하여 총포괄손익(comprehensive income)으로 나타낸다.

포괄손익계산서의 총포괄손익을 당기순손익과 기타포괄손익으로 구분함으로써 현재까지 발생한 손익에 대한 정보뿐만 아니라 향후에 발생할 수 있는 손익까지 추가적인 정보를 제공할 수 있다. 당기순손익은 실현된 수익과 비용을 통하여 산출되며, 기타포괄손익은 미실현된 수익과 비용을 통하여 산출된다. 예를 들어, 자산의 처분 시 발생하는 처분손익은 실현손익을 의미하며 자산의 평가 시 발생하는 평가손익은 미실현손익을 의미한다.

수익과 비용을 표시하는 방법에는 단일보고와 별도보고가 있다. 단일보고는 당기순손익과 기타포괄손익을 구성하는 수익과 비용을 하나의 보고서로 작성하는 방법이고 별도보고는 수익과 비용을 당기손익과 기타포괄손익으로 각각 분리하여 별도로 보고하는 방법이다.

단일보고		별도보고		
[포괄손익계산서]		[손익계산서]		[포괄손익계산서]
수 익	=	실현수익	+	미실현수익
(비 용)	=	(실현비용)	+	(미실현비용)
총포괄손익	=	당기순손익	+	기타포괄손익

수익(income)은 자본청구권 보유자와의 거래를 제외한 순자산(자본)의 증가를 가져오는 거래를 의미한다. 반대로, 비용(expense)은 자본청구권 보유자와의 거래를 제외한 순자산의 감소를 발생시키는 거래를 말한다. 앞서 언급한 자본이 자본청구권 보유자와의 거래와 영업활동으로부터 발생한 손익으

로 구성되어 있다고 하였으므로, 수익과 비용은 자본청구권 보유자와의 거래를 제외한 영업활동으로부터 발생한 손익임을 알 수 있다. 여기서 말하는 영업활동으로부터 발생한 손익은 총포괄손익을 말하며, 총포괄손익은 당기순손익(net income)과 기타포괄손익(other comprehensive income)으로 구성된다. 이상의 내용을 요약하면 아래와 같다.

포괄손익계산서와 자본

[포괄손익계산서]		[손익계산서]		[포괄손익계산서]	
수 익	=	실현수익	+	미실현수익	
(비 용)	=	(실현비용)	+	(미실현비용)	
총포괄손익	=	당기순손익	+	기타포괄손익	
		↓		↓	
자 본	=	이익잉여금	+	기타포괄손익누계액	+자본금+자본잉여금+자본조정
		〈영업활동으로부터 발생한 손익〉			〈자본청구권 보유자와의 거래〉

포괄손익계산서상의 수익과 비용의 보고형식은 회계정보이용자들에게 유용하도록 단계별로 수익에서 비용을 차감하여 이익을 구분하도록 하고 있다. 매출총이익(gross profit)은 매출액에서 매출원가를 차감함으로써 상품을 판매하고 얼마만큼의 이익이 발생하였는지를 나타낸다. 영업이익(operating profit)은 매출총이익에서 영업과 관련된 비용을 차감하여 영업활동으로부터 이익이 얼마나 발생하였는지를 보여준다. 법인세비용차감전순이익(earnings before income taxes)은 영업이익에서 영업활동과 직접적인 관련이 없는 수익과 비용까지 반영한 이익을 나타낸다. 당기순이익(net income)은 법인세비용차감전순이익에서 법인세비용을 차감하여 실현된 모든 수익과 비용을 포함한 이익을 나타낸다. 총포괄손익(comprehensive income)은 실현된 당기순이익에 미실현된 기타포괄손익까지 포함하여 보고한다. 다음은 일반적으로 보고되어지는 포괄손익계산서 양식이다.

포괄손익계산서

회사명				(단위 : 원)
	20×2년		20×1년	
매 출		×××		×××
매 출 원 가		(×××)		(×××)
매출총이익		×××		×××
판매비와 관리비		(×××)		(×××)
임 차 료	×××		×××	
급 여	×××		×××	
감가상각비	×××		×××	
:	×××		×××	
영 업 이 익		×××		×××
기 타 수 익		×××		×××
기 타 비 용		(×××)		(×××)
:		×××		×××
법인세비용차감전순이익		×××		×××
법인세비용		(×××)		(×××)
당기순이익		×××		×××
기타포괄손익		×××		×××
재평가잉여금	×××		×××	
:	×××		×××	
총포괄손익		×××		×××

포괄손익계산서에 보고되는 비용은 성격별 또는 기능별로 분류하여 보고할 수 있다. 위에서 살펴본 양식은 비용을 기능별로 분류하여 보고한 경우이다. 기능별 분류는 기업의 영업활동과정에서 발생한 비용이 어떤 기능을 하였는가에 따라 분류하는 방법이다. 즉, 매출이라는 수익과 직접 관련하여 발생한 비용(직접대응)을 매출원가로 그리고 매출과 직접 관련된 비용은 아니지만 판매활동을 위해 발생한 비용(간접대응)을 판매비와 관리비로 분류하는 것이다. 예를 들면, 공장의 생산직 급여는 제품의 원가로 포함되어 판매된 경우 매출원가(미판매 시 기말재고)를 구성한다. 이에 반해, 본사의 사무직 급여는 기업의 전반적인 운영을 위해 발생한 비용이므로 판매비와 관리비에 포함시킨다. 이와 같이 성격이 동일한 급여라도 기업의 영업활동에서 어떤 기능

을 하는가에 따라 분류를 달리한다.

성격별 분류는 영업활동에서의 기능이 아니라 비용의 성격이 동일할 경우 통합하여 분류하는 방법이다. 즉, 매출과의 관련성에 따라 분류하지 않고 제품생산을 위해 발생한 생산직 급여와 본사 사무직 급여를 통합하여 급여로 분류한다.

급여 이외에도 감가상각비, 운반비, 보험료 등 다양한 비용들을 기능별 또는 성격별로 분류하여 표시할 수 있다. 실무에서는 대부분 비용을 기능별 분류에 따라 표시하고 있으며, 성격별 분류는 주석으로 공시하고 있다.

기능별								
매 출								
매 출 원 가	=	감가상각비	+	운반비	+	급여	…
매출총이익		+		+		+	
판매비와 관리비	=	감가상각비	+	운반비	+	급여	…
:		‖		‖		‖	
		감가상각비		운반비		급여	…
		성격별					

제 3 절 자본변동표

자본변동표(statement of changes in equity)는 일정기간 동안 자본의 변동에 대해 보고하는 재무제표이다. 자본변동은 자본금, 자본잉여금, 자본조정, 이익잉여금, 기타포괄손익누계액으로 구분하여 해당항목별로 증감을 표시한다.

자본의 구성항목

<table>
<tr><th colspan="2" rowspan="5">자본청구권 보유자(주주)와의 거래</th><th colspan="2">자 본</th><th>계정과목</th></tr>
<tr><td colspan="2">자 본 금</td><td>보통주자본금(액면금액), 우선주자본금(액면금액)</td></tr>
<tr><td colspan="2">자본잉여금</td><td>주식발행초과금, 자기주식처분이익 등</td></tr>
<tr><td rowspan="2">자 본 조 정</td><td>(−)</td><td>주식할인발생차금, 자기주식처분손실, 자기주식 등</td></tr>
<tr><td>(+)</td><td>미교부주식배당금 등</td></tr>
<tr><td rowspan="2">영업활동으로부터 발생한 손익</td><td>당기순손익</td><td colspan="2">이익잉여금</td><td>법정적립금, 임의적립금, 미처분이익잉여금 등</td></tr>
<tr><td>기타포괄손익</td><td colspan="2">기타포괄손익누계액</td><td>재평가잉여금, FVOCI금융자산평가손익 등</td></tr>
</table>

자본금(share capital)은 주식발행 시 자본청구권 보유자로부터 납입받은 금액 중 액면금액에 해당하는 금액을 말한다. 예를 들면, (주)한국이 액면금액 ₩500인 주식 1주를 ₩1,200에 발행한 경우 ₩500을 자본금으로 기록한다.

자본잉여금(capital surplus)은 자본청구권 보유자와의 거래에서 발생한 금액(자본금 제외) 중 자본을 증가시키는 거래이다. (주)한국이 액면금액 ₩500인 주식 1주를 ₩1,200에 발행한 경우 ₩700(=₩1,200−500)을 자본잉여금(주식발행초과금)으로 기록한다.

자본조정(capital adjustment)은 자본청구권 보유자와의 거래에서 발생한 금액(자본금 제외) 중 자본을 감소시키는 거래와 미실현된 자본항목으로 구성되어있다.

이익잉여금(retained earnings)은 전년도 이익잉여금에 당해연도 영업활동에서 발생한 당기순손익을 누적하고 주주에게 배당한 금액을 차감한 금액이다.

기타포괄손익누계액(accumulated other comprehensive income)은 전년도 기타포괄손익누계액에 당해연도 영업활동에서 발생한 기타포괄손익을 누적한 금액이다. 다음은 일반적으로 보고되어지는 자본변동표 양식이다.

자본변동표

회사명 (단위 : 원)

	자본금	자본잉여금	자본조정	기타포괄손익누계액	이익잉여금	계
20×2. 1. 1	×××	×××	×××	×××	×××	×××
전기오류수정					×××	×××
:					:	×××
수정후 이익잉여금					×××	×××
배 당 금					(×××)	(×××)
:					:	:
처분후 이익잉여금					×××	×××
유 상 증 자	×××	×××				×××
자 기 주 식			(×××)			(×××)
금융자산평가이익				×××		×××
당기순이익					×××	×××
20×2. 12. 31	×××	×××	×××	×××	×××	×××
20×1. 1. 1	×××	×××	×××	×××	×××	×××
전기오류수정					×××	×××
:					:	×××
수정후 이익잉여금					×××	×××
배 당 금					(×××)	(×××)
:					:	:
처분후 이익잉여금					×××	×××
유 상 증 자	×××	×××				×××
자 기 주 식			(×××)			(×××)
금융자산평가이익				×××		×××
당기순이익					×××	×××
20×1. 12. 31	×××	×××	×××	×××	×××	×××

제 4 절 현금흐름표

현금흐름표(statement of cash flows)는 일정기간 동안 현금의 유입과 유출을 나타내는 재무제표이다. 회계정보로서 기업의 재무성과(포괄손익계산서)와 재무상태(재무상태표)를 제공함에도 현금흐름표를 작성하는 이유는 무엇일까?

예를 들어, 상품 ₩10,000을 판매하였다고 하자. 상품판매로 인한 매출은 현금수취 여부와 상관없이 ₩10,000의 수익으로 인식된다. 판매대금에 대해 모두 외상거래인 경우와 모두 현금거래인 경우 우리는 어떤 거래를 선호하는가? 아마도 대다수는 현금거래를 선호할 것이다. 왜냐하면 현금회수에 대한 불확실성이 없기 때문이다. 이처럼 현금흐름표는 포괄손익계산서가 제공하는 재무성과 이외에도 현금흐름에 대한 추가적인 정보를 제공할 수 있다.

회계기간 동안 발생한 모든 거래(현금거래와 비현금거래)는 분개를 통해 포괄손익계산서(수익과 비용)와 재무상태표(자산, 부채, 자본)에 반영되어 있다. 현금흐름표는 포괄손익계산서와 재무상태표에 반영된 현금거래를 영업활동, 투자활동, 재무활동으로 분류하여 보고한다.

재무상태표		포괄손익계산서			현금흐름표
영업관련 자산	영업관련 부채	영업관련 비용	영업관련 수익	→	영업활동 현금흐름(유입 · 유출)
투자관련 자산	재무관련 부채	투자관련 비용	투자관련 수익	(현금거래)	투자활동 현금흐름(유입 · 유출)
	재무관련 자본	재무관련 비용	재무관련 수익		재무활동 현금흐름(유입 · 유출)

영업활동(operating activities) 현금흐름은 영업활동에서 발생한 수익과 비용, 영업관련 자산의 취득과 처분, 영업관련 부채의 증가와 감소로 인한 거래 중 현금거래만을 포함한다. 예를 들면, 매출(수익), 매출원가(비용), 매출채권(자산), 매입채무(부채) 등이 있다.

투자활동(investing activities) 현금흐름은 영업활동과 직접적으로 관련이 없는 자산의 취득과 처분에서 발생한 현금거래를 포함한다. 예를 들면, 유형자산처분손익(수익 또는 비용), 건물과 토지(유형자산), 특허권(무형자산), 금융자산 등이 있다.

재무활동(financing activities) 현금흐름은 영업활동과 관련이 없는 부채의 차입과 상환 그리고 자본청구권 보유자와의 거래로 발생한 자본의 증가와 감소로 인한 거래 중 현금거래를 포함한다. 예를 들면, 사채상환손익(수익 또는 비용), 은행으로부터 자금을 차입(부채), 주식을 발행하여 자금을 조달(자본)하는 활동들을 말한다. 다음은 일반적으로 보고되어지는 현금흐름표 양식이다.

현금흐름표

회사명 (단위 : 원)

	20×2년		20×1년	
영업활동으로 인한 현금흐름		×××		×××
매출 등 수익활동으로 인한 유입액	×××		×××	
매입 및 종업원에 대한 유출액	(×××)		(×××)	
기타영업비 유출액	(×××)		(×××)	
:	(×××)		(×××)	
투자활동으로 인한 현금흐름		×××		×××
유형자산 처분	×××		×××	
금융자산 처분	×××		×××	
유형자산 취득	(×××)		(×××)	
금융자산 취득	(×××)		(×××)	
:	(×××)		(×××)	
재무활동으로 인한 현금흐름		×××		×××
차입금 차입	×××		×××	
유 상 증 자	×××		×××	
차입금 상환	(×××)		(×××)	
배당금 지급	(×××)		(×××)	
:	(×××)		(×××)	
현금의 순증가		×××		×××
기초현금		×××		×××
기말현금		×××		×××

확인학습 1

• 해당문장의 진위여부 및 요구사항에 대해 답하시오.

(1) 국제회계기준에서는 재무상태표를 자산, 부채, 자본 순으로 보고하도록 하고 있다. ( )

(2) 포괄손익계산서의 총포괄손익은 당기순손익과 기타포괄손익으로 구성되어 있다. ( )

(3) 포괄손익계산서를 성격별로 작성하는 경우 판매비와관리비상의 급여만 알 수 있다. ( )

(4) 자본은 크게 자본청구권 보유자와의 거래와 영업활동으로부터 발생한 손익으로 나눌 수 있다. ( )

(5) 자본청구권 보유자와의 거래로 인한 자본의 증감은 자본잉여금을 증가 또는 감소시킨다. ( )

(6) 기중에 발생한 모든 거래 중 현금거래만 기록한 재무제표는 현금흐름표이다. ( )

(7) 영업활동 현금흐름과 관련된 항목을 모두 고르시오.

• 매출채권	• 차입금	• 매출원가
• 유형자산처분이익	• 토지	• 매입채무
• 자본금	• 매출	

해답

(1) ×, 국제회계기준은 보고순서에 대해 명시하고 있지 않으므로 자율적으로 표기가 가능하다. (2) ○ (3) ×, 비용의 성격별로 작성하므로 모든 급여를 알 수 있다. (4) ○ (5) ×, 자본청구권 보유자와의 거래로 인한 자본의 감소는 자본조정으로 인식한다. (6) ○ (7) 매출채권, 매출원가, 매입채무, 매출

제 5 절 재무제표의 연계성

주요 재무제표인 재무상태표, 포괄손익계산서, 자본변동표, 현금흐름표 간에는 상호 연관되어 있다. 재무상태표는 특정시점의 재무상태를 나타내므로 기초시점이나 기말시점의 자산, 부채, 자본을 보여준다.

재무상태표의 기말현금은 기초현금에 현금흐름표의 당기 현금순증감을 반영하여 산출할 수 있다. 즉, 재무상태표의 기말현금에서 기초현금을 차감한 금액과 현금흐름표의 현금순증감액은 일치한다. 재무상태표의 기말자본은 기초자본에 자본변동표의 당기 자본증감을 반영한 금액이다. 즉, 기말자본에서 기초자본을 차감한 자본증감은 자본변동표의 자본증감과 동일하다.

재무상태표		자본변동표
기초자산－기초부채＝기초자본	자본증감	자본금・자본잉여금・자본조정의 증감
기말자산－기말부채＝기말자본		당기순손익・기타포괄손익

포괄손익계산서는 당기에 발생한 수익과 비용을 통해 당기순손익과 기타포괄손익을 산출한다. 실현손익인 당기순손익은 자본변동표의 이익잉여금에 누적하고 미실현손익인 기타포괄손익은 자본변동표의 기타포괄손익누계액에 누적한다. 즉, 재무상태표의 기말자본은 기초자본에 포괄손익계산서의 당기손손익과 기타포괄손익을 누적하고 자본금, 자본잉여금, 자본조정의 변동을 반영한 금액이 된다.

재무제표의 연계성

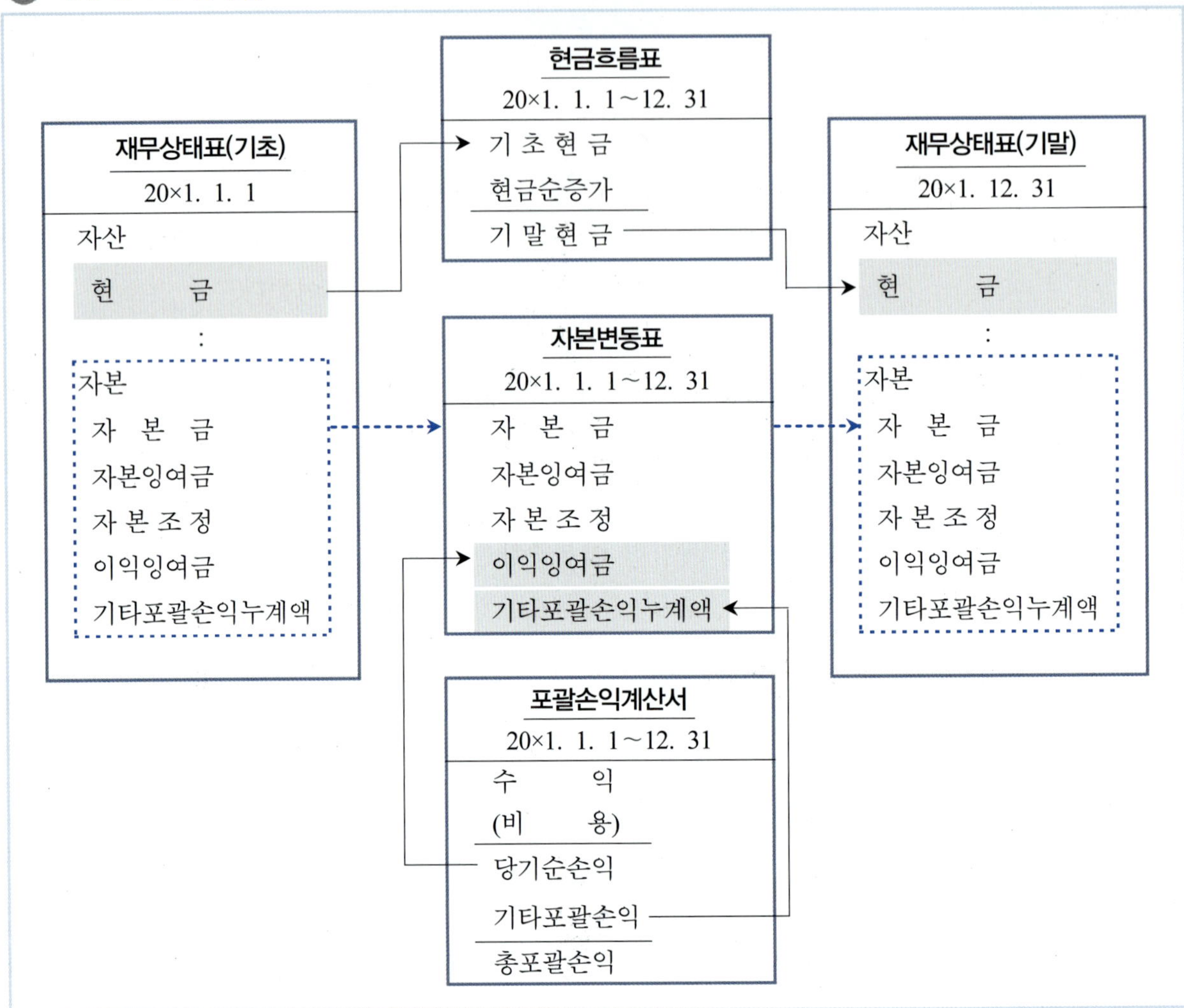
현금흐름표
20×1. 1. 1~12. 31
기 초 현 금
현금순증가
기 말 현 금
재무상태표(기초)
20×1. 1. 1
자산
현 금
:
자본
자 본 금
자본잉여금
자 본 조 정
이익잉여금
기타포괄손익누계액
재무상태표(기말)
20×1. 12. 31
자산
현 금
:
자본
자 본 금
자본잉여금
자 본 조 정
이익잉여금
기타포괄손익누계액
자본변동표
20×1. 1. 1~12. 31
자 본 금
자본잉여금
자 본 조 정
이익잉여금
기타포괄손익누계액
포괄손익계산서
20×1. 1. 1~12. 31
수 익
(비 용)
당기순손익
기타포괄손익
총포괄손익

확인학습 2

• 해당문장의 진위여부 및 요구사항에 대해 답하시오.

(1) 재무상태표의 기말자본에서 기초자본을 차감한 금액은 자본변동표의 자본증감액과 일치한다. (   )

(2) 재무상태표의 기말현금은 현금흐름표의 기초현금에 현금순증가액을 가산한 금액과 일치한다. (   )

(3) 포괄손익계산서의 당기순손익과 기타포괄손익은 자본변동표를 거쳐 재무상태표의 이익잉여금과 기타포괄손익누계액으로 누적된다. (   )

(4) 아래의 자료를 이용하여 당기순이익을 구하시오.

• 기 초 자 산	₩8,000	• 기 초 부 채	₩3,000
• 기 말 자 산	₩12,000	• 기 말 부 채	₩5,000
• 당기순이익	?	• 기타포괄손익	₩1,500

해답

(1) ○ (2) ○ (3) ○ (4) 기말자본 ₩7,000－기초자본 ₩5,000＝자본증감 ₩2,000, 자본증감 ₩2,000－기타포괄손익 ₩1,500＝당기순이익 ₩500

제 6 절 발생기준과 현금기준

경제적 사건으로 인해 재무제표 요소에 변동이 발생하면 거래로 인식한다. 이를 발생기준회계(accrual-basis accounting)라고 한다. 지금까지 우리는 (주)한국의 거래에 대해 발생기준을 적용해왔다. 이에 반해 현금기준회계(cash-basis accounting)는 현금거래에 대해서만 거래로 인식한다. 앞서 살펴본 현금흐름표가 현금기준에 의해 작성된 재무제표이다. 다음의 (주)한국 매출 관련 (예시 1)을 통해 발생기준과 현금기준을 비교해보자.

예시 1

(주)한국의 회계기간은 1년이고 결산일은 12월 31일이다. (주)한국과 관련된 상품거래는 아래와 같다.

10월 20일 : 상품 30개를 ₩4,500에 판매하고 현금으로 받다.
11월 15일 : 상품 20개를 ₩3,000에 외상으로 판매하다.
12월 24일 : 외상으로 판매한 상품대금 중 ₩1,500을 현금으로 수취하다.

	발생기준				현금기준			
10. 20	(차) 현금	4,500	(대) 매출	4,500	(차) 현금	4,500	(대) 매출	4,500
11. 15	(차) 매출채권	3,000	(대) 매출	3,000				
12. 24	(차) 현금	1,500	(대) 매출채권	1,500	(차) 현금	1,500	(대) 매출채권	1,500
12. 31	(차) 매출	7,500	(대) 집합손익	7,500				

발생기준회계에서는 현금매출이든 외상매출이든 모두 수익으로 인식하는 반면, 현금기준회계에서는 현금을 수취한 거래에 대해서만 수익으로 인식하기 때문에 아직 회수하지 못한 매출채권 ₩1,500은 수익으로 인식하지 않는다. 그 결과 발생기준에 의한 매출은 ₩7,500이고 현금기준에 의한 매출은 ₩6,000이다. 이와 같이 현금기준 매출은 분개장에 기록된 현금거래들을 일일이 찾아서 현금흐름표를 작성할 수 있다. 그러나 상품과 관련된 거래가 너무 많고 시간도 상당히 소요되므로 매우 비효율적인 방법이다.

분개장보다는 원장을 이용하면 현금거래를 좀 더 효율적으로 찾을 수 있다. 즉, 발생기준에 의해 작성된 매출원장과 매출채권원장을 이용하여 현금기준 매출을 측정할 수 있다. (예시 1)의 분개를 원장에 전기하면 아래와 같다.

매 출					
12/31	집합손익	7,500	10/20	현금	4,500
			11/15	매출채권	3,000
		7,500			7,500

매출채권					
1/1	기초잔액	0	12/24	현금	1,500
11/15	매출	3,000	12/31	기말잔액	1,500
		3,000			3,000

현금기준 매출액은 ₩6,000으로 매출원장의 현금매출 ₩4,500과 매출채권원장의 현금회수액 ₩1,500을 합하여 구할 수 있다. 예로 든 두 원장의 현금거래는 각각 한 건이지만 실무에서는 훨씬 더 많은 현금거래가 존재한다.

그 결과 원장의 현금거래를 일일이 합산하는 것도 번거로운 일이다.

포괄손익계산서와 재무상태표를 이용하면 좀 더 쉽게 현금기준 매출액을 구할 수 있다. 당기의 매출액에서 외상매출을 차감하여 현금매출을 구하고 외상매출 중에서 현금으로 회수한 금액을 더하면 현금기준 매출액이 된다. 현금기준 매출액의 산출과정은 다음과 같다.

(매출액－외상매출)＋외상매출 회수액＝현금기준 매출액
(매출액－외상매출)＋기초 외상매출＋외상매출－기말 외상매출＝현금기준 매출액
매출액＋기초 외상매출－기말 외상매출＝현금기준 매출액
매출액＋기초 외상매출＝현금기준 매출액＋기말 외상매출

위 산식을 이용하여 현금기준 매출액을 구해보면, '₩7,500(발생기준 매출)＋₩0(기초 매출채권)－₩1,500(기말 매출채권)＝₩6,000(현금기준 매출)'이다. 이러한 현금기준 매출액은 'T'계정을 활용하여 구할 수도 있다. 만약, 상품판매와 관련된 거래가 모두 외상판매로 이루어졌다면, 매출채권 관련 T계정은 다음과 같이 작성된다.

매출채권			
기 초 잔 액	0	현금수취액	6,000
매 출	7,500	기 말 잔 액	1,500
	7,500		7,500

매출채권 T계정에 대한 거래를 분개로 유추해보면 다음과 같다.

(차) 매 출 채 권	7,500	(대) 매 출	7,500
(차) 현 금	6,000	(대) 매 출 채 권	6,000

현금기준 매출액은 앞서 살펴본 매출채권계정 이외에도 선수금계정을 함께 살펴보아야 한다. 왜냐하면, 현금기준에서는 매출과 관련하여 현금을

수취하는 거래는 모두 수익으로 기록하기 때문이다. 즉, 선수금은 아직 용역이나 상품을 제공하기 전이더라도 현금을 받았기 때문에 현금기준 매출액에 포함된다.

[매출채권]

(차) 현 금	×××	(대) 매 출	×××
매출채권	×××		
(차) 현 금	×××	(대) 매출채권	×××

[선 수 금]

(차) 현 금	×××	(대) 선 수 금	×××
(차) 선 수 금	×××	(대) 매 출	×××

이러한 현금기준 매출액은 포괄손익계산서의 매출과 재무상태표의 매출채권 및 선수금을 이용하여 구할 수 있다. 다음의 매출 관련 (예시 2)를 통해 현금기준 매출액을 구해보도록 하자.

예시 2

(주)한국의 20×1년도 매출채권 관련 매출은 ₩10,000이며, 재무상태표상 매출채권의 기초잔액은 ₩2,000이고 기말잔액이 ₩5,000인 경우, T계정을 이용한 현금기준 매출액을 구하면 다음과 같다.

매출채권

기 초 잔 액	2,000	현금수취액	7,000
매 출	10,000	기 말 잔 액	5,000
	12,000		12,000

(주)한국의 20×1년도 선수금 관련 매출은 ₩10,000이며, 재무상태표상 선수금의 기초잔액은 ₩1,000이고 기말잔액이 ₩3,000인 경우, T계정을 이용한 현금기준 매출액을 구하면 다음과 같다.

선수금

매 출	10,000	기 초 잔 액	1,000
기 말 잔 액	3,000	현금수취액	12,000
	13,000		13,000

위의 매출채권과 선수금 T계정을 하나로 통합하면, 좀 더 간단하게 현금기준 매출액을 구할 수 있다. 통합한 T계정을 이용한 현금기준 매출액을 구하면 다음과 같다.

매출채권, 선수금			
기초 매출채권	2,000	기초선수금	1,000
매 출	20,000	현금수취액	19,000
기말선수금	3,000	기말 매출채권	5,000
	25,000		25,000

위의 (예시 2)에서처럼 관련 계정이 두 개 이상인 경우 하나의 T계정으로 통합하면 현금기준 수익(예로, 미수임대료와 선수임대료)이나 비용(예로, 미지급이자와 선급이자)을 쉽게 계산할 수 있다.

현금기준 수익이나 비용을 계산하기 위해 T계정을 활용할 경우 현금수취액은 T계정 대변에 그리고 현금지급액은 T계정 차변에 끼워 넣기로 구할 수 있다.

현금기준은 현금의 수취와 지급에 대해서만 수익과 비용을 인식하기 때문에 거래를 기록하는 데 간편해 보인다. 그러나 현금기준을 적용하여 재무제표를 작성하게 되면 잘못된 정보를 제공할 수 있다. 예를 들어, (주)한국이 청소용역을 외상으로 제공하고 청소용역에 필요한 비용을 현금으로 지출한 경우 수익은 없고 비용만 발생하는 적자회사로 오인될 수 있다. 이러한 현금기준의 한계점 때문에 국제회계기준(IFRS)에서는 발생기준에 따라 거래를 인식하도록 하고 있다.

제3장에서 배운 수정분개는 기중에 현금기준으로 기록된 수익과 비용이 기말에 발생기준으로 인식되도록 조정하는 분개이다. 다음의 수정분개를 통해 발생기준을 현금기준으로 전환해보자.

선수수익

선수수익은 용역이나 상품을 제공하기 전에 미리 현금을 받은 경우 부채로 기록한다. 현금수취 이후에 용역이나 상품 제공 시 선수수익을 감소시키고 수익을 인식한다.

[현금수취 시] (차) 현 금 ××× (대) 선수수익 ×××
[용역제공 시] (차) 선수수익 ××× (대) 수 익 ×××

선수수익			
수 익	×××	기초잔액	×××
기말잔액	×××	현금수취액	×××
	×××		×××

현금기준 임대료는 현금을 수취하는 경우에만 수익으로 인식한다. 이러한 현금기준 임대료는 포괄손익계산서상 임대료와 재무상태표상 선수임대료를 이용하여 구할 수 있다.

예시 3

(주)한국의 20×1년도 포괄손익계산서상 임대수익은 ₩110,000이며, 재무상태표상 선수임대료의 기초잔액은 ₩30,000이고 기말잔액이 ₩40,000인 경우, T계정을 이용한 현금기준 임대료를 구하면 다음과 같다.

선수임대료			
임대수익	110,000	기초잔액	30,000
기말잔액	40,000	현금수취액	120,000
	150,000		150,000

T계정을 식으로 나타내면, '임대료수취액＝임대수익＋⊿선수임대료'이므로 임대료수취액을 계산하면 다음과 같다.

임대수익 ₩110,000＋(기말잔액 ₩40,000－기초잔액 ₩30,000)＝임대료수취액 ₩120,000

선급비용

선급비용은 비용이 발생하기 전에 미리 현금을 지급한 경우 자산으로 기록한다. 현금지급 이후에 비용발생 시 선급비용을 감소시키고 비용을 인식한다. 이와 관련된 분개는 다음과 같다.

[현금지급 시]	(차) 선 급 비 용	×××	(대) 현 금	×××
[비용발생 시]	(차) 비 용	×××	(대) 선 급 비 용	×××

선급비용

차변		대변	
기 초 잔 액	×××	비 용	×××
현금지급액	×××	기 말 잔 액	×××
	×××		×××

현금기준 임차료는 현금을 지급하는 경우에만 비용으로 인식한다. 이러한 현금기준 임차료는 포괄손익계산서상 임차료와 재무상태표상 선급비용을 이용하여 구할 수 있다.

예시 4

(주)한국의 20×1년도 포괄손익계산서상 임차료는 ₩50,000이며, 재무상태표상 선급임차료의 기초잔액은 ₩10,000이고 기말잔액이 ₩30,000인 경우, T계정을 이용한 현금기준 임차료를 구하면 다음과 같다.

선급임차료

차변		대변	
기 초 잔 액	10,000	임 차 료	50,000
현금지급액	70,000	기 말 잔 액	30,000
	80,000		80,000

T계정을 식으로 나타내면, '임차료지급액＝임차료＋⊿선급임차료'이므로 임차료지급액을 계산하면 다음과 같다.

임차료 ₩50,000＋(기말잔액 ₩30,000－기초잔액 ₩10,000)＝임차료지급액 ₩70,000

미수수익

미수수익은 수익이 발생하였으나 아직 현금을 받지 못한 경우 자산으로 기록한다. 현금수취 시 미수수익을 감소시키고 현금을 증가시킨다. 이와 관련된 분개는 아래와 같다.

[수익발생 시]	(차) 미 수 수 익	×××	(대) 수　　익	×××
[현금수취 시]	(차) 현　　금	×××	(대) 미 수 수 익	×××

미수수익			
기 초 잔 액	×××	현금수취액	×××
수　　익	×××	기 말 잔 액	×××
	×××		×××

현금기준 이자수익은 이자수익과 관련하여 현금을 받은 경우에만 수익으로 인식한다. 이러한 현금기준 이자수익은 포괄손익계산서의 이자수익과 재무상태표의 미수수익을 이용하여 구할 수 있다.

예시 5

(주)한국의 20×1년도 포괄손익계산서상 이자수익은 ₩90,000이며, 재무상태표상 미수이자의 기초잔액은 ₩20,000이고 기말잔액이 ₩30,000인 경우, T계정을 이용한 현금기준 이자수익을 구하면 다음과 같다.

미수이자			
기 초 잔 액	20,000	현금수취액	80,000
이 자 수 익	90,000	기 말 잔 액	30,000
	110,000		110,000

T계정을 식으로 나타내면, '이자수취액=이자수익－⊿미수이자'이므로 이자수취액을 계산하면 다음과 같다.

이자수익 ₩90,000－(기말잔액 ₩30,000－기초잔액 ₩20,000)=이자수취액 ₩80,000

미지급비용

미지급비용은 비용이 발생하였으나 아직 현금을 지급하지 못한 경우 부채로 기록한다. 현금지급 시 미지급비용을 감소시키고 현금도 감소시킨다. 이와 관련된 분개는 아래와 같다.

[비용발생 시]	(차) 비　　　용	×××	(대) 미지급비용	×××
[현금지급 시]	(차) 미지급비용	×××	(대) 현　　　금	×××

미지급비용			
현금지급액	×××	기 초 잔 액	×××
기 말 잔 액	×××	이 자 비 용	×××
	×××		×××

현금기준 이자비용은 이자비용과 관련하여 현금을 지급한 경우에만 비용으로 인식한다. 이러한 현금기준 이자비용은 포괄손익계산서의 이자비용과 재무상태표의 미지급이자를 이용하여 구할 수 있다.

예시 6

(주)한국의 20×1년도 포괄손익계산서상 이자비용은 ₩100,000이며, 재무상태표상 미지급이자의 기초잔액은 ₩40,000이고 기말잔액이 ₩10,000인 경우, T계정을 이용한 현금기준 이자비용을 구하면 다음과 같다.

미지급이자			
현금지급액	130,000	기 초 잔 액	40,000
기 말 잔 액	10,000	이 자 비 용	100,000
	140,000		140,000

T계정을 식으로 나타내면, '이자지급액＝이자비용－⊿미지급이자'이므로 이자지급액을 계산하면 다음과 같다.

이자비용 ₩100,000－(기말잔액 ₩10,000－기초잔액 ₩40,000)＝이자지급액 ₩130,000

확인학습 3

• 해당문장의 진위여부 및 요구사항에 대해 답하시오.

(1) 현금기준회계를 적용하여 작성한 재무제표는 현금흐름표이다. (　　)

(2) 현금기준 매출액 산출식으로 잘못된 것을 고르시오.

> ① (매출액－외상매출)＋외상매출 회수액＝현금기준 매출액
> ② 매출액－Δ외상매출＝현금기준 매출액
> ③ 매출액－(기말 외상매출－기초 외상매출)＝현금기준 매출액
> ④ 매출액－기초 외상매출＝현금기준 매출액－기말 외상매출

(3) 현금기준 용역수익은 ₩6,000이다. 재무상태표의 기초 선수용역수익은 ₩2,000이고 기말 선수용역수익은 ₩3,000일 경우 발생기준 용역수익을 구하시오.

(4) 현금기준 임차료는 ₩7,000이다. 재무상태표의 기초 선급임차료는 ₩3,000이고 기말 선급임차료는 ₩2,000일 경우 발생기준 임차료를 구하시오.

(5) 현금기준 이자수익은 ₩4,500이다. 재무상태표의 기초 미수이자는 ₩2,500이고 기말 미수이자는 ₩1,000일 경우 발생기준 이자수익을 구하시오.

(6) 현금기준 이자비용은 ₩900이다. 재무상태표의 기초 미지급이자는 ₩300이고 기말 미지급이자는 ₩500일 경우 발생기준 이자비용을 구하시오.

해답

(1) ○ (2) ④, 매출액＋기초 외상매출＝현금기준 매출액＋기말 외상매출

(3) 발생기준 용역수익

선수용역수익			
용역수익	5,000	기초잔액	2,000
기말잔액	3,000	현금수취액	6,000
	8,000		8,000

(4) 발생기준 임차료

선급임차료			
기초잔액	3,000	임차료	8,000
현금지급액	7,000	기말잔액	2,000
	10,000		10,000

(5) 발생기준 이자수익

미수이자			
기초잔액	2,500	현금수취액	4,500
이자수익	3,000	기말잔액	1,000
	5,500		5,500

(6) 발생기준 이자비용

미지급이자			
현금지급액	900	기초잔액	300
기말잔액	500	이자비용	1,100
	1,400		1,400

기출문제

1 (주)한국은 보험료 지급 시 전액을 자산으로 회계처리하며 20×1년 재무상태표상 기초와 기말 선급보험료는 각각 ₩200,000과 ₩310,000이다. 20×1년 중 보험료를 지급하면서 자산으로 회계처리한 금액이 ₩1,030,000이라면, 20×1년 포괄손익계산서상 보험료 비용은? (2022 국가직 9급)

① ₩520,000　② ₩920,000
③ ₩1,030,000　④ ₩1,140,000

2 다음은 20×1년 (주)한국의 재무제표와 거래 자료 중 일부이다.

기초 매입채무	₩4,000	기말 매입채무	₩6,000
현금지급에 의한 매입채무 감소액	₩17,500	기초 상품재고	₩6,000
기말 상품재고	₩5,500	매출총이익	₩5,000

20×1년 손익계산서상 당기 매출액은? (2021 국가직 9급)

① ₩24,000　② ₩25,000
③ ₩26,000　④ ₩27,000

3 (주)한국은 지금까지 현금기준에 의해 손익계산서를 작성하여 왔는데, 앞으로는 발생기준에 의해 작성하고자 한다. 현금기준에 의한 20×1년의 수익은 ₩500,000이다. 20×1년의 기초 매출채권은 ₩30,000, 기말 매출채권은 ₩60,000, 기말 선수수익은 ₩20,000인 경우 발생기준에 의한 20×1년의 수익은? (2021 국가직 9급)

① ₩490,000　② ₩500,000
③ ₩510,000　④ ₩520,000

정답

1. ②　2. ②　3. ③

4 (주)한국의 다음 재무자료를 이용한 기타포괄이익은? (2021 지방직 9급)

기초자산	₩15,000	기초부채	₩8,000
기말자산	₩18,000	기말부채	₩5,000
당기순이익	₩3,000	유상증자	₩2,000
현금배당	₩1,000	기타포괄이익	?

① ₩0 ② ₩1,000
③ ₩2,000 ④ ₩3,000

5 (주)한국은 20×1년 직원들에게 ₩1,000의 급여를 현금지급하였다. 20×1년 초 미지급급여가 ₩200, 20×1년 말 미지급급여가 ₩700이면 당기에 발생한 급여는? (2021 지방직 9급)

① ₩1,000 ② ₩1,200
③ ₩1,500 ④ ₩1,700

6 (주)한국의 20×1년 재무상태와 재무성과 자료는 다음과 같다.

	기 초	기 말
총자산	₩5,000	₩6,500
총부채	₩2,000	?
총수익		₩1,000
총비용		₩800

20×1년 기중에 ₩500을 유상증자하였으며, ₩100을 현금배당하였을 경우, 기말부채는? (단, 다른 자본항목의 변동은 없다) (2020 국가직 9급)

① ₩2,700 ② ₩2,900
③ ₩3,600 ④ ₩4,300

정답

4. ③ 5. ③ 6. ②

7 (주)한국의 20×1년 중 발생한 거래는 다음과 같다.

(1) 20×1년 7월 1일 만기 1년의 정기예금에 현금 ₩100,000을 예치하였다. 정기예금의 연 이자율은 4%이며, 만기시점에 이자를 받는다.
(2) 종업원에 대한 급여는 매월 말에 지급했으나, 20×1년 12월 급여 ₩1,000은 20×1년 12월 31일에 지급하지 않고 20×2년 1월 3일에 지급하였다.
(3) 20×1년 11월 1일에 창고를 6개월간 임대하고, 1개월에 ₩1,000씩 6개월 임대료 ₩6,000을 현금으로 받아 수익으로 처리하였다.

20×1년에 발생한 기중거래 및 결산수정사항을 반영하여 발생기준과 현금기준으로 회계처리하였을 때, 20×1년 당기순이익에 각각 미치는 영향은? (2020 국가직 9급)

	발생기준	현금기준		발생기준	현금기준
①	₩3,000 감소	₩0	②	₩3,000 증가	₩0
③	₩3,000 증가	₩6,000 증가	④	₩3,000 감소	₩6,000 증가

8 다음은 (주)한국의 20×1년 11월에 발생한 거래이다.

- 상품 ₩70,000을 외상으로 매입하다.
- 원가 ₩70,000의 상품을 ₩100,000에 외상으로 판매하다.

(주)한국은 20×1년 12월에 상품판매 대금 ₩100,000 중 ₩50,000을 회수하였고, 상품의 매입원가 ₩70,000 중 ₩35,000을 현금으로 지급하였다. 현금기준에 의한 20×1년의 순현금유입액과 발생기준에 의한 20×1년의 순이익은? (2020 지방직 9급)

	20×1년 순현금유입액	20×1년 순이익		20×1년 순현금유입액	20×1년 순이익
①	₩15,000	₩15,000	②	₩15,000	₩30,000
③	₩30,000	₩15,000	④	₩30,000	₩30,000

정답

7. ③ 8. ②

9 20×1년 기초 재무상태표와 기말 재무상태표의 자산 및 부채의 총액이 다음과 같고 수익과 비용의 합계액이 각각 ₩10,000과 ₩8,000인 경우, 20×1년의 추가적인 지분출자액은? (단, 배당금은 고려하지 않는다) (2020 국가직 7급)

	기 초	기 말
자산총액	₩50,000	₩30,000
부채총액	₩65,000	₩20,000

① ₩20,000 ② ₩23,000
③ ₩26,000 ④ ₩29,000

10 (주)한국은 회계연도 중에는 현금주의에 따라 회계처리하며, 기말 수정분개를 통해 발생주의로 전환하여 재무제표를 작성한다. (주)한국의 기말 수정후시산표상 차변(또는 대변)의 합계금액은 ₩1,025,000이다. 기말 수정사항이 다음과 같을 때, 수정전시산표상 차변(또는 대변)의 합계금액은? (2019 국가직 9급)

소모품 기말재고액	₩30,000	기간 미경과 보험료	₩55,000
미수수익 미계상액	₩15,000	미지급이자 미계상액	₩10,000

① ₩915,000 ② ₩965,000
③ ₩1,000,000 ④ ₩1,025,000

11 (주)한국의 20×1년 재무상태 및 영업성과와 관련한 자료가 다음과 같을 때 기말부채는? (2018 국가직 9급)

기초자산	₩500	기초부채	₩400	기말자산	₩700
기말부채	₩ ?	총수익	₩200	총비용	₩120
유상증자	₩20	주주에 대한 현금배당	₩50		

① ₩500 ② ₩520
③ ₩550 ④ ₩570

정답

9. ② 10. ③ 11. ③

12 (주)한국의 2017년 중 거래가 다음과 같을 때 옳은 것은? (2018 국가직 9급)

- (주)한국은 2017년 중 용역을 제공하기로 하고 현금 ₩120,000을 받았다. 2017년 선수용역수익계정의 기초잔액은 ₩30,000이고, 기말잔액은 ₩40,000일 때 2017년도에 인식한 용역수익은?
- (주)한국은 2017년 중 건물임차료로 현금 ₩70,000을 미리 지급하였다. 2017년 선급임차료계정의 기초잔액은 ₩10,000이고, 기말잔액은 ₩30,000일 때 2017년도에 인식한 임차료는?

	용역수익	임차료		용역수익	임차료
①	₩110,000	₩50,000	②	₩110,000	₩70,000
③	₩120,000	₩50,000	④	₩120,000	₩70,000

13 다음 A~C의 세 가지 거래는 독립적인 거래이다. ㉠~㉢의 금액을 옳게 짝지은 것은? (단, 제시된 자료 외의 자본거래는 없다) (2018 지방직 9급)

거래	기초자산	기초부채	기말부채	기말자본	총수익	총비용	배당금
A	㉠	₩3,000	₩8,000	₩9,000	₩9,000	₩10,000	₩2,000
B	₩15,000	₩9,000	₩10,000	㉡	₩10,000	₩7,000	₩3,000
C	₩20,000	₩15,000	₩9,000	₩7,000	㉢	₩8,000	₩4,000

	㉠	㉡	㉢		㉠	㉡	㉢
①	₩12,000	₩5,000	₩12,000	②	₩12,000	₩6,000	₩12,000
③	₩15,000	₩5,000	₩14,000	④	₩15,000	₩6,000	₩14,000

14 경비용역을 제공하는 (주)공무는 20×5년에 경비용역수익과 관련하여 현금 ₩1,000,000을 수령하였다. 경비용역 제공과 관련한 계정잔액이 다음과 같을 때, (주)공무의 20×5년 포괄손익계산서상 경비용역수익은? (단, 경비용역수익과 관련된 다른 거래는 없다) (2018 지방직 9급)

	20×5년 1월 1일	20×5년 12월 31일
미수용역수익	₩700,000	₩800,000
선수용역수익	₩500,000	₩400,000

정답

12. ① 13. ④ 14. ④

① ₩800,000 ② ₩1,000,000
③ ₩1,100,000 ④ ₩1,200,000

15 (주)한국의 2014년도 포괄손익계산서에 임차료와 이자비용은 각각 ₩150,000과 ₩100,000으로 보고되었고, 재무상태표 잔액은 다음과 같다. (주)한국이 2014년도에 현금으로 지출한 임차료와 이자비용은? (2017 지방직 9급)

	2014년 초	2014년 말
선급임차료	–	₩15,000
미지급이자	₩40,000	–

	임차료	이자비용
①	₩135,000	₩60,000
②	₩135,000	₩100,000
③	₩165,000	₩100,000
④	₩165,000	₩140,000

16 (주)서울의 재무상태표상 각 계정별 2017년 말 잔액은 다음과 같다. 그리고 2017년 말 부채총계는 2017년 초 부채총계보다 ₩300,000만큼 더 크고, 2017년 말 자본총계는 2017년 초 자본총계보다 ₩150,000만큼 더 작다. 이를 토대로 (주)서울의 2017년 초 자산총계를 구하면 얼마인가? (2017 서울시 9급)

상품	₩700,000	선수수익	₩250,000	차입금	₩1,100,000
미수금	₩200,000	현금	₩900,000	매출채권	₩500,000
선수금	₩450,000	대여금	₩600,000		

① ₩2,750,000 ② ₩2,900,000
③ ₩3,150,000 ④ ₩3,325,000

17 (주)한국은 20×1년 1월 1일 영업을 시작하였다. 20×1년 12월 31일 총자산과 총부채는 각각 ₩350,000과 ₩200,000이었으며, 20×1년도의 총포괄이익은 ₩125,000이었다. 그리고 20×1년 중에 배당금 ₩5,000을 현금으로 지급하였다. (주)한국의 20×1년 1월 1일 시점의 순자산 장부금액은? (2017 국가직 7급)

① ₩5,000 ② ₩30,000
③ ₩50,000 ④ ₩150,000

정답

15. ④ 16. ① 17. ②

18 (주)한국은 매월 말 결산을 하고 재무제표를 작성한다. 20×9년 4월에 다음과 같은 자료 및 거래가 있었다.

- 20×9년 4월에 상품을 ₩200,000에 판매하면서 ₩150,000은 현금수취하고 ₩50,000은 5월에 받기로 하였다.
- 20×9년 4월 1일 상품재고는 ₩50,000이 있었다.
- 20×9년 4월 중에 상품 ₩100,000을 구입하면서 ₩80,000은 현금지급하고 ₩20,000은 5월에 지급하기로 하였다.
- 20×9년 4월 30일 기말에 남아 있는 상품은 ₩10,000이다.
- 20×9년 4월 종업원 급여가 ₩10,000 발생하였고 결산일 현재 ₩5,000은 지급하지 않았다.
- 20×9년 4월 1일 향후 3개월치 광고비 ₩3,000을 현금지급하였고, 향후 2개월치 임대수익 ₩2,000을 현금수령하였다.

(주)한국의 20×9년 4월 현금기준의 순이익과 발생기준의 순이익 차이는? (2017 국가직 7급)

① ₩14,000 ② ₩16,000
③ ₩18,000 ④ ₩20,000

19 (주)한국의 20×1년도 미수이자와 선수임대료의 기초잔액과 기말잔액은 다음과 같다. 당기 중 현금으로 수령한 이자는 ₩7,000이고 임대료로 인식한 수익은 ₩10,000이다. (주)한국의 이자수익과 임대수익에 대한 설명으로 옳지 않은 것은? (2017 국가직 7급)

	기초잔액	기말잔액
미 수 이 자	₩2,000	₩3,200
선수임대료	₩4,000	₩3,500

① 수익으로 인식된 이자수익은 ₩8,200이다.
② 현금으로 수령한 임대료는 ₩9,500이다.
③ 이자와 임대료로 인한 수익 증가액은 ₩17,700이다.
④ 이자와 임대료로 인한 현금 증가액은 ₩16,500이다.

정답

18. ① 19. ③

20 다음에서 제시되는 A~C의 세 가지 거래는 독립적인 거래이다. 빈칸에 들어가야 하는 (가)-(나)-(다)의 금액을 올바르게 나열한 것은? (2016 서울시 9급)

거래	기초자산	기초부채	기말부채	기말자본	총수익	총비용	현금배당금
A	(가)	₩9,000	₩24,000	₩27,000	₩27,000	₩30,000	₩6,000
B	₩30,000	₩18,000	₩20,000	(나)	₩20,000	₩14,000	₩6,000
C	₩30,000	₩22,500	₩13,500	₩10,500	(다)	₩12,000	₩6,000

	(가)	(나)	(다)
①	₩27,000	₩12,000	₩21,000
②	₩27,000	₩24,000	₩16,500
③	₩45,000	₩12,000	₩21,000
④	₩45,000	₩24,000	₩28,500

21 12월 결산법인인 (주)한국의 2015년 기초 재무상태표상의 자산총계는 ₩300,000, 부채총계는 ₩100,000이었고, 자본항목 중 기타포괄손익누계액은 없었다. 2015년 결산마감분개 직전 재무상태표상의 자산총계는 ₩350,000, 부채총계는 ₩120,000이었고, 포괄손익계산서상의 기타포괄이익이 ₩1,000이었다. 2015년 결산마감분개 직전까지 본 문제에 기술된 사항을 제외한 자본항목의 변동은 없었고 2015 회계연도 중 현금배당금 지급액이 ₩3,000이었다면, (주)한국의 2015 회계연도 당기순이익은? (2015 국가직 7급)

① ₩26,000 ② ₩29,000
③ ₩32,000 ④ ₩33,000

22 (주)한국의 2015년 기초와 기말 재무상태표에는 선급보험료가 각각 ₩24,000과 ₩30,000이 계상되어 있다. 포괄손익계산서에 보험료가 ₩80,000으로 계상되어 있다고 할 경우, 2015년에 현금으로 지급한 보험료는? (2015 국가직 7급)

① ₩56,000 ② ₩74,000
③ ₩80,000 ④ ₩86,000

정답

20. ③ 21. ③ 22. ④

23 다음 자료에 따른 당기의 수익총액은? (2013 지방직 9급)

기초자산	₩50,000	기초부채	₩30,000	기말자산	₩90,000
기말부채	₩40,000	당기비용총액	₩120,000		

① ₩140,000　② ₩150,000
③ ₩160,000　④ ₩170,000

24 (주)대한의 2010 회계연도 기초 자산총계는 ₩4,000,000이며, 기초와 기말 시점의 부채총계는 각각 ₩2,000,000과 ₩1,500,000이다. 또한, 당기 포괄손익계산서상 수익총액이 ₩7,000,000, 비용총액이 ₩6,500,000이고, 당기 중 주주의 출자액이 ₩1,000,000일 때 기말자산총계는? (단, 기타포괄손익은 없는 것으로 가정한다) (2011 국가직 9급)

① ₩2,500,000　② ₩3,000,000
③ ₩3,500,000　④ ₩5,000,000

정답

23. ② 24. ④

정답해설

1

선급보험료			
기 초	200,000	보 험 료	920,000
현 금 지 급	1,030,000	기 말	310,000
	1,230,000		1,230,000

2

구 분	금 액
기초재고	₩6,000
+당기매입	19,500
−기말재고	(5,500)
매출원가	₩20,000
매출총이익	₩5,000
매출액	₩25,000

매입채무			
현 금 지 급	17,500	기 초	4,000
기 말	6,000	매 입	19,500
	23,500		23,500

3

매출채권, 선수수익			
기초 매출채권	30,000	기초 선수수익	−
매 출	510,000	현 금 수 취	500,000
기말 선수수익	20,000	기말 매출채권	60,000
	560,000		560,000

4

	자 산	부 채	자 본	자본변동
기초	15,000	8,000	7,000	₩6,000 = ₩2,000 + 3,000 − 1,000 + 기타포괄이익
기말	18,000	5,000	13,000	

5

미지급급여			
현 금 지 급	1,000	기 초	200
기 말	700	급 여	1,500
	1,700		1,700

6 기말부채＝기말자산 ₩6,500－기말자본 ₩3,600＝₩2,900

	자 산	부 채	자 본	수익－비용＋증자－배당
기초	5,000	2,000	3,000	₩1,000－800＋500－100
기말	6,500	?	3,600	

7 발생기준 : 이자수익 ₩2,000－급여 ₩1,000＋임대수익 ₩2,000＝₩3,000
현금기준 : 현금 ₩6,000

(1)	(차) 미수이자	2,000	(대) 이자수익	2,000
(2)	(차) 급여	1,000	(대) 미지급급여	1,000
(3)	(차) 현금	6,000	(대) 임대수익	6,000
	(차) 임대수익	4,000	(대) 선수수익	4,000

8 20×1년 순현금유입액 : 현금회수 ₩50,000－현금지급 ₩35,000＝₩15,000
20×1년 순이익 : 매출액 ₩100,000－매출원가 ₩70,000＝₩30,000

11월	(차) 상품	70,000	(대) 매입채무	70,000
	(차) 매출채권	100,000	(대) 매출	100,000
	(차) 매출원가	70,000	(대) 상품	70,000
12월	(차) 현금	50,000	(대) 매출채권	50,000
	(차) 매입채무	35,000	(대) 현금	35,000

9 기말자본 ₩10,000－기초자본(₩15,000)＝수익 ₩10,000－비용 ₩8,000＋증자

	자 산	부 채	자 본	수익－비용＋증자
기초	50,000	65,000	(15,000)	₩10,000－8,000＋?
기말	30,000	20,000	10,000	

10 수정전시산표의 소모품비와 보험료는 수정분개 시 소모품과 선급보험료로 대체되므로 수정후시산표의 차변(또는 대변)합계에 영향을 주지 않는다. 즉, 발생항목의 경우에만 수정후시산표의 합계액을 증가시킨다.

수정전시산표 차변합계액	₩1,000,000
미수수익	15,000
이자비용	10,000
수정후시산표 대변합계액	₩1,025,000

기중	(차) 소모품비	×××	(대) 현 금	×××
	(차) 보험료	×××	(대) 현 금	×××
기말	(차) 소모품	30,000	(대) 소모품비	30,000
	(차) 선급보험료	55,000	(대) 보험료	55,000
	(차) 미수수익	15,000	(대) 수 익	15,000
	(차) 이자비용	10,000	(대) 미지급이자	10,000

11 기말부채＝기말자산 ₩700－기말자본 ₩150＝₩550

	자 산	부 채	자 본	수익－비용－배당＋증자
기초	500	400	100	₩200－120－50＋20
기말	700	?	150	

12

선수수익			
용역수익	110,000	기 초	30,000
기 말	40,000	현 금	120,000
	150,000		150,000

선급비용			
기 초	10,000	임차료	50,000
현 금	70,000	기 말	30,000
	80,000		80,000

13 ㉠ 기초자산=기초부채 ₩3,000+기초자본 ₩12,000(=기말자본−(수익−비용−배당))
=₩15,000

	자 산	부 채	자 본	수익−비용−배당
기초	㉠	3,000	12,000	₩9,000−10,000−2,000
기말		8,000	9,000	

㉡ 기말자본=기초자본 ₩6,000+₩0(=수익−비용−배당)=₩6,000

	자 산	부 채	자 본	수익−비용−배당
기초	15,000	9,000	6,000	₩10,000−7,000−3,000
기말		10,000	㉡	

㉢ 기말자본 ₩7,000=기초자본 ₩5,000+수익−비용 ₩8,000−배당 ₩4,000

	자 산	부 채	자 본	수익−비용−배당
기초	20,000	15,000	5,000	₩㉢−8,000−4,000
기말		9,000	7,000	

14

미수수익, 선수수익			
기초(미수)	700,000	기초(선수)	500,000
용역수익	?	현 금	1,000,000
기말(선수)	400,000	기말(미수)	800,000
	2,300,000		2,300,000

포괄손익계산서상의 용역수익은 ₩1,200,000이다.

15

미지급이자			
현 금	?	기 초	40,000
기 말	0	이자비용	100,000
	140,000		140,000

선수임대료			
기 초	0	임 차 료	150,000
현 금	?	기 말	15,000
	165,000		165,000

현금 임차료는 ₩165,000이고 현금 이자비용은 ₩140,000이다.

16 기말자산=상품 ₩700,000+현금 ₩900,000+미수금 ₩200,000+매출채권 ₩500,000 +대여금 ₩600,000=₩2,900,000

	자 산	부 채	자 본
기초	기말−150,000	기말−300,000	기말+150,000
기말	2,900,000		

기초자산=₩2,900,000−150,000=₩2,750,000

17 기초자본=기말자본 ₩150,000−125,000+5,000=₩30,000

	자 산	부 채	자 본	총포괄이익−배당
기초			?	₩125,000−5,000
기말	350,000	200,000	150,000	

18 상품거래와 관련하여 실지재고조사법을 적용하여 분개한다.

[기중분개]				현금기준 순이익	발생기준 순이익
(차) 현 금	150,000	(대) 매 출	200,000	₩150,000	₩200,000
매출채권	50,000				
(차) 매 입	100,000	(대) 현 금	80,000	(80,000)	
		매입채무	20,000		
(차) 광 고 비	3,000	(대) 현 금	3,000	(3,000)	(3,000)
(차) 현 금	2,000	(대) 임대수익	2,000	2,000	2,000
[수정분개]					
(차) 상품(기말)	10,000	(대) 상품(기초)	50,000		
매출원가	140,000	매 입	100,000		(140,000)
(차) 급 여	5,000	(대) 미지급급여	5,000		(5,000)
(차) 선급광고비	2,000	(대) 광 고 비	2,000		2,000
(차) 임 대 료	1,000	(대) 선수임대료	1,000		(1,000)
현금기준 순이익−발생기준 순이익=₩14,000				₩69,000	₩55,000

19

미수이자			
기 초	2,000	현 금	7,000
이자수익	?	기 말	3,200
	10,200		10,200

선수임대료			
임 대 료	10,000	기 초	4,000
기 말	3,500	현 금	?
	13,500		13,500

₩8,200(이자수익)+10,000(임대료)=₩18,200

₩7,000(현금이자)+9,500(현금임대료)=₩16,500

③ 이자와 임대료로 인한 수익 증가액은 ₩18,200이다.

20 (가) 기초자산=기초부채 ₩9,000+기초자본 ₩36,000(=기말자본-(수익-비용-배당))=₩45,000

	자 산	부 채	자 본	수익-비용-배당
기초	(가)	9,000	36,000	₩27,000-30,000-6,000
기말		24,000	27,000	

(나) 기말자본=기초자본 ₩12,000+₩0(=수익-비용-배당)=₩12,000

	자 산	부 채	자 본	수익-비용-배당
기초	30,000	18,000	12,000	₩20,000-14,000-6,000
기말		20,000	(나)	

(다) 기말자본 ₩10,500=기초자본 ₩7,500+수익-비용 ₩12,000-배당 ₩6,000

	자 산	부 채	자 본	수익-비용-배당
기초	30,000	22,500	7,500	(다)-₩12,000-6,000
기말		13,500	10,500	

21 기말자본 ₩230,000=기초자본 ₩200,000+당기순이익+기포 ₩1,000-배당 ₩3,000

	자 산	부 채	자 본	수익-비용+기포-배당
기초	300,000	100,000	200,000	당기순이익+₩1,000-3,000
기말	350,000	120,000	230,000	

22 현금으로 지급한 보험료는 ₩86,000이다.

선급보험료					
기	초	24,000	보 험	료	80,000
현	금	86,000	기	말	30,000
		110,000			110,000

23 기말자본 ₩50,000=기초자본 ₩20,000+수익−비용 ₩120,000

	자 산	부 채	자 본	수익−비용
기초	50,000	30,000	20,000	?− ₩120,000
기말	90,000	40,000	50,000	

24 기말자산=기말부채 ₩1,500,000+기말자본 ₩3,500,000=₩5,000,000

	자 산	부 채	자 본	수익−비용+출자
기초	4,000,000	2,000,000	2,000,000	₩7,000,000−6,500,000+1,000,000
기말	?	1,500,000	3,500,000	

CHAPTER

8

재무제표의 활용

제 1 절 재무제표 분석

우리는 일상생활에서 비교하기 위해 비율(ratios)을 사용하는 경우가 많다. 예로, 인기 있는 스포츠 중 하나인 야구에서는 어떤 선수가 얼마나 안타를 잘 치는지 비교하기 위해 평균 안타 수를 피드백으로 제공한다. 마찬가지로, 농구와 축구도 팀의 성과를 비교하기 위해 한 경기당 공격포인트와 수비포인트를 사용하기도 한다. 야구에서 50안타가 좋은 성과인지 알기 위해서는 타석에 들어선 수를 알아야 평가할 수 있다. 농구의 500포인트도 경기 수로 나누었을 때 팀 성적에 대한 더 많은 정보를 제공할 수 있다.

기업의 성과와 재무상태도 비율을 사용할 경우 평가하는 데 도움을 줄 수 있다. 예를 들어, 순이익 1백만원은 주주 입장에서 즐거워할 일인가? 그렇지 않을 수도 있다. 만약 기업의 주주지분이 1억원이라면 순이익 1백만원은 단지 지분 대비 1%의 수익률(ROE : return of equity)밖에 되지 않기 때문이다. 주주지분이 2백만원이라면 순이익 1백만원은 지분 대비 50%의 수익률이므로 주주 입장에서는 매우 기뻐할 수 있다. 비율은 어떤 기준을 비교할 때 매우 유용하며 경쟁회사, 과거연도, 산업평균과도 비교할 수 있게 한다.

	(주)대한		(주)민국
순이익	₩1,000,000	=	₩1,000,000
자본	₩100,000,000	>	₩2,000,000
ROE	1%	<	50%

1. 수직적 분석

수직적 분석(vertical analysis)은 동일 기준 대비 재무제표의 개별항목에 대한 비율로 나타낸다. 수직적 분석은 구성비율 분석(component ratio analysis)이라고도 한다. 예를 들면, 포괄손익계산서에서 매출액 대비 각 단계별 이익률(percentage of sales)을 구할 수 있다(매출총이익률, 영업이익률, 순이익률 등). 또는 재무상태표의 자산총액 대비 개별항목의 구성비율을 알 수도 있다(유동자산비율, 부채비율 등). 다음으로 수직적 분석으로부터 얻을 수 있는 구체적인 정보들을 알아보기로 하자.

1.1 포괄손익계산서의 수직적 분석

수직적 분석을 위한 사례로 (주)대한과 (주)민국의 포괄손익계산서를 다음에 제시하였다. 두 기업 모두 결산일이 12월 31일이며 서비스업에 해당한다. 두 기업의 포괄손익계산서를 이용하여 구성항목의 비율을 구하고 비교해보도록 하자.

(주)민국의 당기순이익은 ₩1,780,000으로 (주)대한의 ₩400,000보다 높다. 이러한 자료로 (주)민국의 수익성이 (주)대한의 4배를 초과한다고 볼 수 있는가? 꼭 그렇다고 할 수 없다. (주)민국의 매출액은 ₩150,000,000이고 (주)대한은 ₩20,000,000으로 (주)민국의 기업규모가 훨씬 크기 때문에 (주)민국의 당기순이익이 높게 나올 수 있다. 두 기업의 성과를 비교하기 위해 매출액 대비 각각의 항목이 차지하는 비율을 수직적 분석을 통해 알 수 있다.

포괄손익계산서

20×1. 1. 1～20×1. 12. 31 (단위 : 원)

	(주)대한		(주)민국	
	금 액	%	금 액	%
매 출 액	₩20,000,000	100.0	₩150,000,000	100.0
매 출 원 가	(13,500,000)	67.5	(112,500,000)	75.0
매출총이익	6,500,000	32.5	37,500,000	25.0
판매비와 관리비	(5,200,000)	26.0	(31,200,000)	20.8
영 업 이 익	1,300,000	6.5	6,300,000	4.2
기 타 수 익	150,000	0.8	1,160,000	0.8
기 타 비 용	(820,000)	4.1	(3,810,000)	2.5
법인세차감전순이익	630,000	3.2	3,650,000	2.4
법인세비용	(230,000)	1.2	(1,870,000)	1.2
당기순이익	₩400,000	2.0	₩1,780,000	1.2

(주)대한의 매출총이익률은 32.5%(=₩6,500,000÷₩20,000,000)로 (주)민국의 25%보다 높다. 이는 (주)대한의 상품판매로 인한 매출총이익이 (주)민국보다 더 높음을 의미한다. 기업에서 다양한 상품을 판매할 경우, 상품별 매출총이익률을 비교하여 전략적으로 어떤 상품의 판매량을 늘려야 하는지에 대한 정보를 제공할 수 있다. 판매비와 관리비의 경우 매출액 대비 (주)대한은 26%로 (주)민국의 20.8%보다 더 높게 나타났다. (주)대한의 매출총이익률이 (주)민국보다 상당히 높음에도 불구하고 (주)대한의 영업이익률 6.5%와 (주)민국의 4.2% 두 비율간 큰 차이가 없는 것은 (주)대한의 영업관련 비용 지출이 상대적으로 높았음을 의미한다. 다른 항목들에 대해서도 이와 같이 매출액 대비 백분율을 사용함으로써 회계정보로 활용할 수가 있다.

1.2 재무상태표의 수직적 분석

재무상태표에 대한 수직적 분석을 위해 (주)대한과 (주)민국의 사례를 제시하면 다음과 같다. 재무상태표의 각 개별항목을 자산총액으로 나누어 자산총액 대비 백분율로 나타내면 유용한 정보를 얻을 수 있다.

재무상태표

20×1. 12. 31 (단위 : 원)

	(주)대한		(주)민국	
	금 액	%	금 액	%
자산				
유 동 자 산	5,330,000	82.0	13,536,000	72.0
유 형 자 산	940,000	14.5	2,950,000	15.7
무 형 자 산	80,000	1.2	930,000	4.9
기 타 자 산	150,000	2.3	1,384,000	7.4
자산총계	₩6,500,000	100.0	₩18,800,000	100.0
부채와 자본				
유 동 부 채	1,560,000	24.0	4,895,000	26.0
비유동부채	340,000	5.2	1,692,000	9.0
자 본 금	2,250,000	34.6	4,135,000	22.0
이익잉여금	2,350,000	36.2	8,078,000	43.0
부채와 자본총계	₩6,500,000	100.0	₩18,800,000	100.0

두 기업의 재무상태표를 통해 (주)대한의 자산총액 대비 유동자산의 비율이 82%로 (주)민국의 72%보다 높고 유형자산비율은 더 낮음을 알 수 있다. 유동부채비율은 두 기업간에 큰 차이가 없지만 장기부채(비유동부채)의 경우 약 4%p 정도 (주)민국이 더 높음을 알 수 있다. 이는 (주)민국이 상대적으로 부채를 통해 더 많은 자금을 조달하고 있음을 보여준다.

다음으로 자본을 구성하는 자본금과 이익잉여금에 대해 살펴보자. (주)대한은 자본금과 이익잉여금의 비율에 큰 차이가 없는 반면, (주)민국은 이익잉여금이 자본금보다 21%p 정도 높다. 이는 주주가 투자한 금액보다 영업활동으로부터 벌어들인 이익이 상대적으로 더 높음으로써 주주 입장에서는 (주)민국이 더 매력적인 기업으로 보일 수 있다.

2. 수평적 분석

수평적 분석(horizon analysis)은 동일 기업의 기간간 재무제표에 대한 추세를 분석하는 것을 의미한다. 수평적 분석은 추세분석(trend analysis)이라고도 한다. 예를 들면, 매출액이 매출원가보다 성장률이 더 가파른가? 매출액보다 영업비용의 성장률이 더 빠른가? 다른 항목에 비해 특정비용의 증가율이 더 높은가? 이와 같은 질문들은 관심 있는 항목을 확인하거나 기업의 영업이 바람직한 방향으로 나아가는지 추세를 분석함으로써 알 수 있다.

2.1 포괄손익계산서의 수평적 분석

수평적 분석을 위한 사례로 (주)대한의 20×1년과 20×2년의 포괄손익계산서를 제시하면 다음과 같다. 두 기간의 포괄손익계산서를 이용하여 해당항목의 증감액과 증감률을 비교해보도록 하자.

포괄손익계산서

(주)대한 (단위 : 원)

	20×2	20×1	증감액	%
매 출 액	₩24,200,000	₩20,000,000	₩4,200,000	21.0
매 출 원 가	(16,150,000)	(13,500,000)	(2,650,000)	(19.6)
매출총이익	8,050,000	6,500,000	1,550,000	23.8
판매비와 관리비	(6,610,000)	(5,200,000)	(1,410,000)	(27.1)
영 업 이 익	1,440,000	1,300,000	140,000	10.8
기 타 수 익	80,000	150,000	(70,000)	(46.7)
기 타 비 용	(680,000)	(820,000)	140,000	17.1
법인세차감전순이익	840,000	630,000	210,000	33.3
법인세비용	(310,000)	(230,000)	(80,000)	(34.8)
당기순이익	₩530,000	₩400,000	₩130,000	32.5

각 항목별 증감액은 포괄손익계산서 20×2년 금액에서 20×1년 금액을 차감하여 계산한다. 증감액이 양수인 것은 20×2년에 증가한 금액을 나타내며,

반대로 음수인 것은 괄호로 표시하여 감소함을 의미한다. 증감액에 대한 비율(%)은 다음의 식을 이용해 산출할 수 있다.

$$\text{증감률(\%)} = \frac{\text{당해연도 금액(20×2)} - \text{전년도 금액(20×1)}}{\text{전년도 금액(20×1)}}$$

예를 들면, 매출액 증가 ₩4,200,000은 20×2년도 매출액 ₩24,200,000에서 20×1년도 매출액 ₩20,000,000을 차감한 금액이다. 매출액 증가율 21%는 매출액 증가 ₩4,200,000을 20×1년도 매출액 ₩20,000,000으로 나누어 계산한다. 만약, 기준연도(20×1년도)의 금액이 ₩0이면 증감률을 계산할 수 없다. 또한, 기준연도의 금액이 음수라면 증감률은 의미 없는 수치가 된다.

포괄손익계산서의 수평적 분석 결과 매출총이익 증가율은 23.8%(=₩1,550,000÷₩6,500,000), 영업이익 증가율은 10.8%(=₩140,000÷₩1,300,000), 법인세차감전순이익 증가율은 33.3%(=₩210,000÷₩630,000), 당기순이익 증가율은 32.5%(=₩130,000÷₩400,000)로서 기업의 성장성이 상승세에 있음을 나타내고 있다.

또한, 매출총이익증가율이 매출액증가율보다 높게 나타나 전년 대비 매출원가가 상대적으로 절감되었음을 확인할 수 있다. 기타수익과 기타비용은 전년 대비 감소하여 20×2년도 당기순이익이 20×1년도보다 영업과 관련하여 더 많은 이익이 발생하였음을 알 수 있다.

2.2 재무상태표의 수평적 분석

재무상태표의 수평적 분석을 위한 사례로 (주)대한의 20×1년과 20×2년의 재무상태표를 제시하면 다음과 같다. 20×2년도에서 20×1년도를 차감한 각 항목별 증감액과 증감률을 비교해보도록 하자.

수평적 분석을 사용할 경우, 증감액과 증감률 두 가지 모두 살피는 것은 중요하다. 예를 들어, 비율변화에만 초점을 둘 경우 무형자산의 증가율이

25%로 가장 많은 관심을 받을 수 있으나 증감액으로 보면 ₩20,000으로서 자산총계 ₩7,240,000과 비교해 상대적으로 작은 금액에 해당한다.

재무상태표

(주)대한 (단위 : 원)

	20×2	20×1	증감액	%
자산				
유동자산	₩6,150,000	₩5,330,000	₩820,000	15.4
유형자산	820,000	940,000	(120,000)	(12.8)
무형자산	100,000	80,000	20,000	25.0
기타자산	170,000	150,000	20,000	13.3
자산총계	₩7,240,000	₩6,500,000	₩740,000	11.4
부채와 자본				
유동부채	₩1,410,000	₩1,560,000	(₩150,000)	(9.6)
비유동부채	370,000	340,000	30,000	8.8
자본금	2,580,000	2,250,000	330,000	14.6
이익잉여금	2,880,000	2,350,000	530,000	22.5
부채와 자본총계	₩7,240,000	₩6,500,000	₩740,000	11.4

재무상태표의 수평적 분석은 추가적인 기업의 성장성을 반영하기도 한다. 유형자산을 제외한 나머지 자산들의 증가로 자산총계가 증가하여 기업이 성장추세에 있다.

자본금은 ₩330,000 증가하였고 유동부채는 ₩150,000 감소하였다. 이는 20×2년도에 주식을 새로 발행하였음을 알 수 있고 주식발행으로 수취한 금액은 일부 유동부채를 상환하는 데 사용되었을 것이라고 예측할 수도 있다. 이익잉여금 증가액 ₩530,000은 20×2년도 당기순이익 ₩530,000 대부분이 누적된 결과로 해석할 수 있다.

제 2 절 재무비율 분석

재무비율은 두 항목간의 관계를 말하며 이들 관계로부터 의미 있는 해석을 이끌어 낼 수 있다. 이 분석과정에서는 포괄손익계산서와 재무상태표 모두 활용하는 방법이 더 효과적이다. 앞에서 살펴본 (주)대한의 20×2년과 20×1년의 포괄손익계산서와 재무상태표를 이용하여 재무비율을 산출하기로 한다.

포괄손익계산서

(주)대한 (단위 : 원)

	20×2		20×1	
매 출 액		₩24,200,000		₩20,000,000
매 출 원 가		(16,150,000)		(13,500,000)
매출총이익		₩8,050,000		₩6,500,000
판매비와 관리비		(6,610,000)		(5,200,000)
영 업 이 익		₩1,440,000		₩1,300,000
기 타 수 익		80,000		150,000
기 타 비 용		(680,000)		(820,000)
이 자 비 용	₩255,000		₩290,000	
이자비용 외	425,000		530,000	
법인세차감전순이익		₩840,000		₩630,000
법인세비용		(310,000)		(230,000)
당기순이익		₩530,000		₩400,000

재무상태표

(주)대한 (단위 : 원)

	20×2		20×1	
유동자산		₩6,150,000		₩5,330,000
현 금	₩1,200,000		₩800,000	
매 출 채 권	1,850,000		2,150,000	
재 고 자 산	3,100,000		2,380,000	
비유동자산		1,090,000		1,170,000
유 형 자 산	820,000		940,000	
무 형 자 산	100,000		80,000	
기 타 자 산	170,000		150,000	
자산총계		₩7,240,000		₩6,500,000
유 동 부 채		₩1,410,000		₩1,560,000
비유동부채		370,000		340,000
부채총계		₩1,780,000		₩1,900,000
자 본 금		2,580,000		2,250,000
이익잉여금		2,880,000		2,350,000
자본총계		₩5,460,000		₩4,600,000
부채와 자본총계		₩7,240,000		₩6,500,000

기타 관련 자료

[배당 관련 자료]

	20×2	20×1
주식가격	₩22,500	₩24,000
주당이익	3,750	3,000
우선주배당금	80,000	80,000
유통보통주식수	120주	100주
총배당액	9,600	10,000
주당배당액	80	100

[재무 관련 자료]

	20×0
매출액	₩18,500,000
매출채권	1,910,000
재고자산	1,990,000
자산총계	5,420,000
부채총계	1,430,000
자본총계	3,990,000

1. 유동성 비율

유동성 비율(liquidity ratio)은 단기간에 상환해야 하는 부채에 대한 상환능력을 나타내는 지표로서 유동비율과 당좌비율을 측정하여 평가한다. 즉, 유동성 비율은 만기가 도래하는 채무에 대한 기업의 지급능력과 예기치 않은 자금수요에 대한 대처능력을 측정하기 위한 비율이다.

유동비율(current ratio)은 유동자산을 유동부채로 나누어 산출한다. 유동비율은 기업의 단기채무에 대한 지급능력을 측정하기 위하여 널리 사용된다. 유동비율이 100% 이상인 경우 1년 이내에 지급해야 할 부채를 초과하여 1년 이내에 현금화할 수 있는 자산을 보유하고 있음을 나타낸다. (주)대한의 20×2년과 20×1년의 유동비율을 측정하면 아래와 같다.

유동비율	20×2년도	20×1년도
$\frac{\text{유동자산}}{\text{유동부채}} \times 100$	$\frac{6,150,000}{1,410,000} \times 100 = 436.2\%$	341.7%

20×2년의 유동비율은 436.2%이고 20×1년은 341.7%로, 두 회계연도 모두 매우 양호한 유동비율을 나타내고 있으며, 20×1년도에 비해 20×2년도의 유동비율이 더 높아 지급능력이 상당히 개선되었음을 보여주고 있다.

당좌비율(quick ratio)은 유동자산에서 재고자산을 차감한 후 유동부채로 나누어 계산한다. 당좌비율은 유동비율보다 기업의 단기채무지급능력을 더욱 엄격하게 평가하기 때문에 산성시험비율(acid test ratio)이라고도 한다. 즉, 단기간에 현금화할 수 있는 당좌자산을 유동부채에 비해 어느 정도 보유하고 있는지 나타내는 지표이다. 당좌자산은 판매과정을 거치지 않아도 현금화할 수 있는 자산을 의미하므로 유동자산에서 재고자산을 차감하여 산출한다. (주)대한의 20×2년과 20×1년의 당좌비율을 측정하면 다음과 같다.

당좌비율	20×2년도	20×1년도
$\frac{\text{당좌자산}}{\text{유동부채}} \times 100$	$\frac{(6,150,000-3,100,000)}{1,410,000} \times 100 = 216.3\%$	189.1%

* 당좌자산＝유동자산－재고자산

20×2년의 당좌비율은 216.3%이고 20×1년은 189.1%로, 두 회계연도 모두 유동부채 대비 약 2배 정도 당좌자산을 보유하고 있다. 이는 20×1년도보다 20×2년도의 당좌비율이 높아 단기간에 현금화할 수 있는 능력이 증가하였음을 나타낸다.

2. 안전성 비율

안전성 비율(solvency ratio)은 기업의 장기적인 지급능력을 나타내는 지표로서 부채비율과 이자보상배율을 측정하여 평가한다. 즉, 기업이 장기간 존속할 수 있는지에 대한 비율을 측정함으로써 주주에게는 안정적인 투자에 대한 정보를 제공하고 채권자에게는 만기에 원금회수가능성에 대한 정보를 제공한다.

부채비율(debt to equity ratio)은 부채를 자본으로 나누어 계산한다. 이 비율이 높을수록 부채가 자본에 비해 과다하여 안전성이 낮아짐을 의미한다.

재무분석에서는 부채를 타인자본 그리고 자본을 자기자본이라고도 부르며, 타인자본비율과 자기자본비율을 산출하여 안전성 지표로 활용하기도 한다. 여기에서의 타인자본비율은 부채를 자산으로 나누어 계산하고 부채비율로 사용하기도 한다. (주)대한의 20×2년과 20×1년의 부채비율을 측정하면 다음과 같다.

부채비율	20×2년도	20×1년도
$\frac{\text{부채}}{\text{자본}} \times 100$	$\frac{1{,}780{,}000}{5{,}460{,}000} \times 100 = 32.6\%$	41.3%

20×2년의 부채비율은 32.6%이고 20×1년은 41.3%로, 두 회계연도 모두 자본에 비해 부채가 적어 부채비율이 양호한 상태로 유지되고 있다. 20×1년도보다 20×2년도의 부채비율이 약 9%p 정도 낮아져 안전성이 높아지고 있는 추세를 보여준다.

이자보상배율(times interest earned ratio)은 법인세차감전순이익에 이자비용을 가산한 금액을 이자비용으로 나누어 계산한다. 법인세차감전순이익은 이자비용이 차감된 순이익이므로 법인세차감전순이익에 이자비용을 가산하여 이자보상배율을 구한다. 이자보상배율은 이자비용을 지급할 능력이 있는지 측정하는 지표이다. (주)대한의 20×2년과 20×1년의 이자보상배율을 측정하면 아래와 같다.

이자보상배율	20×2년도	20×1년도
$\frac{\text{법인세차감전순이익} + \text{이자비용}}{\text{이자비용}}$	$\frac{(840{,}000 + 255{,}000)}{255{,}000} = 4.3\text{배}$	3.1배

20×2년도 법인세차감전순이익은 이자비용의 4.3배에 달했으며 20×1년도는 3.1배로, 두 회계연도 모두 적정한 이자보상배율을 나타내고 있다. 20×1년도보다 20×2년도의 이자보상배율이 증가하였는데, 이는 20×1년도보다 20×2년도의 이자비용이 감소하였고 법인세차감전순이익이 증가한 결과이기도 하다.

3. 활동성 비율

활동성 비율(activity ratio)은 기업이 소유하고 있는 자산을 얼마나 효율적으로 운용하고 있는지 평가하는 비율이다. 자산의 효율성을 측정한다는 의미에서 자산효율성 비율(asset efficiency ratio)이라고도 한다. 이러한 비율에는 자산 전체에 대한 효율성을 측정하는 총자산회전율과 특정자산의 효율성을 측정하는 매출채권회전율이나 재고자산회전율이 있다.

총자산회전율(asset turnover ratio)은 매출액을 총자산평균으로 나누어 계산한다. 총자산평균은 재무상태표의 기초자산과 기말자산의 합계액을 2로 나누어 구한다. 총자산회전율은 매출을 위해 자산을 얼마나 효율적으로 활용하였는가를 측정하는 지표이다. (주)대한의 20×2년과 20×1년의 총자산회전율을 측정하면 아래와 같다.

총자산회전율	20×2년도	20×1년도
$\frac{\text{매출액}}{\text{총자산평균}}$	$\frac{24{,}200{,}000}{(7{,}240{,}000+6{,}500{,}000)/2}$ = 3.5회	3.4회

* 총자산평균=(기초자산+기말자산)÷2
총자산회전율은 1년 동안의 매출액을 연평균 총자산으로 나누어야 하나, 자산은 특정시점인 기초자산과 기말자산만 재무상태표에서 이용이 가능하므로 기초자산과 기말자산의 합계액을 2로 나누어 총자산평균을 산출한다. 마찬가지로 재무상태표의 다른 항목을 사용할 경우에도 이와 같이 계산하여 평균값을 구한다.

20×2년도 총자산회전율은 3.5회이고 20×1년도는 3.4회로, 자산을 효율적으로 활용하고 있다고 볼 수 있다. 20×2년도와 20×1년도 모두 전년도 대비 매출액과 총자산이 증가하여 총자산회전율이 두 회계기간에 큰 차이가 없는 것으로 나타났다.

매출채권회전율(receivable turnover ratio)은 매출액을 매출채권평균으로 나누어 계산한다. 매출채권평균은 재무상태표의 기초매출채권과 기말매출채권의 합계액을 2로 나누어 구한다. 매출채권회전율은 매출채권이 회수되는 속도를 나타내며 회전율이 높을수록 매출채권이 빠르게 회수되고 있음을 나타내는 지표이다. 유동비율이나 당좌비율이 특정시점의 유동성 상태를 보여주는 반면에, 매출채권회전율은 일정기간 동안 얼마나 빠르게 현금회수가 되는지 나타내므로 유동성 평가에 추가적인 정보를 제공한다.

매출채권회전율 측정 시 매출채권평균회수기간도 함께 측정한다. 매출채권평균회수기간은 매출채권이 발생하여 현금으로 회수하기까지 평균적으로 소요되는 기간을 말한다. 매출채권평균회수기간은 회계기간을 매출채권회전율로 나누어 산출한다. (주)대한의 20×2년과 20×1년의 매출채권회전율을 측정하면 아래와 같다.

매출채권회전율	20×2년도	20×1년도
매출액 / 매출채권평균	24,200,000 / (1,850,000＋2,150,000)/2 ＝ 12.1회	9.9회

＊매출채권평균＝(기초매출채권＋기말매출채권)÷2

＊＊20×2년도 매출채권평균회수기간(30.2일)＝365일÷매출채권회전율(12.1회)

20×2년도 매출채권회전율은 12.1회이고 20×1년도는 9.9회로, 20×1년도보다 20×2년도의 매출채권 회수속도가 빨라졌음을 보여준다. 20×2년도 매출채권평균회수기간은 30.2일 정도 걸리는 것으로 나타났다.

재고자산회전율(inventory turnover ratio)은 매출원가를 재고자산평균으로 나누어 계산한다. 재고자산평균은 재무상태표의 기초재고자산과 기말재고자산의 합계액을 2로 나누어 구한다. 재고자산회전율은 재고자산이 판매되는 속도를 나타내며 회전율이 높을수록 재고자산이 빠르게 판매되고 있음을 나타내는 지표이다. 재고자산회전율은 일정기간 동안 얼마나 빠르게 재고자산이 판매되는지를 나타내므로 매출채권회전율과 마찬가지로 유동성 평가에 추가적인 정보를 제공한다.

재고자산회전율 측정 시 재고자산평균처리기간도 함께 측정한다. 재고자산평균처리기간은 재고자산을 구입한 후 판매하기까지 평균적으로 소요되는 기간을 말한다. 재고자산평균처리기간은 회계기간을 재고자산회전율로 나누어 산출한다. (주)대한의 20×2년도와 20×1년도의 재고자산회전율을 측정하면 아래와 같다.

재고자산회전율	20×2년도		20×1년도
매출원가 / 재고자산평균	16,150,000 / (3,100,000＋2,380,000)/2	＝5.9회	6.2회

* 재고자산평균＝(기초재고자산＋기말재고자산)÷2

** 20×2년도 재고자산평균처리기간(61.9일)＝365일÷재고자산회전율(5.9회)

20×2년도 재고자산회전율은 5.9회이고 20×1년도는 6.2회로, 20×1년도보다 20×2년도의 재고자산 판매속도가 느려졌음을 보여준다. 20×2년도 재고자산 평균처리기간은 61.9일 정도 걸리는 것으로 나타났다.

4. 수익성 비율

수익성 비율(profitability ratio)은 기업의 이익과 영업성과를 측정하는 지표이다. 기업의 수익성은 투자자나 채권자의 의사결정에 영향을 미치므로 자금조달에 있어 중요한 지표이다. 대표적인 수익항목인 매출은 판매대가로 받은 현금이나 외상 거래 시 매출채권에 변화를 줌으로써 유동성에 영향을 미친다. 또한, 전기 대비 당기의 매출액 변화에 따라 성장성에도 영향을 준다.

수익성 비율은 일반적으로 기업의 영업성과를 나타내는 매출액순이익률, 총자산순이익률, 자기자본순이익률과 기업가치 관련 성과인 주당이익, 주가이익비율, 배당성향이 있다.

매출액순이익률(profit margin)은 당기순이익을 순매출액으로 나누어 계산한다. 이 비율이 높을수록 판매한 금액에서 순이익이 차지하는 비율이 높음을 의미한다. (주)대한의 20×2년과 20×1년의 매출액순이익률을 측정하면 다음과 같다.

매출액순이익률	20×2년도	20×1년도
$\frac{\text{당기순이익}}{\text{순매출액}} \times 100$	$\frac{530,000}{24,200,000} \times 100 = 2.2\%$	2.0%

20×2년도 매출액순이익률은 2.2%이고 20×1년도는 2.0%로, 매출액에서 순이익이 차지하는 비율이 두 회계연도 모두 낮은 것으로 보인다. 20×1년도와 20×2년도 모두 비용에 대한 절감이 필요하다.

총자산순이익률(ROA : return on assets)은 당기순이익을 총자산평균으로 나누어 계산한다. 총자산순이익률은 투자수익률(ROI : return on investment)이라고도 한다. 총자산평균은 재무상태표의 기초자산과 기말자산의 합을 2로 나누어 구할 수 있다. 총자산순이익률은 자산 전체를 운용하여 얼마만큼의 순이익을 창출하였는지 측정하는 지표이다. (주)대한의 20×2년과 20×1년의 총자산순이익률을 측정하면 아래와 같다.

총자산순이익률	20×2년도	20×1년도
$\frac{\text{당기순이익}}{\text{총자산평균}} \times 100$	$\frac{530,000}{(7,240,000+6,500,000)/2} \times 100 = 7.7\%$	6.7%

* 총자산평균＝(기초자산＋기말자산)÷2

$$** \quad \frac{\text{당기순이익}}{\text{총자산평균}} = \frac{\text{당기순이익}}{\text{매출액}} \times \frac{\text{매출액}}{\text{총자산평균}} = \frac{530,000}{24,200,000} \times \frac{24,200,000}{(7,240,000+6,500,000)/2}$$

*** 20×2년도 총자산순이익률(7.7%)＝매출액순이익률(2.2%)×총자산회전율(3.5회)

20×2년도 총자산순이익률은 7.7%이고 20×1년도는 6.7%로, 총자산 대비 순이익이 차지하는 비율이 두 회계연도 모두 높지 않은 성과를 보여주고 있다. 총자산순이익률은 매출액순이익률(＝당기순이익÷매출액)과 총자산회전율(＝매출액÷총자산평균)을 곱하여 산출할 수도 있다. 이와 같이 총자산순이익률을 분해하여 계산하면 어떤 비율이 더 영향을 미쳤는지 쉽게 확인할 수 있다.

자기자본순이익률(ROE : return on equity)은 당기순이익을 자기자본평균으로 나누어 계산한다. 자기자본은 재무상태표의 자본을 의미하며 기초자본과 기말자본의 합을 2로 나누어 자기자본평균을 구할 수 있다. 자기자본순이익률은 주주 투자 대비 얼마만큼의 이익이 창출되었는지 보여주는 지표이다. (주)대한의 20×2년도와 20×1년도의 자기자본순이익률을 측정하면 아래와 같다.

자기자본순이익률	20×2년도	20×1년도
$\dfrac{\text{당기순이익}}{\text{자기자본평균}} \times 100$	$\dfrac{530{,}000}{(5{,}460{,}000+4{,}600{,}000)/2} \times 100 = 10.5\%$	9.3%

$$* \ \frac{\text{당기순이익}}{\text{자기자본평균}} = \frac{\text{당기순이익}}{\text{매출액}} \times \frac{\text{매출액}}{\text{총자산평균}} \times \frac{\text{총자산평균}}{\text{자기자본평균}}$$

$$= \frac{530{,}000}{24{,}200{,}000} \times \frac{24{,}200{,}000}{(7{,}240{,}000+6{,}500{,}000)/2} \times \frac{(7{,}240{,}000+6{,}500{,}000)/2}{(5{,}460{,}000+4{,}600{,}000)/2}$$

** 20×2년도 자기자본순이익률(10.5%) = 매출액순이익률(2.2%) × 총자산회전율(3.5회) × 재무레버리지(136.6%)

20×2년도 자기자본순이익률은 10.5%이고 20×1년도는 9.3%로, 20×1년도보다 20×2년도에 약 1%p 정도 증가하였다. 자기자본순이익률은 매출액순이익률(= 당기순이익 ÷ 매출액), 총자산회전율(= 매출액 ÷ 총자산평균), 재무레버리지(= 총자산평균 ÷ 자기자본평균)를 곱하여 산출할 수도 있다. 이와 같이 분해하여 계산하면 세 가지 비율 중 어떤 비율이 자기자본순이익률에 영향을 더 미쳤는지 쉽게 확인할 수 있다.

주당이익(EPS : earnings per share)은 당기순이익에서 우선주배당금을 차감한 후 유통보통주식수로 나누어 계산한다. 주당이익은 보통주 1주당 순이익이 어느 정도인지 측정하는 지표로서 기업의 규모를 고려한 측정치이다. 보통주 1주당 순이익을 측정하므로 분자는 당기순이익에서 우선주에게 배당한 금액은 차감하며, 분모는 보통주의 주식 수만 포함한다. 주당이익은 주주 입장에서 자신이 보유한 주식의 수익성을 측정하여 타 주식과 비교할 수 있다는 점에서 수익성에 대한 추가적인 정보를 제공한다. (주)대한의 20×2년과 20×1년의 주당이익을 측정하면 다음과 같다.

주당이익	20×2년도	20×1년도
$\frac{\text{당기순이익}-\text{우선주배당금}}{\text{유통보통주식수}}$	$\frac{(530,000-80,000)}{120\text{주}}$ = ₩3,750	₩3,200

20×2년도 주당이익은 ₩3,750이고 20×1년도는 ₩3,200으로, 20×1년도에 비해 20×2년도 주당이익이 ₩550 증가하였다. 이는 20×2년도에 유통보통주식수가 증가하였음에도 불구하고 20×1년도보다 당기순이익이 더 크게 증가한 결과로 보인다.

주가이익비율(PER : price-earnings ratio)은 주식가격을 주당이익으로 나누어 계산한다. 주가이익비율은 주가가 주당이익의 몇 배인가를 보여줌으로써 기업의 수익력에 비해 시장에서의 주식가격이 상대적으로 높게 형성되었는지 아니면 낮게 형성되었는지 평가할 수 있는 지표이다. 만약, 이 비율이 낮다면 주가가 수익력에 비해 저평가되었다고 판단하여 향후 주가 상승을 기대할 수도 있다. (주)대한의 20×2년도와 20×1년도의 주가이익비율을 측정하면 아래와 같다.

주가이익비율	20×2년도	20×1년도
$\frac{\text{주식가격}}{\text{주당이익}}$	$\frac{22,500}{3,750}$ = 6배	8배

20×2년도 주가이익비율은 6배이고 20×1년도는 8배로, 20×1년도에 비해 20×2년도 주가이익비율이 2배 낮아졌다. 이는 기업의 수익력에 비해 상대적으로 20×2년도보다 20×1년도에 주가가 높게 형성되었음을 의미한다.

배당성향(propensity to dividend)은 총배당액을 당기순이익으로 나누어 계산한다. 배당성향은 기업이 주주에게 당기순이익 중 배당으로 지급한 비율을 의미한다. 기업의 당기순이익이 목표이익을 초과할 경우 배당성향이 높아지고, 반대로 목표이익을 미달할 경우 배당성향이 낮아지는 경향이 있다. (주)

대한의 20×2년도와 20×1년도의 배당성향을 측정하면 아래와 같다.

배당성향	20×2년도	20×1년도
$\frac{\text{총배당액}}{\text{당기순이익}} \times 100$	$\frac{9,600}{530,000} \times 100 =$ 1.8%	2.5%

20×2년도 배당성향은 1.8%이고 20×1년도는 2.5%로, 20×1년도에 비해 20×2년도의 배당성향이 낮아졌다. 이는 20×2년도의 당기순이익이 20×1년도보다 증가하였음에도 불구하고 배당을 줄인 결과로 보인다.

확인학습 1

• 아래의 20×2년도 재무자료를 이용하여 해당 재무비율을 구하시오.

구 분	항 목	20×2년	20×1년
재무상태표	매출채권	₩45,000	₩37,500
	재고자산	18,000	64,000
	유동자산	42,000	
	자산총계	241,600	218,400
	유동부채	12,000	
	부채총계	137,600	
	자본총계	104,000	96,000
포괄손익계산서	매 출 액	495,000	
	매출원가	348,500	
	이자비용	600	
	법인세차감전순이익	4,800	
	당기순이익	10,890	
배당 관련	우선주배당금	₩2,390	
	유통보통주식수	100주	
	주식가격	₩340	
	총배당액	₩6,534	

유동성	유동비율
	당좌비율
안정성	부채비율
	이자보상배율
활동성	총자산회전율
	매출채권회전율
	재고자산회전율
수익성	매출액순이익률
	총자산순이익률
	자기자본순이익률
	주당이익
	주가이익비율
	배당성향

해답

유동성	유동비율	$\frac{\text{유동자산}}{\text{유동부채}} \times 100$	$\frac{42,000}{12,000} \times 100 =$ **350%**
	당좌비율	$\frac{\text{당좌자산}}{\text{유동부채}} \times 100$	$\frac{(42,000-18,000)}{12,000} \times 100 =$ **200%**
안정성	부채비율	$\frac{\text{부채}}{\text{자본}} \times 100$	$\frac{137,600}{104,000} \times 100 =$ **132.3%**
	이자보상배율	$\frac{\text{법인세차감전순이익} + \text{이자비용}}{\text{이자비용}}$	$\frac{(4,800+600)}{600} =$ **9배**
활동성	총자산회전율	$\frac{\text{매출액}}{\text{총자산평균}}$	$\frac{495,000}{(241,600+218,400)/2} =$ **2.15회**
	매출채권회전율	$\frac{\text{매출액}}{\text{매출채권평균}}$	$\frac{495,000}{(45,000+37,500)/2} =$ **12회**
		매출채권평균회수기간 =365일 ÷ 매출채권회전율	365일 ÷ 12회 = 30.4일
	재고자산회전율	$\frac{\text{매출원가}}{\text{재고자산평균}}$	$\frac{348,500}{(18,000+64,000)/2} =$ **8.5회**
		재고자산평균처리기간 =365일 ÷ 재고자산회전율	365일 ÷ 8.5회 = 42.9일

수익성	**매출액순이익률**	$\dfrac{\text{당기순이익}}{\text{순매출액}} \times 100$	$\dfrac{10{,}890}{495{,}000} \times 100 = \mathbf{2.2\%}$
	총자산순이익률	$\dfrac{\text{당기순이익}}{\text{총자산평균}} \times 100$	$\dfrac{10{,}890}{(241{,}600+218{,}400)/2} \times 100 = \mathbf{4.7\%}$
		$= \dfrac{\text{당기순이익}}{\text{매출액}} \times \dfrac{\text{매출액}}{\text{총자산평균}}$	$= \dfrac{10{,}890}{495{,}000} \times \dfrac{495{,}000}{(241{,}600+218{,}400)/2}$
		총자산순이익률 = 매출액순이익률 × 총자산회전율	= 2.2% × 2.15회
	자기자본순이익률	$\dfrac{\text{당기순이익}}{\text{자기자본평균}} \times 100$	$\dfrac{10{,}890}{(104{,}000+96{,}000)/2} \times 100 = \mathbf{10.9\%}$
		$= \dfrac{\text{당기순이익}}{\text{매출액}} \times \dfrac{\text{매출액}}{\text{총자산평균}}$	$= \dfrac{10{,}890}{495{,}000} \times \dfrac{495{,}000}{(241{,}600+218{,}400)/2}$
		$\times \dfrac{\text{총자산평균}}{\text{자기자본평균}}$	$\times \dfrac{(241{,}600+218{,}400)/2}{(104{,}000+96{,}000)/2}$
		= 매출액순이익률 × 총자산회전율 × 재무레버리지	= 2.2% × 2.15회 × 230%
	주당이익	$\dfrac{\text{당기순이익} - \text{우선주배당금}}{\text{유통보통주식수}}$	$\dfrac{(10{,}890-2{,}390)}{100\text{주}} = \mathbf{₩85}$
	주가이익비율	$\dfrac{\text{주식가격}}{\text{주당이익}}$	$\dfrac{340}{85} = \mathbf{4}\text{배}$
	배당성향	$\dfrac{\text{총배당액}}{\text{당기순이익}} \times 100$	$\dfrac{6{,}534}{10{,}890} \times 100 = \mathbf{60\%}$

기출문제

1 (주)한국의 20×1년 3월 20일 당좌비율은 75%, 유동비율은 140%이다. (주)한국이 20×1년 3월 30일 매입채무를 현금 ₩100,000으로 상환할 경우, 당좌비율과 유동비율에 미치는 영향을 바르게 연결한 것은? (2023 국가직 9급)

	당좌비율	유동비율		당좌비율	유동비율
①	증가	증가	②	감소	증가
③	감소	감소	④	변동 없음	변동 없음

2 다음은 20×1년 12월 31일 (주)서울의 재무제표 정보이다. 재무비율에 대한 설명으로 가장 옳지 않은 것은? (단, 1년은 360일로 가정한다. 회전율 계산 시 기초와 기말의 평균값을 사용한다. 또한 이자보상비율에서 이익은 이자비용차감전순이익을 사용한다) (2022 서울시 7급)

매 출 액	₩450,000	이자비용차감전순이익	₩135,000
이 자 비 용	₩20,000	유 동 부 채	₩500,000
기초 총자산	₩1,500,000	기말 총자산	₩2,500,000
기초 매출채권	₩100,000	기말 매출채권	₩200,000

① (주)서울의 매출채권회전율은 3회이다.
② (주)서울의 총자산회전율은 0.25회이다.
③ (주)서울의 매출채권평균회수기간은 120일이다.
④ (주)서울의 이자보상비율은 6.75이다.

3 (주)한국의 20×1년 매출액은 ₩3,000,000이고, 기초 재고자산은 ₩100,000이었다. 20×1년 말 유동부채는 ₩100,000, 유동비율은 400%, 당좌비율은 100%이다. 또한, 재고자산평균처리기간이 36일이라면 매출총이익은? (단, 재고자산은 상품으로만 구성되어 있고, 1년은 360일로 계산한다) (2021 국가직 9급)

① ₩0　　② ₩500,000
③ ₩1,000,000　　④ ₩2,000,000

정답

1. ② 2. ② 3. ③

4 다음의 20×1년 재무정보를 이용한 매출총이익은? (단, 회전율 계산 시 기초와 기말의 평균값을 이용한다) (2021 지방직 9급)

매출채권회전율	10회	재고자산회전율(매출원가 기준)	6회
기초 매출채권	₩600	기초 재고자산	₩500
기말 매출채권	₩400	기말 재고자산	₩700

① ₩1,000 ② ₩1,400
③ ₩1,900 ④ ₩2,200

5 (주)한국의 당기매출은 외상거래만 있었다고 할 때, 다음 자료를 이용한 활동성 비율 분석의 해석으로 옳지 않은 것은? (단, 활동성 비율 계산 시 분모는 기초잔액과 기말잔액의 평균금액을 이용하며, 1년을 360일로 계산한다) (2020 국가직 9급)

매출채권

기 초	1,000	현 금	47,000
매 출 액	50,000		

재고자산

기 초	1,000	매 출 원 가	25,000
매 입 채 무	20,000		
현 금	8,000		

① 매출채권회전율은 20회이다.
② 재고자산회전율은 12회이다.
③ 매출채권평균회수기간은 18일이다.
④ 재고자산평균판매기간은 36일이다.

6 (주)한국의 현재 유동자산은 ₩100, 유동부채는 ₩200이다. 다음 거래가 (주)한국의 유동비율에 미치는 영향으로 옳지 않은 것은? (2020 국가직 9급)

① 토지를 ₩30에 취득하면서 취득대금 중 ₩10은 현금으로 지급하고 나머지는 2년 후에 지급하기로 한 거래는 유동비율을 감소시킨다.
② 재고자산을 현금 ₩10에 구입한 거래는 유동비율에 영향을 미치지 않는다.
③ 단기차입금을 현금 ₩20으로 상환한 거래는 유동비율에 영향을 미치지 않는다.
④ 3년 만기 사채를 발행하고 현금 ₩30을 수령한 거래는 유동비율을 증가시킨다.

정답

4. ② 5. ② 6. ③

7 다음은 (주)서울의 재무비율과 관련된 자료이다. 재무비율에 대한 설명으로 가장 옳지 않은 것은?
(2020 서울시 7급)

- 재무상태표 항목
  (1) 평균총자산 : ₩40,000　　　(2) 평균자기자본 : ₩10,000
- 포괄손익계산서 항목
  (1) 매출액 : ₩20,000　　　(2) 당기순이익 : ₩2,000
- 자기자본이익률은 매출액순이익률, 총자산회전율, 레버리지비율의 곱으로 계산된다.

---

① 레버리지비율은 3배이다.
② 매출액순이익률은 10%이다.
③ 총자산회전율은 0.5회이다.
④ 자기자본이익률은 20%이다.

8 (주)한국의 20×1년 초 재고자산은 ₩25,000이고, 당기매입액은 ₩95,000이다. (주)한국의 20×1년 말 유동비율은 120%, 당좌비율은 70%, 유동부채는 ₩80,000일 때, 20×1년도 매출원가는? (단, 재고자산은 상품으로만 구성되어 있다) (2019 국가직 9급)

① ₩52,000　　② ₩64,000
③ ₩76,000　　④ ₩80,000

9 (주)한국의 현재 유동비율과 부채비율은 각각 200%와 100%이다. (주)한국이 2년 후 만기가 도래하는 장기차입금을 현금으로 조기 상환한 경우 유동비율과 부채비율에 미치는 영향은?
(2018 국가직 9급)

	유동비율	부채비율
①	증가	증가
②	감소	감소
③	증가	감소
④	감소	증가

정답

7. ① 8. ④ 9. ②

10 (주)한국의 매출채권회전율은 8회이고 재고자산회전율은 10회이다. 다음 자료를 이용한 (주)한국의 매출총이익은? (단, 재고자산회전율은 매출원가를 기준으로 한다) (2018 지방직 9급)

과 목	기 초	기 말
매 출 채 권	₩10,000	₩20,000
재 고 자 산	₩8,000	₩12,000

① ₩20,000 ② ₩16,000
③ ₩13,000 ④ ₩12,000

11 (주)대한의 기초재고자산과 기말재고자산은 각각 ₩400, 유동부채는 ₩500, 매출총이익은 ₩6,000, 유동비율은 200%, 매출총이익률은 60%인 경우 재고자산회전율과 당좌비율은? (단, 재고자산회전율은 매출원가를 기준으로 한다) (2018 국가직 7급)

	재고자산회전율(회)	당좌비율(%)
①	10	60
②	10	120
③	25	60
④	25	120

12 (주)서울의 현재 당좌비율은 100%이고 매출채권회전율은 10회이다. 다음의 거래를 모두 반영할 경우 당좌비율과 매출채권회전율의 변동으로 가장 옳은 것은? (2018 서울시 7급)

- 은행차입금에 대한 이자비용 ₩1,000,000을 현금으로 지급하였다.
- 재고자산 ₩2,000,000을 현금으로 구입하였다.
- 매출채권 ₩4,000,000을 현금으로 회수하였다.

	당좌비율	매출채권회전율
①	증가	증가
②	증가	감소
③	감소	증가
④	감소	감소

정답

10. ① 11. ② 12. ③

13 (주)한국은 상품을 ₩500에 구입하면서 대금 중 ₩250은 현금으로 지급하고 나머지는 3개월 이내에 갚기로 하였다. 이 거래 직전의 유동비율과 당좌비율이 각각 200%, 100%라고 할 때, 이 거래가 유동비율과 당좌비율에 미치는 영향으로 옳은 것은? (2017 국가직 9급)

	유동비율	당좌비율		유동비율	당좌비율
①	감소	감소	②	변동 없음	감소
③	감소	변동 없음	④	변동 없음	변동 없음

14 다음 자료를 이용할 경우 재고자산회전율은? (단, 재고자산회전율과 매입채무회전율의 분모 계산 시 기초와 기말의 평균값을 이용한다) (2017 국가직 9급)

기초재고자산	₩700,000	기말재고자산	₩500,000
기초매입채무	₩340,000	기말매입채무	₩160,000
매입채무회전율	4회		

① 4회　② 3회
③ 2회　④ 1회

15 다음 자료를 토대로 계산한 (주)한국의 당기순이익은? (2016 국가직 9급)

평균총자산액	₩3,000	부채비율(=부채/자본)	200%
매출액순이익률	20%	총자산회전율(평균총자산 기준)	0.5회

① ₩100　② ₩200
③ ₩300　④ ₩400

16 재무비율 분석과 관련된 설명으로 옳은 것은? (2016 국가직 9급)

① 기업영업활동의 수익성을 분석하는 주요 비율로 자기자본이익률과 이자보상비율이 사용된다.
② 총자산이익률은 매출액순이익률과 총자산회전율의 곱으로 표현할 수 있다.
③ 유동성 비율은 기업의 단기지급능력을 분석하는 데 사용되며 유동비율, 당좌비율, 총자산이익률이 주요 지표이다.

정답

13. ① 14. ③ 15. ③ 16. ②

④ 이자보상비율은 기업의 이자지급능력을 측정하는 지표로 이자 및 법인세비용차감전이익을 이자비용으로 나누어 구하며 그 비율이 낮은 경우 지급능력이 양호하다고 판단할 수 있다.

17 다음은 (주)한국의 2015년 12월 31일 재무상태표이다. 2015년 12월 31일 현재 유동비율이 300%일 때, 자본금은? (2016 지방직 9급)

재무상태표

(주)한국 2015년 12월 31일 현재 (단위 : 원)

현 금	₩2,000	매 입 채 무	?
매 출 채 권	?	단기차입금	₩2,000
재 고 자 산	?	사 채	₩10,000
유 형 자 산	₩20,000	자 본 금	?
		이익잉여금	₩5,000
자산합계	₩50,000	부채와 자본합계	₩50,000

① ₩15,000 ② ₩20,000
③ ₩23,000 ④ ₩25,000

18 2015년의 총자산이익률은 2%이고 부채비율은 200%이다. 2016년의 매출액이익률은 4%이고 부채비율은 100%이다. 2016년 자기자본이익률이 2015년 자기자본이익률의 2배일 때 다음을 활용하여 2016년 총자산회전율을 구하면 얼마인가? (2016 서울시 9급)

총자산이익률＝당기순이익/평균자산
부채비율＝평균부채/평균자본
매출액이익률＝당기순이익/매출액
자기자본이익률＝당기순이익/평균자본
총자산회전율＝매출액/평균자산

① 1.5 ② 2
③ 2.5 ④ 3

정답

17. ④ 18. ①

19 유동비율이 150%일 때, 유동비율을 감소시키는 거래는? (2015 국가직 9급)

① 매출채권의 현금회수 ② 상품의 외상매입
③ 매입채무의 현금지급 ④ 장기대여금의 현금회수

20 (주)한국의 현재 유동비율은 130%, 당좌비율은 80%이다. 매입채무를 현금으로 상환하였을 때 유동비율과 당좌비율에 각각 미치는 영향은? (2015 지방직 9급)

	유동비율	당좌비율		유동비율	당좌비율
①	감소	영향 없음	②	증가	영향 없음
③	감소	증가	④	증가	감소

21 기초매출채권 잔액이 ₩800이고, 기말매출채권 잔액은 ₩1,200이다. 매출채권평균회수기간이 36.5일이라면 당기매출액은? (단, 1년은 365일이라고 가정한다) (2015 국가직 7급)

① ₩8,000 ② ₩10,000
③ ₩12,000 ④ ₩14,000

22 (주)한국의 2013년도 자료가 다음과 같을 때, (주)한국의 2013년도 자기자본순이익률(ROE＝당기순이익÷자기자본)은? (단, 기타포괄손익은 없다고 가정한다) (2014 국가직 9급)

자산총액 : ₩2,000억(배당으로 인해 기초와 기말 금액이 동일함)
매출액순이익률 : 10%
총자산회전율 : 0.5
부채비율(＝부채÷자기자본) : 300%

① 5% ② 10%
③ 15% ④ 20%

23 기업의 안전성을 나타내는 비율이 아닌 것은? (2011 국가직 9급)

① 부채비율 ② 자기자본비율
③ 이자보상비율 ④ 배당성향

정답

19. ② 20. ④ 21. ② 22. ④ 23. ④

24 (주)대한은 2010년 회계기간 동안 매출채권 기초잔액 ₩36,000, 기말잔액 ₩40,000, 현금매출액 ₩150,000, 매출채권회전율이 5.0이다. (주)대한의 2010년 매출액은? (단, 매출채권회전율의 계산은 외상매출액 및 기초와 기말 매출채권 잔액의 평균을 이용한다) (2011 지방직 9급)

① ₩190,000
② ₩340,000
③ ₩350,000
④ ₩465,000

25 자기자본이익률(return on equity)의 분해로 옳은 것은? (2011 국가직 7급)

① 매출액순이익률×총자산회전율×(1+부채자본비율)
② 총자산순이익률×매출액회전율×(1+부채자본비율)
③ 매출액순이익률×자기자본회전율×(1+부채자본비율)
④ 총자산순이익률×자기자본회전율×(1+부채자본비율)

정답

24. ② 25. ①

정답해설

1 '당좌비율 < 1'에서 분모와 분자에 동일한 금액을 차감하면, 분자의 감소비율이 더 크게 감소하므로 당좌비율이 감소한다. 반대로, '유동비율 > 1'에서 분모와 분자에 동일한 금액을 차감하면, 분모의 감소비율이 더 크게 감소하므로 유동비율이 상승한다.

20×1년 3월 30일 : (차) 매 입 채 무 100,000 (대) 현 금 100,000

$$\frac{\text{당좌자산 : ₩750}-100=\text{₩650}}{\text{유동부채 : ₩1,000}-100=\text{₩900}}=72.2\%(\text{감소})$$

$$\frac{\text{유동자산 : ₩1,450}-100=\text{₩1,350}}{\text{유동부채 : ₩1,000}-100=\text{₩900}}=150\%(\text{증가})$$

2

① 매출채권회전율 : $\frac{\text{매출액 ₩450,000}}{(\text{기초 ₩100,000}+\text{기말 ₩200,000})/2}=3\text{회}$

② 총자산회전율 : $\frac{\text{매출액 ₩450,000}}{(\text{기초 ₩1,500,000}+\text{기말 ₩2,500,000})/2}=0.225\text{회}$

③ 매출채권평균회수기간 : 360일 ÷ 매출채권회전율 3회 = 120일

④ 이자보상비율 : 이자비용차감전순이익 ₩135,000 ÷ 이자비용 ₩20,000 = 6.75

3

유동비율 : $\frac{\text{유동자산}}{\text{₩100,000}}=400\%$, 유동자산 ₩400,000

당좌비율 : $\frac{\text{₩400,000}-\text{재고자산}}{\text{₩100,000}}=100\%$, 재고자산(기말) ₩300,000

재고자산회전율 : $\frac{\text{매출원가}}{(\text{₩100,000}+300{,}000)/2}=10\text{회}$, 매출원가 ₩2,000,000

매출총이익 : ₩3,000,000 − 2,000,000 = ₩1,000,000

4

매출채권회전율 : $\frac{\text{매출액}}{(\text{₩600}+400)/2}=10\text{회}$, 매출액 ₩5,000

재고자산회전율 : $\frac{\text{매출원가}}{(₩500+700)/2}$ = 6회, 매출원가 ₩3,600

매출총이익 : ₩5,000−3,600=₩1,400

5

① 매출채권회전율 : $\frac{\text{매출액 ₩50,000}}{\text{평균매출채권 ₩2,500}}$ = 20회

② 재고자산회전율 : $\frac{\text{매출원가 ₩25,000}}{\text{평균재고 ₩2,500}}$ = 10회

③ 매출채권평균회수기간 : $\frac{\text{360일}}{\text{매출채권회전율 20회}}$ = 18일

④ 재고자산평균판매기간 : $\frac{\text{360일}}{\text{재고자산회전율 10회}}$ = 36일

6

①	(차) 토　　지	30	(대) 현　　금	10	⇨	유동자산 10↓
			장기미지급금	20		
②	(차) 상　　품	10	(대) 현　　금	10	⇨	유동자산 10↑ 유동자산 10↓
③	(차) 단기차입금	20	(대) 현　　금	20	⇨	유동자산 20↓ 유동부채 20↓

유동자산 ∧ 유동부채 $\frac{\text{−현금 ₩20}}{\text{−단기차입금 ₩20}}$ = 유동비율↓

④	(차) 현　　금	30	(대) 사　　채	30	⇨	유동자산 30↑

7

자기자본이익률 = $\frac{\text{당기순이익}}{\text{매출액}} \times \frac{\text{매출액}}{\text{평균자산}} \times \frac{\text{평균자산}}{\text{평균자본}}$

= 매출액이익률 × 총자산회전율 × 재무레버리지

0.2 = 0.1 × 0.5 × 4

8 1) 유동자산 : ₩96,000

$$\frac{\text{유동자산}}{₩80,000} = 120\%$$

2) 재고자산 : ₩40,000

$$\frac{₩96,000 - \text{재고자산}}{₩80,000} = 70\%$$

3) 매출원가 : ₩80,000
=기초재고 ₩25,000+당기매입액 ₩95,000−기말재고 ₩40,000

9 (차) 장기차입금(비유동부채) ××× (대) 현금(유동자산) ×××

$$\frac{\text{유동자산} - \text{현금}}{\text{유동부채}} = \text{유동비율}\downarrow$$

$$\frac{\text{부채} - \text{장기차입금}}{\text{자본}} = \text{부채비율}\downarrow$$

$$\frac{\text{부채} - \text{장기차입금}}{\text{자산} - \text{현금}} = \text{부채비율 불변}$$

10 1) 매출액 : ₩120,000

$$\frac{\text{매출액}}{\text{평균매출채권} : (₩10,000 + 20,000)/2} = 8\text{회}$$

2) 매출원가 : ₩100,000

$$\frac{\text{매출원가}}{\text{평균재고자산} : (₩8,000 + 12,000)/2} = 10\text{회}$$

3) 매출총이익=매출액 ₩120,000−매출원가 ₩100,000=₩20,000

11 1) 재고자산회전율

$$\frac{\text{매출원가 } ₩4,000}{\text{평균재고자산 } ₩400} = 10\text{회}$$

매출액 = ₩6,000 ÷ 60% = ₩10,000
매출원가 = ₩10,000 × (1 − 60%) = ₩4,000

2) 당좌비율

$$\frac{\text{유동자산 ₩1,000} - \text{재고자산 ₩400}}{\text{유동부채 ₩500}} = 120\%$$

유동자산 = ₩500 × 200% = ₩1,000

12 상품에 대해 계속기록법을 적용하여 분개한다.

(차) 이 자 비 용	1,000,000	(대) 현 금	1,000,000
(차) 상 품	2,000,000	(대) 현 금	2,000,000
(차) 현 금	4,000,000	(대) 매 출 채 권	4,000,000

1) 당좌비율

$$\frac{\text{당좌자산} + \text{현금 ₩1,000,000} - \text{매출채권 ₩4,000,000}}{\text{유동부채}} = \text{당좌비율}\downarrow$$

2) 매출채권회전율

$$\frac{\text{매출액}}{\text{평균매출채권} - \text{매출채권 ₩4,000,000}} = \text{회전율}\uparrow$$

13 상품에 대해 계속기록법을 적용하여 분개한다.

(차) 상 품	500	(대) 현 금	250
		매 입 채 무	250

1) 유동비율

$$\frac{\text{유동자산} + \text{상품 ₩500} - \text{현금 ₩250}}{\text{유동부채} + \text{매입채무 ₩250}} = \text{유동비율}\downarrow \quad (\text{유동자산} > \text{유동부채})$$

2) 당좌비율

$$\frac{\text{당좌자산} - \text{현금 ₩250}}{\text{유동부채} + \text{매입채무 ₩250}} = \text{당좌비율}\downarrow \quad (\text{당좌자산} = \text{유동부채})$$

비율이 100%를 초과하는 상태에서 분모와 분자에 가산(또는 차감)되는 금액이 동일할 경우, 분모가 분자보다 증가폭이 더 크므로 비율은 감소한다. 비율이 100% 미만인 상태에서는 반대로 비율은 증가한다.

14 재고자산은 모두 외상으로 매입하였으며, 계속기록법을 적용한다.

$$\frac{\text{매출원가}}{\text{평균재고자산} : (₩700,000+500,000)/2} = \text{재고자산회전율}$$

1) 매출원가

=기초재고 ₩700,000+당기매입액−기말재고액 ₩500,000

2) 당기매입액

=평균매입채무 ₩250,000(=(₩340,000+160,000)/2)×매입채무회전율 4회=₩1,000,000

3) 재고자산회전율

=매출원가 ₩1,200,000÷평균재고자산 ₩600,000=2회

15

$$\text{매출액순이익률} : \frac{\text{당기순이익}}{\text{매출액}} = 20\%$$

$$\text{총자산회전율} : \frac{\text{매출액}}{\text{평균총자산 ₩3,000}} = 0.5\text{회}, \text{ 매출액 ₩1,500}$$

당기순이익=매출액 ₩1,500×20%=₩300

16 ① 이자보상비율은 기업의 안정성을 측정하는 주요 비율이다.

③ 총자산이익률은 기업의 수익성을 측정하는 주요 지표이다.

④ 이자보상비율이 높은 경우 지급능력이 양호하다고 판단할 수 있다.

17

$$\frac{\text{유동자산} : ₩50,000-20,000}{\text{유동부채}} = 300\%\text{ , 유동부채 ₩10,000}$$

자본금=₩50,000−유동부채 ₩10,000(매입채무+단기차입금)−사채 ₩10,000

−이익잉여금 ₩5,000=₩25,000

18 1) 2015년도

총자산이익률=당기순이익÷평균자산=0.02

부채비율=평균부채÷평균자본=2, 평균부채=2 평균자본

평균자산=평균부채(=2 평균자본)+평균자본=3 평균자본

평균자산÷평균자본=3

$$자기자본이익률 = \frac{당기순이익}{평균자산} \times \frac{평균자산}{평균자본} = 0.02 \times 3 = 0.06$$

2) 2016년도

매출액이익률＝당기순이익÷매출액＝0.04

자기자본이익률＝2015년 자기자본비율 0.06×2＝0.12

$$\begin{aligned} 자기자본이익률 &= \frac{당기순이익}{매출액} \times \frac{매출액}{평균자산} \times \frac{평균자산}{평균자본} \\ &= 매출액이익률 \times 총자산회전율 \times 재무레버리지 \\ 0.12 &= 0.04 \times 총자산회전율 \times 2 \end{aligned}$$

∴ 총자산회전율은 1.5

* '평균부채＝평균자본' 또는 '부채비율＝100%'라고 가정

19 ① (차) 현 금 ×××　(대) 매 출 채 권 ×××

$$\frac{유동자산}{유동부채}\ (\vee)\ \frac{+현금-매출채권}{} = 변동\ 없음$$

② (차) 상 품 ×××　(대) 매 입 채 무 ×××

$$\frac{유동자산}{유동부채}\ (\vee)\ \frac{+상품}{+매입채무} = 유동비율\downarrow$$

* 상품에 대한 계속기록법을 적용

③ (차) 매 입 채 무 ×××　(대) 현 금 ×××

$$\frac{유동자산}{유동부채}\ (\vee)\ \frac{-현금}{-매입채무} = 유동비율\uparrow$$

④ (차) 현 금 ×××　(대) 장기대여금 ×××

$$\frac{유동자산}{유동부채}\ (\vee)\ \frac{+현금}{} = 유동비율\uparrow$$

20 (차) 매 입 채 무 ×××　　(대) 현 금 ×××

$$\frac{\text{유동자산} - \text{현금}}{\text{유동부채} - \text{매입채무}} = \text{유동비율}\uparrow \quad (\text{유동자산} > \text{유동부채})$$

$$\frac{\text{당좌자산} - \text{현금}}{\text{유동부채} - \text{매입채무}} = \text{당좌비율}\downarrow \quad (\text{당좌자산} < \text{유동부채})$$

21

$$\text{매출채권회전율} = \frac{\text{매출액}}{\text{평균매출채권}:(₩800+1{,}200)/2}$$, 매출채권회전율 10회

매출채권평균회수기간 36.5일=365일÷매출채권회전율

당기매출액=매출채권회전율 10회×평균매출채권 ₩1,000=₩10,000

22

$$\text{자기자본순이익률} = \frac{\text{당기순이익}}{\text{매출액}} \times \frac{\text{매출액}}{\text{평균자산}} \times \frac{\text{평균자산}}{\text{평균자본}}$$

= 매출액이익률 × 총자산회전율 × 재무레버리지

0.2 = 0.1 × 0.5 × 4

23 배당성향은 기업의 수익성과 관련된 비율이다.

24

$$\text{매출채권회전율} = \frac{\text{매출액}}{\text{평균매출채권}} = \frac{\text{외상매출액}}{(₩36{,}000+40{,}000)/2} = 5\text{회}$$

외상매출액=5회×₩38,000=₩190,000

당기매출액=외상매출액 ₩190,000+현금매출액 ₩150,000=₩340,000

25

$$\text{자기자본이익률} = \frac{\text{당기순이익}}{\text{매출액}} \times \frac{\text{매출액}}{\text{평균자산}} \times \frac{\text{평균자산}}{\text{평균자본}}$$

= 매출액이익률 × 총자산회전율 × 재무레버리지

찾아보기

a

b

c

d

e

f

g

h

i

j

k

l

m

n

o

저자소개

고 대 영 현, 국립군산대학교 회계학과 교수
전남대학교 경영학 박사
부산대학교 경영학부 연구교수(BK21)
공인회계사(1 · 2차), 세무사(1 · 2차), 감정평가사, 관세사, 경영지도사, 주택관리사, 국가직 5 · 7 · 9급 공채, 지방직 9급 공채 시험 출제위원

[주요 논문]
"외국인 투자자의 영향력과 투자효율성", "경영자 이익예측과 4분기의 이익조정", "정치적 비용가설에 대한 실증분석(정유사의 이익조정을 중심으로)", "노사분규와 이익조정" 외 다수

안 미 강 현, 국립창원대학교 회계학과 교수
전남대학교 경영학 박사
군산대학교 회계학과 박사후연구원(한국연구재단)
세무사, 관세사, 감정평가사, 주택관리사 시험 출제위원

[주요 논문]
"기업의 블록체인 관련 자발적 공시와 투자자 관심도에 대한 시장반응", "경영전략과 혁신성과가 투자효율성에 미치는 영향", "현금흐름과 기업특성이 기업설명회에 미치는 영향" 외 다수

제3판 기초 회계원리

2020년 9월 5일 제 1 판 1쇄 발행
2023년 7월 20일 제 3 판 1쇄 발행
2025년 8월 20일 제 3 판 2쇄 발행

저 자 고대영 · 안미강
발 행 인 권 영 섭
발 행 처 (주)신 영 사

경기도 파주시 심학산로 12(출판문화단지)
등 록 : 1988. 5. 2 / 제406-1988-000020호
전 화 : 031-946-2894(代)
F A X : 031-946-0799
e - mail : sys28945@naver.com
홈페이지 : http://www.shinyoungsa.co.kr

정가 **20,000**원 ISBN 978-89-5501-839-4